国家重大项目“日本侵华战争‘慰安妇’资料的整理与研究”（13&ZD094）成果

国家社科基金抗日战争研究专项工程项目“慰安妇”问题研究（16KZD007）成果

上海高校高峰高原学科建设计划资助（上海师范大学中国史学科）成果

南京大屠杀史与国际和平研究院规划项目成果

证据——上海172个慰安所揭秘

苏智良　陈丽菲　姚　霏　著

上海交通大学出版社
SHANGHAI JIAO TONG UNIVERSITY PRESS

内容提要

"慰安妇"制度是日本军国主义在侵略中国和亚洲国家期间，强迫各国妇女充当日军士兵的性工具、并有计划地为日军配备军事性奴隶的制度。上海曾是日军慰安所存在时间最长、最集中的城市。从1993年至今，作者团队依据战时的日伪档案、日本人在华文献和书籍、日军老兵回忆、战时中国报刊资料、中国受害者和证人的证词，并通过实地查证，发现了172个上海日军慰安所。本书将成为控诉日本军国主义战时罪行的又一力证。

图书在版编目（CIP）数据

证据：上海172个慰安所揭秘 / 苏智良，陈丽菲，
姚霏著. — 上海：上海交通大学出版社，2018
ISBN 978-7-313-18862-5

Ⅰ.①证… Ⅱ.①苏… ②陈… ③姚 …Ⅲ.①日本—
侵华—史料—上海 Ⅳ.①K265.306

中国版本图书馆CIP数据核字（2018）第019024号

证据——上海172个慰安所揭秘

著　　者：苏智良　陈丽菲　姚　霏
出版发行：上海交通大学出版社
地　　址：上海市番禺路951号
邮政编码：200030
电　　话：021-64071208
出 版 人：谈　毅
印　　制：上海天地海设计印刷有限公司
经　　销：全国新华书店
开　　本：710 mm × 1000 mm　1/16
印　　张：26.75
字　　数：390千字
版　　次：2018年3月第1版
印　　次：2018年3月第1次印刷
书　　号：ISBN 978-7-313-18862-5/K
定　　价：98.00元

前言

1993年7月，当我从上海西南角桂林路的上海师范大学到上海东南角的翔殷路调查日军杨家宅慰安所时，曾大胆地推测，上海的日军慰安所应有四到六家，因为当时我掌握的资料只有这些。24年后的今天，我们的调查成果是：上海的日军慰安所至少有172家。

上海是日军慰安所最多的城市，是日军占领地“慰安妇”制度最完备的城市，这个“世界第一”使得几万名中国、朝鲜妇女成为受害者，甚至失去了生命。

2007年我们在上海三联书店出版《上海日军慰安所实录》时，发布了149个日军慰安所的信息。本次出版，增加了这10年中我们新获得的历史信息，从而对原来的书稿进行了增补。如新发现多张日本人印制的刊有第一个慰安所“大一沙龙”的上海市地图，“海乃家”旧址居民动迁后所发现的精美石雕；峨眉路400号的日本海军下士官集会所也是新的重要发现。我们不仅找到日军的回忆录、地图可以证实慰安所的存在，还通过实地调查获得不少信息。在新发现的慰安所中，既有一些在郊外的慰安所，如张堰、松江、崇明的慰安所，还有一些坐落在市区的慰安所，如当年的大夏大学（今华东师范大学中山西路校区）的慰安所。另外，个别慰安所的位置根据时序进行了重新编排，很多位置图也再次确认后重新绘制。2016年，像“海乃家”这样的慰安所建筑需不需要保存引起社会关注，中央电视台花了近一年的时间记录了这场争议，并在该年的12月17日《新闻调查》中，用50分钟的时间放映了《一座慰安所遗址的去与留》。该片播出后，引起了震动，许多市民要求保存这一旧址，但政府有关部门似乎还没有下决心。

那么，172家上海日军慰安所是不是最终的数字，显然不是。

举个例子，1932年冈村宁次组织"'慰安妇'团"到上海后，即分散到日本陆军阵地吴淞、大场、江湾、纪家桥、庙行一带，这些地方很有可能设立了多个慰安所。但由于目前还找不到更多的、确切的历史信息，所以本书将这个"'慰安妇'团"作为一个慰安所看待。

新发现的史料还会出现，这里再举一例。

最近找到一份资料，指出抗战刚结束，就有人揭露汉奸文人陈彬龢战时在上海开设慰安所。

陈彬龢（1897—1945），江苏吴县人。陈彬龢的身世是个谜。仅知他的母亲曾在犹太裔富商哈同的夫人罗迦陵身边做过侍女。陈彬龢因为这一层关系，1917年到上海，在哈同创办的哈同女校当上了一名教师。可是不到一年，他因过失被辞退。后去北方担任中俄大学总务长、天津南开学校总务长等职；因参加1926年3月18日的反帝爱国运动，陈彬龢的名字与李大钊、吴稚晖等文化和教育界精英一起，出现在段祺瑞政府的通缉令中，于是逃到上海。在1928年，陈彬龢与日本驻沪总领事馆调查班谍报人员岩井英一拉上了关系，由此成了驻沪总领事馆重点培养的情报人员。岩井英一毕业于上海东亚同文书院，既是外交官，又是谍报人员。1929年起，陈彬龢在岩井英一支持下编辑出版《日本研究》（1931年12月停刊）。1931年春进申报馆工作，任社评主撰，以左派"爱国志士"的面目出现，曾撰文谴责日军暴行。1932年底参加中国民权保障同盟，与戈公振、邹韬奋等一起发起筹备出版《生活日报》。1936年夏去香港。第二年由日本海军部支持出任新《申报》社长，沦为汉奸。

《泰山》1946年第9期刊文《陈彬龢开设慰安所发财》指出：

去年春天，敌人尚盘踞京沪杭三角地区，闻有美军先来攻略上海的情报，驻东北之敌关东军遂源源开来江南，有谓开到十万者，有谓仅六万者。不管开至多少，但在上海到处可以看到敌军，人心惶惶。物价因之飞涨尚属于小事，随后听见又有敌兵士强污女同胞的谣言。明目张胆侮辱谅系一种谣啄，但在街路上调戏妇女，则确有其事。对于骗钱最聪明的陈彬龢，脑筋一动，便去拜谒。敌军当局听见陈述的献策，不禁大加赞赏。陈逆又提议，分向中日商人募捐，以作开办费。敌方军当局觉得，中国人方面尚深明“大义”，愿慰劳“皇军”，敌方商人当然有相应义务。陈逆就得将敌军部威势，压迫中日双方商家捐出巨款。汇交陈彬龢开设慰安所。陈逆除在海格路开设一所堂皇华丽慰安所外，并在市内各二三流旅馆中分设慰安所支所，陈逆因此获得数百金条。只要荷包重，不怕当龟公。可惜陈逆夫人未参加此种慰安，所以丈夫之劳耳。此后敌方对陈逆更加信用，认为陈逆可教。

解读其中的信息，时间是1945年春，陈彬龢在海格路就是今天的华山路开设了一家“堂皇华丽”的慰安所；尤其重要的是，陈彬龢还在上海一些“二三流旅馆中分设慰安所支所”，具体数量尚不得而知，但这也是日军慰安所的一种形态。

海格路慰安所具体设在哪里，还需要考证。这个慰安所也许可作为上海第173个日军慰安所。

经历了四分之一世纪的调查研究，我们对上海的日军慰安所仍在不断补充和修正中。这表明要揭开一个历史事件的真相，是非常困难的，往往需要长期的、甚至是几代人的努力。

就在本书即将付印之时，媒体传来“大一沙龙”旧址上将会建立“慰安妇”纪念馆的消息。《新民晚报》刊登新闻指出，虹口区政府已决定，将在东宝兴路遗址建立陈列馆，"'大一沙龙'更是世界上第一个日军慰安所，在此建立陈列馆，更具有不可替代的重大价值和历史意义。"[1]这是包括我们这个团队在内的众多人20多年奋斗的目标之一，期待早日建成。

苏智良

2017年5月31日

2017年10月8日补充

[1] 俞亮鑫：《"大一沙龙"将建"慰安妇"陈列馆》，《新民晚报》2017年5月14日。

目录

绪论

“慰安妇”制度与上海的日军慰安所

“慰安妇”，日语发音读作“I AN FU”，英语为“COMFORT WOMEN”。“慰安妇”是指被迫为日本军人提供性服务、充当性奴隶的妇女。“慰安妇”一词也带有很大的欺骗性。因为，“慰安妇”的实质是日军的性奴隶，因此英语中越来越多地使用“SEX SLAVES”；而“慰安妇”一词是加害者一方的日本政府、日本军队、日军官兵所采用的用语，正因为如此，至今亚洲各国的很多受害者，仍坚决反对使用这一名词。

“慰安妇”制度是日本军国主义在侵略中国和亚洲国家期间，出于将战争持续下去的目的，而强迫各国妇女充当日军士兵的性工具、并有计划地为日军配备军事性奴隶的制度。这一战争暴行，极大地侵害了被强迫女性们的人格、人性、民族自尊心和民族荣誉感，使她们蒙受了无比巨大的肉体和心灵上的痛楚。“慰安妇”与日军的关系，是数千年人类文明史上找不到第二例的特异现象，这一现象充分反映了日本军国主义的野蛮、残忍和暴虐。“慰安妇”制度是日本军国主义违反人道主义、违反人类两性伦理、违反战争常规的、制度化了的国家犯罪行为。“慰安妇”自然是战争的受害群体之一，但由于“慰安妇”是1992年以后才被人们重视和揭露的战争罪行，因此过往的战争受害统计，并没有将“慰安妇”受害者包括在内。

国际学术界公认，日本“慰安妇”制度发生、发展经历了三个阶段，而这三个阶段恰恰可以以上海的日军慰安所之演进来表述。上海曾是日军慰安所存在时间最长、最集中的城市，上海日军慰安所之典型，由此可见一斑。笔者拟对日军在上海实施的“慰安妇”制度及其受害者人数作一论述[1]。

一、资料与调查情况

(一) 资料

本书的资料主要有四个方面。

第一，战争时期形成的书籍、报刊资料。该部分资料形成于战争时期，编写者为那个时代的亲历、亲见、亲闻者，比较可靠。如战前和战时，连续在上海出版的《支那在留邦人人名录》(上海北四川路日本金风社)，其中非常详细地罗列了很多日军慰安所。赵炳淳（白川秀男）所著的《在支半岛人人名录》(上海白川洋行1942年版)，披露了不少在上海的朝鲜人设立的慰安所。朝鲜总督府官方外务部编著的《中华民国在留朝鲜人概况》(京城1939年版)，记录了在华朝鲜人的活动。战时的中国报刊揭露日军暴行的文章也有一些，如宋美龄写的《抗战建国于妇女问题》(重庆《中央日报》1939年1月15日)，揭露了日军在上海的各种暴行，包括对妇女的暴行。《新华日报》1938年2月1日刊登的《敌淫污闵行妇女五百名》，也非常重要。还有《孤岛近讯》(载《妇女生活》，第5卷第12期，1938年)、范式之等著的《“皇军”的兽行》(战时出版社1938年版)、《上海的地狱——敌寇的行乐所》(《大公报》1938年2月

---

[1] 本文所指上海为今日上海直辖市之管辖范围，特此说明。

27日）等，也披露了不少慰安所的信息。

第二，档案资料。该部分资料主要有日本上海总领事馆的档案，如该馆制定的《1936年在沪日本人特种妇女的状况及其取缔》（收入吉见义明编的《从军“慰安妇”资料集》）、《昭和五年在上海总领事馆警察事务状况》（载《警察史·上海1》）等。日本防卫研究所图书馆厅藏的《关于设置陆军慰安所与“慰安妇”募集的警察史料》等，可以确认日本政府与慰安所的关系。还有一些上海市档案馆所藏的敌伪档案，如伪上海特别市政府警察局、伪上海特别市卫生局批准设立的虹口闸北的慰安所公会，该会曾制定规约，发布《上海虹口平康福利会通告》《伪上海特别市卫生局、警察局呈文》（1941年11月26日）、《上海市虹口闸北区慰安所组合会办理慰安所登记户数报告表》等，明白无误地确认敌伪当局与设置慰安所的关联。至于浦东草镇慰安所、浦上路慰安所设立的申请书、日伪市级机构的批准和简图等，更是确认这些慰安所不可多得的珍贵资料。吉林省档案馆所藏的华中日军宪兵队档案中也记载有“沪西”的两个慰安所。

第三，当事人回忆录。如麻生彻男的《从上海到上海》（石风社1994年版），麻生作为日军在上海负责“慰安妇”体检的军医，他的回忆录提供了大量第一手的史料，颇有价值。《“海乃家”——上海海军慰安所的故事》的作者叫华公平（本名坂下元司），其父是“海乃家”慰安所的老板，这一笔名正是来自“海乃家”的所在地——公平路公平里，战时他曾帮助父亲管理慰安所的钱财等，20世纪90年代初重返上海故地，所著具有很高的史料价值。日本第一师团老兵荻岛静夫在他的日记中刊载的两张上海丰田纺织厂慰安所“慰安妇”的照片、今井守之拍摄的松江慰安所的照片，他自己取名“慰安所外”，均是极具史料价值的。

第四，资料集和研究著作。日本中央大学教授吉见义明主编的《从军“慰安妇”资料集》，刊登了很多日本政府、日军的档案。《日本帝国主义侵略上海罪行史料汇编》记录了上海市档案馆所藏的有关上海慰安所的档案。金一勉的《天皇的军队与朝鲜人“慰安妇”》（三一书房，1976年版），探讨了上海慰安

苏智良在日本久留米市与近藤先生合影
（西野瑠美子摄）

所与朝鲜人的关系；孙科志的《上海朝鲜人社会史研究》一书（学苑出版社2004年版），也对朝鲜人经营的慰安所作了分析。上海文史资料和专业志所刊载的有关慰安所的内容，也起到了拾遗补缺的作用。

（二）调查情况

自1993年起，笔者对上海日军慰安所进行了长期的调查。笔者最初从杨家宅慰安所开始调查，继之系统调查“海乃家”、“大一沙龙”和江湾地区慰安所，然后对全市各地的慰安所遗址进行全面调查。如笔者对日本东久留米市市民佐藤的调查，1994年起对原“大一沙龙”慰安所工人陆明昌的调查，对杨家宅慰安所、“大一沙龙”数十次的调查所获得的资料，还有来自一些当事人的信件，都是揭开历史真相的铁证。多年来，不少上海市民给笔者写信，提供亲眼所见、亲身经历的历史事实，如陈炳荣老人，他的家被日军占领后，被日军用来开设旗昌栈军官和士兵慰安所。在20多年的过程中，数十位研究生、本科生曾参与调查，为搞清楚这一问题作出了重要贡献。

同时，笔者及中国“慰安妇”问题研究中心对“慰安妇”幸存者进行了长期的查访。20世纪90年代后期，我们在崇明查到朱巧妹、陆秀珍和郭亚英等人，确认她们为“慰安妇”幸存者，2000年起对她们进行了援助，并请上海市卢湾区公证处对她们的受害事实进行认定，出具了公证书。此后，尽管在寻访中国受害者方面受到了挫折（有些受害者担心被媒体曝光，给自己和家庭带来压力，否认自己是受害者），但仍在市中心找到了来自朝鲜、后加入韩国籍的玄大娘和朝鲜国籍的朴大娘，她们提供了在上海遭受日军摧残的事实回忆。对于这些受害者，我们中国“慰安妇”问题研究中心一直援助至今。当时，对于朴又得、玄炳淑两位老人的苦难经历，我们承诺在她们生前不公开她们的经历和肖像，并对她们进行了力所能及的援助。现在，两位老人均已去世多年，本书中第一次公开她们的遭遇。

以上资料的掌握和口述历史的收集，使得本书更加具有科学性、真实性，甚至是唯一性。

二、日军上海慰安所概况

（一）上海是日军慰安所存在时间最长的城市

上海是日军实行“慰安妇”制度的发源地。

自晚清始，上海就是日本海军在海外最大的基地。为了给海军陆战队官兵提供“卫生”的性服务，早在1931年11月，日本驻上海海军当局已将虹口一带的“大一沙龙”“小松亭”“三好馆”“永乐馆”等4个日本侨民经营的风俗营业酒吧，指定为海军特别慰安所，不仅要求其对日本军队开放，还要求其接受军医的身体检查。这是慰安所名称的第一次出现，也是世界上第一批慰安所。此后，“大一沙龙”慰安所一直延续到战争结束，长达14年。20年多来，上海师范大学团队对“大一沙龙”遗址进行了反复调查，该慰安所全盛时代有5幢房屋，“慰安妇”50～80人，14年中总受害者应有数百人。

在20世纪30年代以前，所谓“慰问战地官兵”的女性，并未见有被称为“慰安妇”的，她们往往被称为“卖春女”“酌妇”。“慰安妇”一词正式的使用，约见于1932年日军进攻上海的“一·二八”事变以后。后来担任侵华日军最高司令官的冈村宁次，此时任日本上海派遣军副参谋长。正是他，为了维持日军败坏的军纪，首次要求日本关西地区的行政当局招募日本妇女，集体来沪“慰问”日军，他采用了一个好听的名词——“‘慰安妇’团”。1932年3月，

"'慰安妇'团"登陆上海，并在吴淞、大场、江湾等地为日本陆军服务，这是日军第一次使用"慰安妇"一词。从此以后，"慰安妇"的身影，便开始遍及日军铁蹄践踏之处。当"一·二八"事变结束之后，日军"'慰安妇'团"虽返回了国内，但日侨、朝鲜侨民经营的为日军服务的慰安所却不断增多。

（二）上海是日军慰安所最集中的城市

1937年日本对中国的侵略战争全面发动以后，日军占领上海。战争初期，日军设立了上海派遣军兵站司令部管理的"杨家宅慰安所"。这是一个知名度非常高的日军慰安所，一方面，它的许多制度如"慰安所规定"、价格等成为后来日军慰安所的范本；另一方面，也是因为军医麻生彻男拍摄的照片和记录，留下了真实的史料。此后，日军直营的，日侨、朝鲜侨民经营的以及汉奸经营的各种慰安所充斥上海各处。

在上海，有些地区的慰安所是非常集中的。作为进入上海的第一镇吴淞扼长江之险，驻扎有大量日军，据我们中国"慰安妇"问题研究中心多年的调查，前后至少有17家慰安所在那里出现。日军第13军司令部设在江湾五角场（其址在南京解放军政治学院上海分院），其周边的慰安所十分密集；江湾万安路战时被日军称为"花街"，有慰安所6处。四川北路周边是日本侨民活动的中心地带，是慰安所最密集的区域，共计有70处以上，包括横浜桥美楣里的9个慰安所和松柏里一个弄堂的8个慰安所。

为了加强对慰安所的管理，日本统治者还设立协会来进行管理。1940年2月，上海虹口闸北区慰安组合会成立[1]，此会的成立，是由伪闸北区公署日指导官嘉野正孝将成立报告递给伪市警察局日指导官秋山健次核准的。该会设组合长一人，由与日人关系密切的原妓院老板何乾赓为组合长，并配有为妓女体检的医生和进行有关事务调查的调查员若干名。会址设在虬江路95弄2号，并订有13条慰安所临时规约，除规定慰安所的适用范围为闸北区，由伪警察局管理等外，还特别强调卫生管理，例如第5条：妓女每月须经本会

1　上海市档案馆档案R36-1号。

指定医师检验3次，确定无花柳病者，始准营业；第6条：慰安所内设备必须清洁卫生，置备消毒用品，等等。从该项档案的《上海市虹口闸北区慰安所组合会办理慰安所登记户数报告表》中，我们可以知道该会所属的慰安所有20家，“慰安妇”（文献中仍称“妓女”）91人。这只是此年闸北区新设慰安所的一份材料。

日军在上海设立了多少个慰安所呢？经20多年的调查，我们在《上海日军慰安所实录》首版时统计为149家。该书出版后的近半年里，我们陆续查访到一些新线索。新增加的有乍浦路254弄慰安所[1]、乍浦路180号月迺屋[2]、武昌路338号孔敦经营的慰安所[3]、中山南二路的“徐家宅”慰安所、今“龙山新村”慰安所、浏港镇慰安所[4]、崇明县城慰安所等，增加了不少，目前所知的上海日军慰安所为172家。

当然，这172个慰安所，还不是日军上海慰安所的全部。举个例子来说，冈村宁次带来的“‘慰安妇’团”，曾在上海战场活跃地为日本陆军“服务”，其在吴淞、大场、江湾、纪家桥、庙行等战地设立慰安所的情况，至今尚不清晰。闸北曾经也是慰安所的集中地，仅1940年设立的虹口闸北区慰安组合会，就管理着20家慰安所，但遗憾的是调查中几乎没有收获，所以书中至今没有列入这20家慰安所。还有一些慰安所地点尚不明确，也未统计列入。如当年担任过旗昌栈日军慰安所帮手的黄文忠生前回忆，该慰安所在横浜桥畔有个分所，本来我们希望他能带调查者去寻访，但这个调查因黄文忠的病故而中断。再举一例，据日本企业玉井铭酒屋的组合长国井茂的回忆，1938年初，他们曾奉日军之命，带了53个日本“慰安妇”到达上海，然后在吴淞、南翔和南市开设了3家慰安所。这些慰安所设在西洋式的建筑内，采用日侨民间经营的

---

1 《上海军事志》，上海社会科学院出版社1994年版，第600页。

2 唐应光：《虹口历史上的日本人》，《虹口史苑》，中国人民政治协商会议上海市虹口区委员会2001年编，第511页。

3 赵炳淳（白川秀男）：《在支半岛人人名录》，上海白川洋行1942年版。

4 《市民吴剑富致苏智良信》，2005年9月3日。

方式进行管理。[1]事实上，这3个慰安所我们都无法确认。所以，我们所认知的历史往往只是历史的冰山之一角。

根据我们对中国各地日军慰安所的调查，如南京、武汉、海南、杭州等地，每个城市都有数十个慰安所。另外，根据我们所掌握的日本、韩国、朝鲜、东南亚各国的研究资料，没有一个城市的日军慰安所数量超过上海，因此，可以得出结论，上海是日军慰安所数量最多的城市。

(三) 上海日军慰安所之类型

日军慰安所按其经营主体和经营方式可以分为多种类型。

第一种是日军自己经营的，日语用“军直营”来表示。如1938年1月设立的杨家宅慰安所（地点在今杨浦区翔殷路东沈家宅），由日本上海派遣军东兵站司令部设立。日军占领上海初期，设立过一些抢抓中国女子为性奴隶的场所，在虹口地区设立的“行乐所”等也属于此类。“八·一三”会战以后，日军占领了杭州路、眉州路一带作为军营，最初驻扎的是千田部队。在现在的跃龙化工厂门口的位置，设立了“千田部队慰安所”。后来深谷部队入住于此，于是，该处又变成了“深谷部队慰安所”。

日军上层始终关心在战略枢纽的上海设置慰安所的情况，1942年9月，在日本中国方面军总司令部举行的副官（庶务军官）会议上，明确要求增加上海慰安所数量，这份文件现在藏于日本防卫研究所。

（前略）

九、上海地区的慰安设施比较少，应考虑增设。军队聘用人员也希望增设娱乐设施（如汽车厂、军火厂、货物厂）。

意见　　上海地区现有慰安设施如下：

1. 特种慰安所　　16家，酌妇人数140名；

2. 休息娱乐所　　军队专用休息所、料理店食堂计7家。

1　大林清：《玉の井挽歌》，第31页。转引自吉见义明、林博史主编：《共同研究　日本军“慰安妇”》，第77页。

（中略）

现在各类设施最近利用情况判断如下：

1. 特种慰安所　　有增加之必要；

2. 军队专用休息所料理店食堂等，因禁止利用地方上的设施所以显得不足；

3. 演艺场所　　有增加之必要；

4. 各种娱乐设备因利用者较少，故没有增加的必要。

十二、卫生安全套交付慰安所经营者之问题

现在军队平均给每个士兵每2个月交付1只卫生安全套，这里依据以下之理由而交付给慰安所经营者的。

1. 过去，慰安所使用的安全套是从市场上购买的，把安全套交给军人是免费的，最近，市场上难以购买到才非常困难；

2. 像上海地区，规定慰安所等设备，各从业者必须向进入的军人交付安全套，但实际上，交付安全套的并不多；

3. 从以往的情况观察，虽要求交付军人安全套，但军人使用的几乎没有，这样变成了浪费或是拿着安全套到军队慰安所以外的场所去使用了；

4. 各人拿着慰安所给的安全套而到非军队慰安所的场合去使用，恐怕会成为事故发生的诱因。

因此，目前一个月使用量只有4 300只。这是由登第7331部队后勤部门慰安所股制订分配方案而向慰安所的从业者发放的。[1]

第二种是日本侨民根据日军命令设立的民营慰安所。号称海军在沪最大的慰安所——“海乃家”，就是退役海军士兵坂下熊藏奉海军之命令开设的，地址在公平路公平里，他儿子笔名为华公平，就与此有关。“海乃家”慰安

---

1 吉见义明编：《从军“慰安妇”资料集》，大月书店1992年版，第269-272页。

所的房屋、开办费用、所需物品等均得到日军的大力支持，甚至连“海乃家”三个字也是由日本海军方面确定的。江湾万安路、四川北路等是日侨经营、管理的慰安所的集中地。包括对外以其他面目出现的慰安所，如岸本忠治经营的“风月庄”，地址施高塔路（今山阴路）花园里17号，对外的名义是日式普通旅馆，实际上也是日军慰安所。此外，还有以食堂、酒吧、舞厅等名义出现的慰安所。

第三种是朝鲜侨民在日军的指使下设立的。这些慰安所多以酒吧、舞场等名义出现，尤其在20世纪30年代中期颇成规模（参见表2、表3、表4），许多朝鲜女子就是被控制在这样的慰安所遭受凌辱的。

第四种是日军或日本人指使伪政权或胁迫中国的妓院主开设的。这类慰安所多出现于1938年以后，有的名慰安所，有的则称妓院。

为了管理慰安所，经过伪上海特别市政府警察局、伪上海特别市卫生局批准，虹口闸北的慰安所公会于1940年设立，该会制定规约。规约规定，开设慰安所者需提供申请书，由闸北区警察署发给许可执照。目前尚没有发现这类申请书的实物。此后到1941年，以日本海军为后台的上海虹口平康福利会宣告成立，其目的是“为根除梅毒，保障日支军民健康起见”[1]，日本同仁会华中支部长世井中将还担心“慰安所名称与军之慰安所名称混同，恐士兵误会不可用”，并指示：“娼妓大多为华人，原属市府本身职务，现因环境关系，先行利用福利会试办，得有头绪后，再由市府接办。”[2]所以，中国人开设的慰安所也有一定的数量。

---

[1] 《上海虹口平康福利会通告》，上海市档案馆藏。

[2] 《伪上海特别市卫生局、警察局呈文》（1941年11月26日），上海市档案馆藏。

三、日军上海“慰安妇”人数估计

(一) 上海“慰安妇”的国籍与来源

以国籍区分，在上海乃至中国的“慰安妇”主要来自中国、朝鲜和日本这三个国家。

1. 日本“慰安妇”

由于日本与上海之间交通便利，且上海原来就有不少日式风俗店铺，再加上日军的推波助澜，上海应是日本“慰安妇”最集中的城市。最早的日本“慰安妇”，是由“酌妇”改变而来的。日本从国内运来许多女子，通常是妓女，也有良家妇女。因此，在20世纪30年代初的海军慰安所里，就有不少日本“慰安妇”。她们多是出身贫寒，为养家糊口而充当了“慰安妇”。战争爆发后，日本军方、地方政府等号召日本女子“为国效力”，到中国去。日本政府为她们大开绿灯。如对于妇女来上海做“慰安妇”，从日本上海领事馆到其国内各个机关均予以协助，这从下面一份领事馆警察署要求长崎方面协力的信函中可见一斑。[1]

日本驻上海总领事馆警察署长田岛周平致长崎县水上警察署长角川茂的依赖状（1937年12月21日）

方便提供日军官兵“慰安妇”的依赖文件

关于本文件，随着前线各地皇军的进展，考虑官兵的慰安人们与各机关的关系，近日本领事馆陆军武官室和宪兵队合议的结果，设立作为日军设施一种的前线各地军队慰安所（事实上的贷座敷）有以下要领。

领事馆

一、对提出愿意从事该营业的人提出同意与否的决定；

[1] 《关于设置陆军慰安所与“慰安妇”募集的警察史料》，苏智良译。

二、办理“慰安妇”的身份及对该业的一般契约手续；

三、提供航行上的方便；

四、决定是否同意“慰安妇”到沪（上海的别称，永井）和在上海滞留，并引导给宪兵队。

宪兵队

一、从领事馆那里得到营业主及妇女的前往就业地移动的手续；

二、对营业者及该业妇女保护、取缔。

武官室

一、准备就业场所和房屋等；

二、有关一般保险及检诊。

关于以上设施，如果有紧急场合，既为了该业妇女（酌妇）的募集，而需要到内地或朝鲜去旅行。今后也同样作为要务旅行，本馆将发给身份证明书，交予本人携带，并提供乘船等方便。如果是到上海然后前往就业地时，将交付给募集者业主或其他的代理者以必要的证明文件，而不至于在到上海后而陷入繁杂的办理手续之事中。准备一切需要携带的文件，此事拜托。

前线陆军慰安所营业者的注意事项：

在为了募集从事在前线陆军慰安所服务的酌妇时，同伴回沪必须齐备以下必要的文件，到沪的同时交付给本馆，以得到许可。如果没有必要的文件，不能得到许可，切须直接回东京。

记

一、本人照片二枚及临时酌妇营业许可证（样式第一号）

二、承诺书（样式第二号）

三、印章证明书

四、户籍抄本

五、关于从事酌妇的调查（样式第三号）

昭和十二年十二月二十一日

日本在上海总领事馆警察署[1]

战后研究者从日本档案中寻找到为数不多的外务省发给去中国的“慰安妇”的身份证明书：

外旅秘第79号

1937年12月15日

福冈县知事　赤松小寅

内务大臣　末次信正殿

外务大臣　广田弘毅殿

各厅府县长官殿

自11月底施行办理去中国渡航手续以来，所发身份证明书如下：

颁发日期及颁发地点	目的地	渡航理由	期限	本籍住所	职业、姓名、年龄
（前略）					
十一月二十九日八幡	河北省井陉煤矿	受兴中公司之嘱托调查华北资源	3个月	八幡市大字枝光一、100 八幡市清田町5町目	矿业
十一月三十日	上海	应间狩源治之召唤到上海北四川路海军慰安所为酌妇	一年		安部哲雄
十一月三十日	上海		一年九个月		明治44年3月26日生
（后略）					

资料来源：吉见义明编：《从军“慰安妇”资料集》，第100–101页。

1 日本防卫研究所图书馆藏：《关于设置陆军慰安所与“慰安妇”募集的警察史料》。

要确认上海有多少个慰安所里拥有日本“慰安妇”，现在还难以精确统计，但至少有41个慰安所内有日本“慰安妇”。如根据当时日本上海总领事馆的调查，到1936年底，接待日本军人和侨民的料理、风俗店共有10家（包括3家海军慰安所料理店），“酌妇”131人，其中日本人102名、朝鲜人29名。[1]

“六一亭”在北四川路（今四川北路）四川里1604弄63号，为海军慰安所。家住日本久留米市的近藤老人，学生和青年时代是在上海度过的，笔者在日本调查时，曾与之详谈。他回忆，四川里弄口的63号，1920～1930年代是日侨经营的酒吧，“一·二八”事变以后实际上是接待日军军官的慰安所，名为“六一亭”。“六一亭”入门后是个大房间，当时用来提供酒菜和咖啡，后面是厨房，旁边有螺旋形楼梯通向2、3楼，当时只有店员和海军军官才能上楼。楼上为一长排房间，共有30余间，每间七八个平方。据近藤所言，这里的“慰安妇”清一色全部是日本女子，估计有30来名。

1940年时，海乃家拥有日本“慰安妇”10人，还有朝鲜“慰安妇”10人，中国“慰安妇”20人（见表1）。

表1　海乃家本馆部分“慰安妇”情况（1944年）

姓　名	概　况
いさむ	日本神户人，嗜酒。
清　香	日本九州人，18岁，为年龄最小的“慰安妇”，性格活泼。
すみれ	日本人，年轻漂亮，1945年7月5日，死于美军空袭。
小　铃	日本人，21—22岁，容易怀孕。直到战争结束。
娟　代	朝鲜人，沉溺于鸦片，后被开除，乞讨为生，惨死于上海街头。
一二三	朝鲜人，30岁，聪明漂亮。
さちこ	东南亚人，混血儿。
花　子	中国人，21—22岁，活泼开朗，日语最好。

1　日本上海总领事馆：《1936年在沪日本人特种妇女的状况及其取缔》，吉见义明编：《从军“慰安妇”资料集》，第91–93页。

（续表）

姓　名	概　况
樱　花	中国人，23—24岁。
失　名	日本人，1944年秋因肾炎而死去。

资料来源：华公平：《从军慰安所“海乃家”の传言》，日本机关纸出版中心1992年版。

杨家宅慰安所里也有不少日本“慰安妇”，1938年初有24名日本妇女，根据军医麻生彻男的回忆，她们多有妓女的经历。[1]一次，一个从日本大浜买来的妓女，在厕所里试图上吊自杀，结果总算被救活。这个差一点死去的“慰安妇”后来学会了各种接客的本领，不到半年竟成了慰安所的“红妓”。

2. 朝鲜“慰安妇”

朝鲜女子也是上海日军“慰安妇”的重要来源。

以下原因使得上海成为朝鲜“慰安妇”的集中地。第一，上海交通发达便捷，朝鲜妇女多坐船或乘火车来到上海。第二，上海原来就有不少朝鲜侨民在此居住，他们中的一些人在日军的指使、胁迫下，设立慰安所，使用本族女子为日本军人服务。第三，在日本的朝鲜女子由于贫困等原因，被日本人诱拐到上海沦为“慰安妇”。无论哪种原因，朝鲜女子都是违背自己意志而成为受害者的。

进入20世纪30年代以后，随着上海日军的增加，以及“慰安妇”制度的推行，一些朝鲜人经营的风俗店被纳入向日军开放的性服务系统。其所用的“慰安妇”多是自己的女同胞。比较1936年、1937年和1939年的3个表格，可以看到这类营业的变化（见表2、表3、表4）。

根据朝鲜人人口资料（见表5），可以发现从1931年以后，上海朝鲜人中的女性人口不断在增加。特别从1935年开始，女性人口的总数开始超过男性人口；1937年日本侵华战争爆发后，上海朝鲜人人口有所减少，但女性人口

---

[1] 麻生彻男：《从上海到上海》，第42页。

表2　在沪朝鲜人的风俗营业一览（1936年）

商　　号	经营者	所　在　地	来沪日期
伦敦酒吧	姜汉朝	虬江路97号	
心酒吧	韩汶礼	虬江支路宝德里8号	
贝贝酒吧	赵秉铉	南浔路121号	
少女酒吧	朴钟善	海宁路322号	
伊甸园酒吧	吴贤海	虬江支路362弄5号	
亚细亚酒吧	朴日硕	汉壁礼路35弄31号	1937.9.7

资料来源：《支那在留邦人人名录》，第28版，1936年版；赵炳淳（白川秀男）：《在支半岛人人名录》，上海白川洋行1942年版。

表3　在沪朝鲜人的风俗营业、慰安所经营（1937年）

商　　号	经营者	资本额	本　　籍	现在住处
贝贝酒吧	赵秉铉	2 000元	平安北道义州郡	南浔路121号
伯格斯酒吧	朴正淳	2 000元	平安北道义州郡	南浔路135号
亚细亚酒吧	朴日硕	2 000元	平安北道义州郡	汉壁礼路35弄31号
乐酒吧	金字济	1 500元	京畿道仁川府	汉壁礼路37号
少女酒吧	朴钟善	1 500元	平安南道平壤府	静安寺路安乐坊17号
心酒吧	崔次礼	2 000元	庆尚南道昌原郡	虬江支路宝德里8号
伦敦酒吧	崔鸿绮	2 000元	京畿道京城府	海能路81弄48号
伊甸园酒吧	吴铉淑	2 000元	平安南道平壤府	虬江支路宝德里8号
阿里郎酒吧	白利淳	2 000元	平安南道大同郡	北四川路丰盛里25号

资料来源：在上海日本总领事馆警察部编：《昭和十二年管内状况ノ内　特高警察ニ关スル事项》，在上海日本总领事馆警察部发行，发行年份不明。

表4　上海朝鲜人的风俗营业、慰安所（1939年10月）

营业种类、商号	经营者	资本额	本　　籍	在沪住处
* 远东舞厅	宋世浩	20 000元	汉城	海能路81弄48号
贝贝酒吧	赵东铉	20 000元	平安南道	
慰安所	朴日硕	20 000元	平安北道	
慰安所	金一准	20 000元	庆尚北道	

（续表）

营业种类、商号	经营者	资本额	本　籍	在沪住处
慰安所	李昌柞	20 000元	京畿道	
慰安所	李相佑	20 000元	汉城	
慰安所	李致云	20 000元	平安南道	
* 伦敦酒吧	崔鸿绮			虬江支路9 5号
* 亚细亚酒吧	朴日硕			汉壁礼路35弄31号
* Idealism 酒吧	金锦淑			虬江支路129号
* 日之出酒吧	文点钟			吴淞路克俭里3号

资料来源：玄圭焕：《韩国流民史》，上卷，汉城1967年版，第685页。*者为：《支那在留邦人人名录》第29版存录。

表5　上海朝鲜人人口构成（1931—1937年）

年　份	户　数	男	女
1931	?	717	139
1932	438	742	610
1933	425	983	409
1934	448	939	644
1935	491	846	877
1936	496	897	900
1937	393	491	592

资料来源：日本外务省亚细亚局：《支那在留邦人及外国人人口统计表》（1930—1931）；日本驻上海总领事馆：《昭和12年特高警察关于管内地区状况之调查》，《日本外务省特殊调查文书》27，第719页。

仍比男性人口多101名。朝鲜人中女性增加的一个主要原因，是朝鲜人“慰安妇”的增加。从1937年11月到1938年10月的一年间，进入上海的朝鲜人女性达到1 006名，而同一时期离开的只有291名[1]，净增加815名。1939年朝鲜人女

1　朝鲜总督府官方外务部：《中华民国在留朝鲜人概况》，京城1939年版，第16页；转引自孙科志：《上海朝鲜人社会史研究》，北京学苑出版社2004年版，第135页。

表6　上海朝鲜人的职业（1937年12月底调查）

职　业	人　数	职　业	人　数
电车查票	18	跳舞教师	2
牙科医生	1	舞女	18
保姆	1	（中略）	
料理店	1	陆军慰安所	1
咖啡屋	7	外国人小妾	20
自来水笔制造	1	卖淫者	20
自来水笔制造工人	10		
共计	267		

性有1 715名，比1936年增加了815名[1]，1940年又比前一年增加了195名[2]，可见朝鲜人“慰安妇”持续上升。

在战前一些日侨、朝侨开设的慰安所里，有不少是朝鲜女子。而现有的人口资料并没有包括所有在上海的朝鲜“慰安妇”。如1938年初开业的杨家宅慰安所，拥有80名朝鲜女子，这个数字在该年份朝鲜人口变化中并没有反映。又如根据《日本上海总领事馆特高警察事务状况》，1937年12月末调查，涉及在上海朝鲜人设立的陆军慰安所仅一家，“慰安妇”仅1人，实际情况当然远不止。[3]

根据“慰安妇”李贤淑的回忆，她被日本人骗到上海一个郊区，成了性奴隶：“有一天清晨，日军突然命令她们带上行李集中到码头上去，当时聚集了约有1 000多名不知从哪里来的朝鲜女性。稍后，便跟大炮、坦克混在一起被日军赶上了大型货船。”李贤淑去了新加坡。[4]

1　朝鲜总督府官方外务部：《中华民国在留朝鲜人概况》，京城1939年版，第15页；转引自孙科志：《上海朝鲜人社会史研究》，北京学苑出版社2004年版，第135页。

2　大陆新报社：《大陆年鉴》（1941年版），第8页；转引自孙科志：《上海朝鲜人社会史研究》，北京学苑出版社2004年版，第135页。

3　吉见义明编：《从军“慰安妇”资料集》，第173–175页。

4　朝鲜《劳动新闻》，1992年7月1日。

可见，上海地区的朝鲜“慰安妇”数量不少，20世纪90年代仍有两名受害者朴大娘和玄大娘在上海生活，不幸的是她们现在都已离世。笔者认为，在上海的朝鲜“慰安妇”超过日本“慰安妇”的人数。理由是，在同时有日、朝“慰安妇”的慰安所里，基本上，朝鲜“慰安妇”的人数要比日本“慰安妇”多，朝鲜“慰安妇”的生活环境比日本“慰安妇”更糟糕、更险恶，死亡情况要多于日本“慰安妇”，因此更替也更频繁。

3. 中国“慰安妇”

上海是日军中国“慰安妇”的来源地，我们寻访到的朱巧妹、陆秀珍、郭亚英等均是上海籍贯，也有一些资料表明，上海周边地区的妇女也被日军大批运至上海充当性奴隶。

早在战争初期，迫不及待的日军便开始在战地大肆掳掠中国妇女充当“慰安妇”。随着战争的扩大和升级，侵华日军的增加，日军更残暴地掳掠中国女子充当“慰安妇”。在中国战场，日军主要通过以下手法来掳掠中国妇女进行“慰安妇”的征集。

第一种是通过暴力强行掳掠中国妇女。日军在上海掳掠中国女子后，常常当众“剥掉衣裳，在肩上刺了号码。一面让我们的女同胞羞耻，不能逃跑，一面又满足他们的兽欲。”[1]这种强暴、强征并不鲜见。《新华日报》曾刊文报道“八·一三”战役最后时刻日军对妇女的暴行。“上海四方协会原在闵行镇设有伤兵医院一所，自我军退出苏州河阵线后，即已改为难民收容所，其中住有良家妇女五百余名，系由敌宪兵驻所保护，迨至（1938年）一月二十八日，忽有大批敌兵开到该镇，当即将该所妇女一一奸污，敌宪兵目睹暴行，无可如何。”[2]

在上海市档案馆也存有一些日本占领者强征中国妇女为“慰安妇”的记录。1938年1月25日，公共租界巡捕房的副巡官万代尔发现日本人将集中于

[1] 宋美龄：《抗战建国于妇女问题》，重庆《中央日报》1939年1月15日。

[2] 《敌淫污闵行妇女五百名》，《新华日报》1938年2月1日。

陈桂英老人在讲述往事（苏智良2001年拍摄）

福州路的女子送往他乡，随即干预。

2月7日，巡官又发现日本兵在天津路423号大上海旅馆集中被抢来的女子，人数达20人。可见，这类事件在日军占领时期尤其是初期，还是比较普遍的。

甚至有不少上海女子被日军掳掠到外地去。2001年8月11日，我在黑龙江当地两位热心调查的韩茂才和宋吉庆陪同下，来到东宁县绥阳镇河南五委三组57号陈桂英家，听她诉说辛酸的往事。

陈桂英的家在闸北，具体路名已经忘记，她的亲弟弟现在还住在闸北彭浦新村。那年她18岁，有人来召佣工。陈桂英为了减轻家中的负担，便跟着那人走了。她到了哈尔滨后，被押送到东宁—日军对苏作战的前线，成为日军性奴隶。尽管这段历史已过去半个多世纪，但老人至今还记得慰安所叫“乔燕堂”。一个18岁的女子，从繁华的上海被骗到北国的乡下，生活的轨迹完全改变。当我最后询问大娘，你还有什么话时，陈大娘只是流着泪说：“我也不会说话。反正那时真是很苦的，一个人最好的时光就这样被消耗掉了。我的命苦啊！”现在这位陈桂英大娘也已离开了我们。

根据《支那在留邦人人名录》第33版（1942年出版）记载，1942年，在宣城县湾沚镇有一个名为“上海美人馆”的慰安所，经营者是来自日本高知县的狄野勇，地址为第八甲街。从慰安所的名字可以看出，其中的受害者来自上海。

第二种是设下种种圈套，诱逼妇女坠入陷阱。1938年，日军占领上海后，租界成了“孤岛”，日军便在租界诓骗妇女：“他们放出野鸡汽车，候在娱乐场所前面。等顾客上车后，汽车飞也似地驰着，到了僻静地方，将男子抛下或杀掉，女客便从此无影无踪。”[1]有时则鼓吹说其任务是给日军官兵洗衣服、照顾伤员、打扫营房卫生，诱使妇女参加。实际上是强迫良家妇女供日军官兵发泄性欲，任其蹂躏。这种“战地后勤服务队”的人员，绝大部分是即地强征。时人留下了一个“阿珠的遭遇”的悲惨故事。

> 阿珠，是一个女子中学里的毕业生，她今年才十九岁。她的家，本来在闸北，因为无情的炮火，使她及她的父母从家里奔出来，方才避居到租界里来。接着，因为一个大工厂的倒闭，她的父亲，又宣告了失业，一家的生活，渐渐地陷入了恐慌的境况，她的父母只生这一个阿珠，所以，阿珠自身，也感觉应该去担负一个非常沉重的责任，在家庭里极不愿意依“妇女回到厨房去”的一句话，老是躲在家里。她愿意到社会上去找件事做，挣一些钱来，奉养她的父母，因此在她发现这条广告的时候，她认为这是她一家三口的生活源泉。
>
> 广告上这样告诉她，某公司为扩充业务起见，拟添聘女职员数位，凡年在十六岁以上，二十五岁以下，略识文字者，均可应征，倘能粗通国语或日语者更佳，月薪五十元，有意者请至某处面洽。
>
> 她征得了父母的同意，立刻依着地址，赶到那里应征。面试官详细地问了她的姓名，年龄，籍贯及学籍后，并没有经过什么考试，他对她微微地一笑。这一笑，很快地在他脸上消逝，他还是挂着一副严肃的面孔，对她说：

[1]《孤岛近讯》，载《妇女生活》，第5卷第12期，1938年。

“很好，你的资格很适合，但是这里是临时办事处，你还得坐上我们的汽车，由我们这里派一个职员，伴着你，到我们的公司去，见见我们的总经理，面试一下。”

这好像是投考的应有步骤，而且在白天，她并不害怕什么，所以她毫不迟疑地随着他们所派的一个职员，踏上汽车。呜呜地几声喇叭响，这辆汽车便飞一般地驶向东面而去。

车身拐了好几个弯，并且经过一座很大的桥，在一座大厦的门首，停止了行驶。她下了车，发觉这里是上海东区，是“八·一三”炮火发生地不远的地方，她想到这里，就好像四周有非常紧密的机关枪呼叫，一颗巨大的炮弹，从她头顶上掠过，她吓得几乎哭出来，她很明白自身已经陷入魔窟。恐怖，笼罩了她整个的心灵，她四肢，是这样的战栗，她好像丧失了聪明，她不知道哪一条是她可以逃走的路。

一只强有力的臂膀，不容她站在那里呆想，一把扭住她的玉臂，拖过了又长又大的石阶，拖上了一个小小的电梯，又拖进了一间宽大的房间。

在那里，她发现水汀是烧得这样热烈，但是房间里，还是充满阴森冰冷的氛围，地板上除了铺一块广大坚厚的绒毡外，找不到一榻一椅，只有数十个与自己同遭遇的中国女子和数不清楚的魔鬼，都是赤裸裸一丝不挂地躺在毡上。每个女子，都印着深深的泪痕，紧紧地闭着双目，吐着急促的呼吸，听凭那命运的支配，一个个魔鬼都嘻开牙齿，露出狰狞的恐怖的笑容，像得了什么宝贝似的兴奋。

她知道处境的危险，很快的，拼命地挣脱了强有力的臂膀，旋转身躯，正拟开门逃出这个暗无天日的人间地狱，但是魔窟哪能这样容易地脱离。她的热泪，像是玉一般从她的眼眶里涌出来，内心的悲痛，使她哭不出声响来。接着，一个长大的魔鬼，强迫地把她推倒在毡上，她究竟是一个女子，哪里有这样的力量，可以去抵抗这厄运的来临，好像一条毒蛇，爬上她的胸际，啮咬她纯洁的心灵，一阵剧痛之后，她已昏厥过去了。

经过了很久的时候，她渐渐地清醒过来，她发现最宝贵的贞操，已经破坏，两腿是这样的软绵，没有力量可以把她沉重的身体支持起来，她微微地转了一身，又发生了一阵剧烈的痛楚，她发现右臂已经被魔鬼们用火烙着一个“二四”的号码，正和旁边女子一样，她这时不自禁地放声大哭起来，哭得又昏厥过去。

从此，她就像可怜的那群人一样，依着号码，没有白天和黑夜，都遭受着蹂躏。那里的女子，谁个不想自尽，但是没有一个适当的时间，去找一根带子或者少许毒药，每天虽然有很多的东西，送到地狱里去，但是谁也不愿意尝试一下，去延长她们残余的生命。

经过了数天，阿珠脸上苹果一般的处女美，早已消逝得干干净净，所留的只有一张枯黄瘦削的面容，一双眼珠，吐出软弱疲劳的目光，深深地陷在眼眶里。她自己很明白，已经离死神不远，但是她终不愿将她的尸体遗留在那里，她宁愿死在家里。

父母们正为着她的失踪，焦急得日夜不安，现在看见她回来真不知怎样去表示他们的欣慰，所以赶着问她在过去的几天里遭遇到什么，但她没有一句话可以去安慰父母慈爱的心灵，她只有两串辛酸的热泪，连续不断地挂到她刚才所换的旗袍上。

是睡眠的时候了，但是在一间深静的卧室里的阿珠。在一个深沉静穆的夜上，还在那里伏案书写她最后的一封信，信里详细地叙述着她被魔鬼诱骗蹂躏的一切，正像以上的情形一样，更不知道一滴滴的是血是泪浸透了洁白的信笺，模糊了一个个字迹。

翌晨，在这间卧室里的床上，还是安静地躺着一个阿珠的身体，但是她的灵魂，已经脱离了她的躯壳，离开了这污脏残暴的世界。她的面容，是这样的苍白，眼睛还是这样瞪着不愿紧闭。她好像有许多的愤恨，蕴藏在她的心头，无法发泄。

台上，留着一个来沙尔的空瓶，和一封昨夜她所写的遗书。[1]

第三种是依靠汉奸组织协助，胁迫妇女充当“慰安妇”。他们常常借口登记“良民证”，挨家挨户地挑选年轻貌美的女性。上海沦陷后，日军指使汉奸政权在虹口、闸北等地设立一批慰安所，寻找、胁迫妇女充当性奴隶。崇明朱巧妹、陆秀珍、郭亚英等受害的经历表明，汉奸往往是日军的爪牙。

4. 其他国籍的“慰安妇”

还有较少的别国女子充当“慰安妇”，如德国、法国、俄罗斯女子。根据日军士兵田义一的战时日记记载，早在1937年12月3日，上海的公共租界内就有慰安所，门口张贴着价格表：“日本妇7日元，朝鲜女5日元，苏联、德国、法国女子只需2日元，卫生一流。”[2]

（二）关于日军部队的人数

在上海驻扎的日军前后有很大变化[3]。1937年“八·一三”战争前，日本驻上海地面部队以海军陆战队为主，“八·一三”会战爆发后，日本于8月24日设立上海特别陆战队，由大川内传七少将指挥，下辖东部支队、杨树浦支队、北部支队、闸北部队、沙井港地区队、虹口地区队等。

“八·一三”淞沪会战期间，日本组织上海派遣军，以松井石根大将为司令

1　范式之等著：《“皇军”的兽行》，战时出版社1938年版。

2　《荻岛静夫阵中日记》，转引自吉见义明、林博史主编：《共同研究　日本军“慰安妇”》，第74页。四川建川博物馆收藏：《荻岛静夫日记》，人民文学出版社2005年版。

3　本段资料均引自耿成宽、韦显文：《抗日战争时期的侵华日军》，北京春秋出版社1987年版。

官，下辖第3、11师团等部队。9月下旬起，日本统帅部先后将第9、13、101、18、114、6、16师团及重藤支队、第3飞行团、野战炮兵第5、6旅团等调至上海，组成华中方面军，下辖上海派遣军和第10军（下辖第6、18、114师团合国崎支队等），兵力增加到30万人[1]。

“八·一三”会战结束后，日军第101师团守卫上海。1938年2月，日军解除华中方面军的编制，编成华中派遣军。1938年底以后，上海防卫由日军第13军负责，司令官西尾寿造大将，司令部设在上海江湾，下辖第15、17、22、116师团，以及独立混成第11、12、13旅团，管辖江苏、安徽、浙江地区。后来增加了独立混成第17、20旅团。1944年2月，第116师团调归第11军，第22师团调归第23军；而将独立步兵第6旅团、第4、11野战补充队编入第13军，下辖第60、61、65、70师团，其中第60师团的56旅团司令部设在上海。此外，空军的第1飞行团设在上海。1945年时，第13军管辖着第60、61、65、69、161师团。第61、161师团司令部均设于上海。隶属于第6军的步兵第100旅团从东北到达上海后，驻扎于松江。

上海日军的特点是，① 人数比较多，1945年日本投降时，上海受降日军为165 000人（南京为138 800人）。② 上海是日军中转站，大量日军在此登陆，转入中国各地，或经上海再坐船赴中国各地或东南亚等地。如1945年2月，原属于关东军的第6军（下辖第70、133师团等部队）由东北调到上海，归入中国派遣军战斗序列。日军占领东南亚的不少部队也是经过上海的。③ 短期驻屯日军部队人数不少。如1939年10月1日，第5师团被从南宁调至上海，后来，第5师团又归属于中国派遣军大本营。

（三）上海“慰安妇”受害者人数推定

要推定“慰安妇”人数，还需要研究日本军人与“慰安妇”的比例问题。

根据日本学者千田夏光的研究，1941年，关东军实行“特别大演习”，该项得到天皇批准的《作战动员计划书》记载：“动员为70万兵员慰安使用2万

1 通常情况下，日军一个师团人数为22 000～25 000人，旅团人数为7 800人。

'慰安妇'从军"。参与制定该计划的关东军司令部参谋三科推算，日军与"慰安妇"的比例是37.5 ∶ 1。金一勉分析说："军队内部的混乱，其起因之一，是士兵们的性处理的不圆满，为此，需要一定数量的'慰安妇'。可是，由于以一名'慰安妇'一天满足29名男性的限度，所以，认为29名官兵对一名'慰安妇'为妥。于是，产生了'二九一'这个隐语。"[1]多年来，国际学术界多以"29 ∶ 1"来推算日军士兵与"慰安妇"的比例。[2]

其次要对上海日军慰安所进行分析，我们根据慰安所的规模将其分为大中小三类（见表7）。

表7　日军慰安所大小分类

大型慰安所（30人以上）	中型慰安所（10～30人）	小型慰安所（10人以下）
旗昌栈慰安所30～40人	万安路745号	杨行"三百亩"慰安所10人
"六一亭"（30人以上）	罗店镇朱家祠堂10人	海能路26号3人
四川里曙庄数十人		海能路31号4人

这里主要剖析大型的慰安所。

1. 规模较大慰安所举例

表8　上海大型日军慰安所举例

慰安所名称	"慰安妇"人数	存在时间	死亡情况	资料或口述出处
"大一沙龙"	初10多人，后增至50～80人	1931—1945年	不详	陆明昌、近藤等知情者
杨家宅慰安所	开办时为日、朝妇女104人，以后为中国妇女	1938—1945年	有人死亡，但具体情况不清楚	麻生彻男：《从上海到上海》；实地调查资料
虹口行乐所	一层数百人；二层数百人	1937年底	"被掳女子入内后大多自愿绝食，不数日即毙命，而隔日即有新被掳来者补充"	《大公报》1938年2月27日

1　金一勉：《天皇の军队与朝鲜人"慰安妇"》，三一书房1976年版，第50页。

2　2000年，东京对日本性奴隶制度审判的民间法庭判决书、日本学术界和韩国方面等，均以此为依据。

（续表）

慰安所名称	"慰安妇"人数	存在时间	死亡情况	资料或口述出处
路局慰安所	千人	1937年底，日军占领闸北后	"敌虽多方防止此等妇女自杀，然伊等痛苦与耻辱多不能忍受，故撞壁而死者，日必数人"	《新华日报》1938年3月15日
虹口大旅社	千人	1937年底	有人死亡，最后所有人不知所终	范式之：《皇军的兽行》，战时出版社1938年版
旗昌栈军官慰安所	30—40人，总人数百人以上	1944—1945年	不详	房屋主人陈炳荣、管家黄文忠提供
"海乃家"	40人，累计总人数也不少	1939—1945年	有些受害者死亡	华公平《慰安所"海乃家"の传言》

战时，日本上海派遣军东兵站司令部设立的杨家宅慰安所，1938年1月开办时，"慰安妇"人数是104人（其中日本女性24人，朝鲜女性80人）。[1] 该慰安所一直延续至日本战败，长达7年。第一批"慰安妇"在1938年就随该部队去了浙江，以后该所由日本侨民主持，前后在此的受害者总人数应是非常多的。调查表明后来以中国受害者为主，受害者中有浦东、苏州、昆山等口音。

1938年的《新华日报》，刊有《敌军在沪奸淫兽行》一文，指出北站附近的路局大楼，居然也成了日军的慰安所，受害人数达千人。虹口大旅社，为今海宁路449号的虹口大楼，俗称小虹口大楼。该楼建于1927年，为一钢筋混凝土结构的7层大楼，占地约1 300平方米，建筑面积5 400平方米。史料称"每个房间至少有四五人"，如此规模的大楼，人数当不在千人以下。该所受害者"其左臂有罗马数目字，类多知识妇女，"慰安所存在的时间估计会稍长些。

1938年《大公报》上刊有一文，披露虹口一个大型的慰安所。该行乐所一层"数百人"，二层"为自30岁至40岁者数百"，两者相加，总人数应不少

[1] 麻生彻男：《从上海到上海》，石风社1994年版，照片说明，第42页。

于500～600人。

存在达7年之久的杨家宅慰安所，总受害者应有数百人；仅以上的5家慰安所，受害者总人数就在3 000～4 000人。

2. 受害者死亡情况

由于日军的虐待和杀戮，相当部分的性奴隶制度受害者在战争结束前已遭杀害。如表8所示，在不少慰安所内，有中国受害者死亡的情况。尤其是上述虹口行乐所“被掳女子入内后大多自愿绝食，不数日即毙命，而隔日即有新被掳来者补充”令人发指。性奴隶制度受害者因病死、被日军折磨致死，以及逃亡等原因，需要及时填补。尽管在战争70多年后的今天，我们已无法精确地计算，但性奴隶制度受害者的死亡率相当高，确为事实。如李福女所在慰安所的20多名女性中，最后仅剩下5名幸存者，其余都被日军杀害了。幸存者金俊淑证实，那时，妇女得了病或是死了，日本兵就按数补充。幸存者崔凤仙回忆，曾有一个女子，被日军用浸过水的木棍打在后脑上，当即气绝身亡。黄锦周回忆，如果病重，日军就将生病的人弄到别的房间隔离；如果治疗两次以后再复发，那么军人就会把她带走。这些被带走的女子再没有回来过。与黄锦周一起从家乡出来的20个女子中，最后只有黄锦周一人活了下来，其余的人或是莫名其妙地失踪了，或者是得病被带走了。即使是新补充来的“慰安妇”也有不少失踪的。一位在丰满水电站被逼为“慰安妇”的受害者证言：“我们从南京被押出来的姐妹一共有几百人，到东北后死的死，亡的亡，估计也没有几个活着的了。”广州姑娘黄惠蓉，16岁时被日军抓获，当时约有100名姐妹一起被押往海南，沿途即遭日军蹂躏，到达海南黄流时，只剩下40多人了。由于死亡的出现，一般国际上把“慰安妇”的更替率定为4.0。上海的慰安所大多开设时间相当长，有些甚至前后长达10多年，因此，更替率按4.0推算，只可能是保守的估计。

3. 受害者人数考证

日本政府和军部为其侵略军队有计划、按比例地配备“慰安妇”。由于战败时日军大量销毁有关“慰安妇”的档案，也由于日本政府至今未公开“慰安妇”的历史文件，要准确指出日军“慰安妇”的人数是较为困难的。尽管如此，我们仍可以通过对各种资料的分析，尽可能地接近历史的真实。

关于上海“慰安妇”的人数，我们可以从慰安所规模和日军人数两个方面进行考证。

上海慰安所172个，每个慰安所的“慰安妇”以平均20人计算，但虹口的大型慰安所一个所的受害者达千人或数百人，估计“慰安妇”人数约6 000人，以更替率4.0推算，总人数约24 000人。

再从日军士兵人数与“慰安妇”之比例来分析。以1945年日本投降时，上海受降日军为165 000人计算，以“慰安妇”与士兵比例1 ∶ 29推算，“慰安妇”应该为5 689人。由于疾病、逃亡、死亡等原因，更替率4.0计算，得出“慰安妇”人数为22 756人。再加上短期停留上海的日军部队所需要的“慰安妇”，上海“慰安妇”总人数可能24 000人以上。

根据统计，在172个慰安所中，有中国“慰安妇”的慰安所为46个，有日本“慰安妇”的慰安所为41个，有朝鲜“慰安妇”的为29个。另外有82个慰安所尚无资料表明受害者的国籍。

关于上海“慰安妇”的国籍分布，尽管有中国“慰安妇”的慰安所数量与有日本受害者的慰安所数量相当，但考虑像超大规模的虹口大旅社、路局慰安所全部是中国受害者，有些同时有日、朝、中“慰安妇”的慰安所里，中国受害者人数要比日、朝受害者多，如海乃家有日本“慰安妇”10人，朝鲜“慰安妇”10人，中国“慰安妇”20人。因此，笔者推断中国受害者仍是最多的，而朝鲜“慰安妇”的数量，如果以杨家宅慰安所里80名朝鲜人比24名日本人等资料来推论，也应比日本受害者要多。因此，笔者推断的数字是，在上海的24 000名“慰安妇”中，中国“慰安妇”约有12 000人左右，朝鲜“慰安妇”约7 000人，日本“慰安妇”约为5 000人。

多少年来，尽管我们在抗日战争研究中做了一些有益的研究，但深度和广度尚远远不够，尤其是在实证研究方面。“慰安妇”问题的研究曾受到干扰，真相与细节，至今还有不少无人知晓，对此我们需要拿起学术利器，学术创

朱巧妹、周守文老人之墓（姚霏2005年4月5日摄）

新，深入调查，多向思考，本着对历史负责的精神，努力推进，拿出更多的有充分说服力的成果，留给后人，也促进日本社会的反思。

本书以慰安所为线索排列，主要依据是战时的日伪档案、日本人在华文献和书籍、日军老兵回忆、战时中国报刊资料、中国受害者和证人的证词等。其中有相当多的慰安所是战时日本人自己记录的。由于年代久远、证人消失、当年日军有意销毁资料以及当今的日本政府仍不愿公开全部资料等原因，使得这项调查非常困难。书中可能还有不少错误和疏漏，敬请尊敬的读者批评指正。

2005年4月5日清明节，我们中国“慰安妇”问题研究中心为崇明的受害者朱巧妹、陆秀珍竖了墓碑，我们谨以这次行动和此书献给曾遭日本侵略者凌辱的“慰安妇”受害者，也祈祷这种人间惨剧不再重演。

苏智良

2005年4月5日初稿

2007年7月7日修改

2016年10月31日定稿

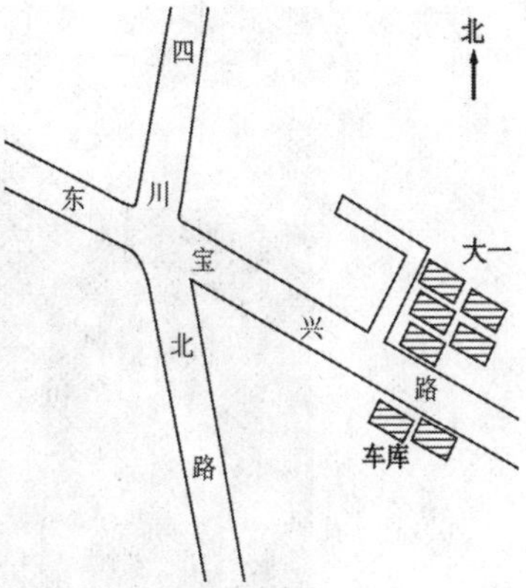

1

大一沙龙

上海是日军罪恶的“慰安妇”制度的发源地。

东宝兴路125弄的“大一”是日本海军指定开设的特别慰安所之一，从1932年到1945年，它既是日军在亚洲设立的第一个慰安所，也是世界上存在时间最长的日军慰安所。

一、关于大一沙龙的由来

在1932年1月，日本海军为了给在上海的海军陆战队提供性服务，就在虹口选择一批日本妓院作为其海军的特别慰安所，其中就有大一沙龙。[1]

---

[1] 其名称有“大一”（宝山路）、“小松亭”（虬江路大富里5号）、“永乐馆”（狄思威路）、“三好馆”（吴淞路松柏里）等4家。前田朗:《国外移送目的诱拐罪の共同正犯——隐されていた大审院判决》,日本《季刊战争责任研究》,第19号，1998年版，第3页。

东宝兴路125弄1号是一幢西式住宅，它原是上海广东移民的会馆，后来成了"大一沙龙"慰安所的主要建筑（苏智良1998年摄影）

"大一沙龙"最早称"大一"，是上海日侨较早建立的日本式"贷座敷"。所谓的"贷座敷"，是一种日本式的风俗营业店，除了向客人提供餐饮外，也提供女子供客人玩乐。其接待的客人，虽然说不分国籍，但实际上以日本人为主，有日本士兵，也有日本普通侨民。"大一"的名字在1920年的《上海日侨人名录》上已有记载，初由日本侨民白川经营，地点在宝山路上，宝山路属于公共租界的越界筑路区域，也就是闸北地界。

根据日本领事馆方面1920年至1923年的调查，日商"贷座敷"为躲避租界当局对废娼运动的攻击，而设在越界筑路区域。但在1927年南京国民政府成立后，中国地界也开始实施禁娼，上海特别市政府于1929年6月公告废除公妓，不允许妓院公开营业，并于1930年3月20日向日总领事馆提出，将日侨设在华界的"大一""三好馆""小松亭"和"永乐馆"4个卖淫场所，或转为正业，或移入租界。[1]于是，日方被迫于次年11月25日，将"贷座敷"内营业的"乙种艺妓"改称"酌妇"，但默认"贷座敷"继续存在。此后在中国

[1] 吉见义明编：《从军"慰安妇"资料集》，大月书店1992年版，第184页。

政府的压力下，一些日商开设的色情业不得不逐渐向虹口迁移。这个时候，“大一”的经营者由白川变成近藤ミツ。

慰安所的日式花园至今犹存（苏智良1993年摄影）

东宝兴路125弄1号的门楣，其装饰仍是那个时代的样式（苏智良1994年摄影）

关于“大一沙龙”等“贷座敷”的营业妇女人数，目前还没有找到确切的数字，只知道娼妓人数前后稍有变化。包括“大一”在内的4家日本侨民经营的“贷座敷”，1928年共有“酌妇”32人，1930年下降为19人。[1]根据日驻沪总领事馆警察署的资料统计，1930年在上海的艺妓及其他接客的日本妇女计1 280人，其中甲种艺妓173人，乙种艺妓（娼妓）19人，旅馆、料理店、贷席、饮食店419人，舞女164人，“洋妾”159人，私娼346人。[2]

清末的虹口，是广东籍人士的聚居之地。东宝兴路125弄1号的主人也是广东来的移民，而且，这里还是潮汕帮商人的会议场所。“九一八”事变之前，虹口的局势已逐渐紧张，日本海军陆战队耀武扬威，浪人们对中国居民的挑衅事件接二连

---

[1]《昭和五年在上海总领事馆警察事务状况》，载《警察史·上海1》，第21093、21096、21104页。

[2]《昭和五年在上海总领事馆警察事务状况》，载《警察史·上海1》，第21097页。

三。住在此地的广东商人遂纷纷离去，日侨近藤ミツ夫妇趁机占据了东宝兴路125弄1号，在日本海军的支持下，继续经营“大一”，并改称为“大一沙龙”。

1932年1月，“大一沙龙”成为日本海军陆战队司令部批准的第一批慰安所之一。根据我们的调查，它通常不挂牌子，也没有慰安所的名称，除了接待日本海军军人外，也同时接待日本侨民。最初无任何检查制度。有必要指出的是，这一时期的“慰安妇”，无论是日本人还是朝鲜人，基本上她们原来都是娼妓，女性都是从日本贫困山区招来的年轻女子。

1932年1月，“大一沙龙”被称为“海军指定慰安所”而获得了扩张。[1]这一情况也得到了日本外务省的一则档案的证实，日本在上海的海军慰安所在1932年初就有记录。[2]到1932年在上海开业的日海军慰安所增加到了17家。这些慰安所以日本海军官兵为客人。是年底，这17家慰安所有艺妓275人、“酌妇”163人（见表1）。

表1　上海日侨的风俗营业一览（1932年12月底）

业　种	开 业	废 业	1931.12底存在数	1932.12底存在数
料理屋、置屋	3家	—	28家	31家
饮食店	72家	9家	102家	165家
咖啡店　汁粉屋	13家	5家	27家	35家
海军慰安所	17家	3家	3家	17家
俱乐部	2家	2家	5家	5家
跳舞场	1家	—	2家	3家
艺妓	134人	47人	188人	275人
跳舞女	170人	164人	239人	245人
酌妇	166人	31人	28人	163人

资料来源：《昭和七年十二月末调　邦人の诸营业》，载《警察史·上海1》。藤永壮：《上海的日本军慰安所と朝鲜人》，载《国际都市上海》，大阪产业大学1995年版。

[1] 前田朗：《国外移送目的诱拐罪の共同正犯》，日本《战争责任研究》第19号，第3页。

[2] 吉见义明编：《从军“慰安妇”资料集》，第183页。

包括“大一沙龙”在内的专门接待日海军官兵的这些慰安所，在20世纪30年代中期已实施严格的检查制度，由日本驻沪总领事馆会同海军陆战队对所中的妇女进行检查，每周2次，患有性病者不准接待客人。

根据《日人在华人名录》三十三版（1942年）第271页记载，大一沙龙的经营范围是“咖啡贷席业”，老板是来自东京的近藤美津子，东宝兴路125号的电话为46940或02-62801。

“大一沙龙”的5幢房屋至今完好保存。大一沙龙慰安所旧址鸟瞰（苏智良2000年摄影）

二、概况

东宝兴路125弄1号为2层西式砖木结构建筑。最初，此处的日本“慰安妇”只有7人左右，由于这里地处北四川路（现四川北路），旁为日本海军陆战队集中之地，海军陆战队员相约而来，生意十分兴隆。于是，经营者夫妇便又从日本国内招来20名少女，并逐渐吞并了后面的两幢中国人的住房（今125弄2号、3号），那两幢房屋也是西式砖木结构建筑。经营者还购置了用来接送客人的汽车，在路对面设立了停车库（东宝兴路120、122、124号，1997年已经拆毁），形成一个规模颇大的慰安所。

1994年，笔者找到时年81岁的陆明昌老人，据这位家住东宝兴路108号的老人介绍，他原籍江苏南通，“一二·八”事变前后，从家乡到上海谋生，经人介绍进“大一沙龙”做杂务工。这时的“大一沙龙”，客人除了日本海军官兵以外，还有日侨。进大门后是个日本式庭院，上台阶后里面有个大酒吧，平

慰安所的汽车库，共有两幢房屋，已被拆毁（苏智良1995年摄影）

饱经风霜的陆明昌老人（苏智良1998年摄于陆明昌高境庙新居）

时接待客人，可以喝酒，也可跳舞。两厢房、二楼以及后面的3幢建筑均是日本“慰安妇”的房间。楼房的东侧有个花园，中间是个喷水池，四周的空地就是舞场，每夜这里都是莺歌燕舞，尤其是晚上7点起最为闹猛。“八·一三”事变爆发后，这里成为日海军官兵专用的慰安所，普通的日侨不再进来。“慰安妇”们都是来自日本贫困山区的女子，后来还有朝鲜女子。日本医生每周都来检查，在一楼的4号房间为“慰安妇”检查身体。这个慰安所营业情况极好，因此，后来老板近藤就一个人带着钱财跑回东京享受去了，“大一沙龙”便由老板娘一人支撑。在1944年左右，老板娘近藤美津子死了。此后则由其儿子经营，直到战争结束。

陆明昌在“大一沙龙”除了烧饭外，还要收拾酒吧、搬运啤酒等。因为每天与日本人打交道，所以晚年仍能讲一些日本话。他在这个慰安所整整干了

林铃娣童年时常去慰安所送木盆（苏智良2001年摄影）

14年，可以说是世界上在日军慰安所内工作时间最长的人了，每月的工资却只有6块银元，还时常遭到日本人的打骂，回忆这痛苦的往事，陆明昌老人仍满腔怒火。1999年，陆明昌因瘫痪久病而去世。

根据陆明昌等知情人的回忆，在战争的中后期，里面也有不少中国女人遭受日军的奴役。

家住附近的林铃娣（1994年71岁，1924年生），父亲原是做木桶的桶匠。她对"大一沙龙"还有清晰的记忆："我父亲是桶匠。'大一沙龙'我们叫它'大一记'，老板娘经常来我家订购小木盆，这种小木盆是给慰安女与客人洗澡时放置毛巾和肥皂用的。一次定做总有10只，每只价钱是1日元。那时我只有十来岁，这些木盆每次都是我送过去的。但只能送到门口，不准进去。里面的女孩都穿着和服、木屐。里面具体的情况，我也不敢看。对面两幢房子（东宝兴路120、122、124号）原来是车库，是专供客人们停车用的。战争结

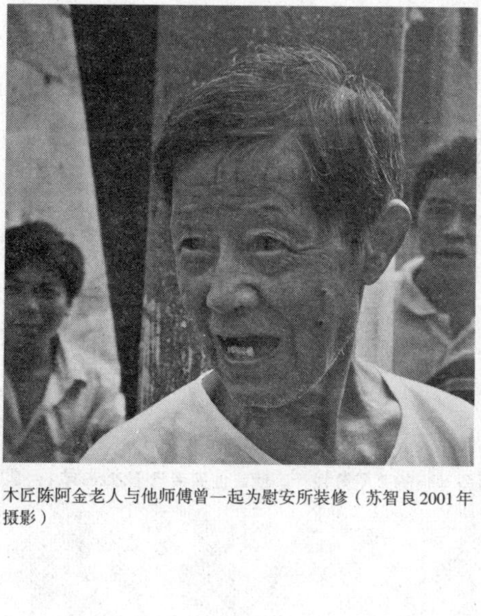
木匠陈阿金老人与他师傅曾一起为慰安所装修（苏智良2001年摄影）

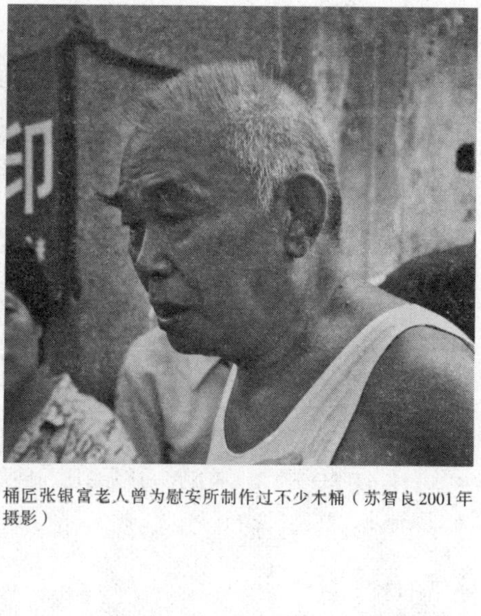
桶匠张银富老人曾为慰安所制作过不少木桶（苏智良2001年摄影）

束时，日本人很可怜。”林铃娣说的“大一记”，实际上是日语“大一”（DAI ICH）的发音。

林铃娣家为东宝兴路113号，就在“大一沙龙”的东面。她的丈夫王金鑫（1994年73岁，1922年生，启东人）回忆，除了小的木桶外，慰安所还需要大的木桶，他也时常做这种人能进入洗澡的大木桶。

“大一沙龙”后来的规模越来越大。现在的125弄2、3号也是二层西式建筑，东边还有两幢风格有所不同的二层建筑（现在为东宝兴路123弄）。日本海军和经营者合作，对内部进行了改造，家住东宝兴路101弄6号的陈阿金老人，2001年82岁，年轻时为木匠。他曾与师傅一道入“大一沙龙”做工，主要是隔离房间，做日本式的移门拉窗，安装榻榻米。他记得5幢房屋的两层楼均用天桥连接起来，以方便营业。慰安所里有朝鲜、日本、台湾地区和中国大陆的“慰安妇”。他与师傅做工，每天的工钱是25钱。他回忆，“大一沙龙”设备在当时算是非常好的，有煤气和抽水马桶；可惜战争结束时被日本人拆毁了。账房先生是个日本人，比较胖。里面有高丽女人，“我是怎样知道的，是因为战争结束后，高丽人穿的鞋子与日本人不同。‘大一沙龙’有门卫，晚上关门。现在四川北路的俱乐部当时也是慰安所，叫‘月光’，没错。”[1]

张银富家住103号，2001年72岁，生于此，因此对当时的慰安所还有记忆。他说原来“大一沙龙”东边也是二层的建筑，非常好，但日本人进攻上海时被轰炸毁掉了。“大一沙龙”里的日本人对待周边的中国人还算比较可以，而帮助老板管理的高丽人则非常坏，经常训斥甚至殴打中国人。抗战胜利后，这里作为敌产被国民党空军接收，到1949年后，国民党军队的房产自然被解放军接管了，并分配给军方一个皮鞋厂的职工。现在那里还住着原解放军3516工厂的家属，大多已退休。笔者访问这里的居民何怀启，他1955年时被分配到这里居住，今年已73岁。他说，东宝兴路原来是弹夹路，

---

[1] 2015年6月7日下午笔者再访大一沙龙遗址，遇陈阿金师傅的儿子陈银芳。他说他父亲已于2006年1月23日去世。

这个圆形的水泥地原来是日军士兵们跳舞的场所，根据老人们的回忆，中央原是个喷水池（苏智良1999年摄影）

慰安所时代的木雕——富士山，至今仍保存在遗址里（苏智良1995年摄影）

慰安所时代的木雕——琵琶湖（苏智良1995年摄影）

“大一沙龙”的房屋外面有些变化，连接的天桥都被拆掉了。他们来住的时候，地上仍全部是榻榻米。

巧的是张银富老人的师傅就是林铃娣的丈夫，也就是说林铃娣是他的师娘，接着，张先生将多年不见的林铃娣老人叫了来，林大娘竟然还认得我，还记得8年前我第一次来调查时的情景，老人已79岁了。

1924年出生的龚荣华，住在123弄7号。他14岁被拉去做火头军，曾为日军做饭，做了14个月。他记得“大一沙龙”本有大铁门，是在1958年大炼钢铁时被拆除了。

125弄2号后来也成了慰安所的一部分，现在还有一些遗物留存，如日本式的拉门、拉窗。在2号2室吴家，还保存着慰安所时代的木雕，共有两幅，一幅是富士山，另一幅据铭心会的日本朋友考证，认为可能是琵琶湖，雕刻相当精致。房屋主人吴让三先生，1945年起住此。当年这里是中国银行职工宿舍，他便是服务于中国银行的。从那时一直住到现在，2002年已87岁了。

（陈丽菲、苏智良　1996年，2002年2月补充）

连接各幢房子的通道之一，如今已用墙隔开（姚霏2007年拍摄）

作为“慰安妇”问题研究中心的成员，出入东宝兴路125弄早已成了我的“家常便饭”。对于那里，笔者有着太多的记忆和情感。

2007年五一期间，笔者又去看望住在125弄1号二楼的郑大妈。她是1号仅存的老居民。20世纪50年代初，从山东来的郑大妈随同空军军官的丈夫入住125弄，当时分配给他们的是整个二楼（1号到3号全部打通，有过道相连）。整整半个世纪过去了，丈夫去世了，儿女搬走了，一个人的生活开始变得冷清。好在1号的邻里十分照顾腿脚不便的她，楼下的阿姨、阿伯总会帮忙捎带每天的小菜。那些人里面，最关心她的要数老邻居何怀启，一个部队3516工厂的退休老工人。每次提到他，大妈总忍不住嘀咕：“小何啊？好人啊！他总让媳妇

郑大妈房里的日式移门（姚霏2007年拍摄）

给我下面条吃。”这个郑大妈口中的好人何怀启，2006年5月6日去世了。

记得2005年6月一个周日早上，我和《外滩画报》的蔡明东到125弄调查时，72岁的何怀启正站在1号院子的门口。他一眼就认出了我，热情地端出椅子招呼我们坐。何怀启是山东人，解放战争时期随部队打到上海，就留在上海，这一留就是50多年。何老伯带着我们参观1号，不厌其烦地介绍那些我已很熟悉的内容：“我所住的1号底层大堂原来是日军的舞厅，楼里每间屋子都很大，当年搬进来的时候，房间里还铺着日式榻榻米、拉窗，后来，楼里人家多了，都重新装修过，把原来相连的几幢房屋隔开。”楼上楼下的，他喜欢为我介绍不同的邻居，每次都会喜形于色地问：“老杨，你记得吗？这是小姚，上师大的小姚？还有苏教授你记得吗？”那么开朗健谈的一个人，却在一年后走了，每次想到这里都忍不住感慨。同样不见了的还有住在不远处的林铃娣大娘，这位木桶匠的女儿曾经亲自见过“大一沙龙”内的“慰安妇”，为我们的调查取证工作提供了很多帮助。如今，她和丈夫搬去了别处，去享儿女的福，我们便又失去了一位重要的证人。

面前切着西瓜的郑大妈无不感慨地说：“小何还小呢。我都81了，还没走，他倒先走了。现在这里就剩下我了，老邻居都没有了。”是的，现在已经没有人会陪着我上上下下地参观，不厌其烦地说着那些往事了，这才意识到我是多么感谢那些历史证人的热心帮助。同样的，那些散落各处的“慰安妇”幸存者又何尝不是在老去、凋零？有谁能给予她们最后的安慰和关怀？

如今的125弄居民，或多或少都能讲出些关于大一沙龙的故事，对于记者和参观者，他们已经习以为常。虽不免有点被打搅的情绪，更多的是理解和热情，还有就是“何时能搬离这危险建筑”的焦急。

53户、265人挤在这三幢二层楼的楼房里，即便是阳光灿烂的日子，楼里的光线依然不好，大白天进去也需要开灯。一踏上木质的楼梯，脚下就“吱吱”作响，楼道也软绵得有种坠落的感觉。1号里，十几户人家共用三个厕所。洗后的衣服只能滴滴答答地晾在狭窄的过道上，和着油烟一起蒸腾。楼梯口的电线盘根错节，像蜘蛛网，一到下雨天就噼里啪啦爆出火花。2005年这

1号底楼的大舞厅被分隔，最大的部分作为公共灶间（姚霏2007年拍摄）

里发生过一次火灾，正是电线老化引起的，把楼梯都烧着了。我每次表明自己的身份，总有居民拥过来："你帮我们反映反映，这里实在很难过日子，我们也认为应该保留，但要把我们安顿好啊！"而我，一个调查者，除了尽力安抚，没有更多的办法。

当然，我们正在努力的另一件事或许可以间接地帮助他们。中国"慰安妇"研究中心一直致力于"慰安妇"纪念馆的筹建，"大一沙龙"就是最好的选址。苏智良教授曾多次对媒体公众提到："关于'慰安妇'博物馆的想法，已经很久了。我收集了一些物品，包括老太太的遗物、照片、公证书等，那些老太太们一旦离世，这些东西就成为我们将来唯一的证据。中国作为'慰安妇'制度最大的受害国，应该像奥斯维辛那样建立一个永久的纪念馆，记载人类文明史上所曾经有过的这一段罪恶。"

4月9日，《新闻晨报》刊登了一条题为《反击日右翼证据　日军慰安所"大一沙龙旧址"被保留》的报道，其核心内容是专家、市人大代表和市政协

粉刷一新的125弄外墙（姚霏2007年拍摄）

在战时刊印的《支那在留邦人人名录》中，刊有“大一沙龙”的广告。上面印有“大一”沙龙的日语发音：DAIICH SALOON。以及电话：46940或（02）2801等。其刊登的日式庭院与125弄1号至今保存着庭院完全一致

委员呼吁保护“大一沙龙旧址”的建议，受到相关部门的高度重视。市文管委等部门对“大一沙龙旧址”进行专项研究后认为，东宝兴路125弄1号、2号、3号及东宝兴路123弄10号4幢建筑，是20世纪30年代前期日本在上海建造的早期建筑，被侵华日军用作慰安所，该组建筑难以被列为文物保护单位或上海市优秀历史建筑，但考虑到该旧址建筑是侵华日军罪证，是反击日本右翼势力妄言的证据，因此拟先予以保留。市文管委等部门将研究具体的保留措施，并把处理情况报国家相关部门。

无论如何，这则新闻都是鼓舞人心的。当我将这一市文管委等部门的意见转述给125弄的居民们时，他们绝大多数表示这是好事。那粉刷一新的外墙，暗示着这栋充满故事的建筑将被保存下来，他们担忧的只是居住条件何时才能改善。保留毕竟只是保留，是否能成就起中国第一座“慰安妇”纪念馆，是否能安置好这些居民，还需要更多的呼吁和努力。希望这一切不会太远！

（姚霏　2007年5月）

2007年7月5日，坐落于上海师范大学内的中国“慰安妇”资料馆开馆。三天之中，每天有超过300名参观者来到资料馆。

7月7日适逢“七七事变”70周年，上午我在资料馆接待了《新民晚报》记者方毓强。方先生不仅是记者，还是一位富于收藏的文物爱好者。当我谈到上海在日军实施“慰安妇”制度中的重要地位时，自然就讲到了世界上第一个慰安所——“大一”沙龙。方记者表示，他收藏了不少日军军用地图，也许上面会留下慰安所的记录。我当即拜托他方便时寻找历史证据。

现在尚存“大一”字样的门板，是慰安所时代的遗物。该块门板在125弄2号与123弄10号的过街楼二楼

方先生连夜在家里翻箱倒柜，寻找收藏的老地图，从中找出当年日军侵华期间印制的多张地图。然后借助放大镜，在地图上努力寻找慰安所的名称。功夫不负有心人，方记者最后在一张地图上看到了“大一”的字样。

8日下午，方先生再次赶到资料馆，将地图交给我。仔细观看后我又惊又喜，这是日本人自己于1937年8月15日在东京印制的上海街区图，印制单位为“大日本帝国陆地测量部”，我估计是为了装备上海派遣军而赶印的。上面清楚地标明了“大一”慰安所的位置，也就是说，陆军早已知晓“大一”沙龙这个海军特别慰安所的位置和情况，并向日本陆军官兵推荐。这是我从事“慰安妇”调查15年来第一次见到的标明慰安所位置的日军地图，很有价值。我随即将地图复印放大，挂在资料馆的墙上。

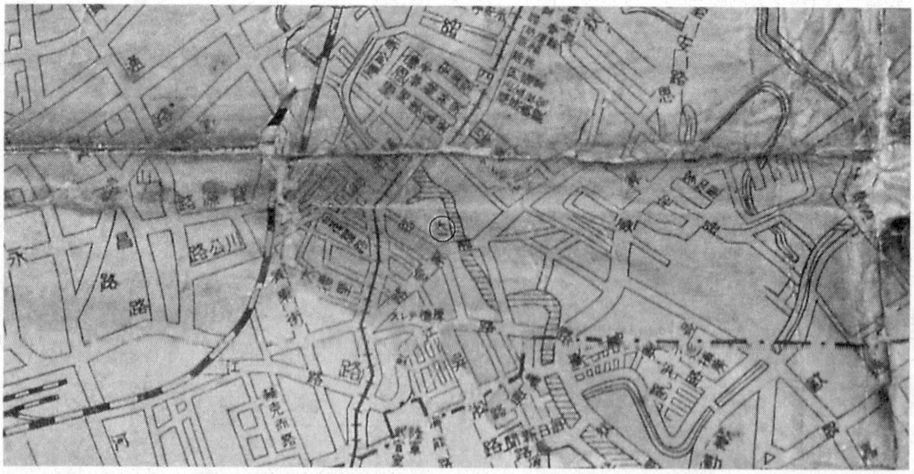
《新民晚报》记者方毓强找到的这张70年前的日军老地图，上面印有“大一”的字样

（苏智良　2007年7月23日）

2007年，经过多年的努力，以及众多热心的上海市人大代表、政协委员如俞亮鑫等的呼吁，上海市文物管理部门决定将“大一沙龙”原址的5幢建筑予以保护，不会拆除。但又过去了近10个年头，直到今日，50多户居民仍生活在这狭小的空间里。保护除了粉刷外墙之外，并没有其他实质性的措施。

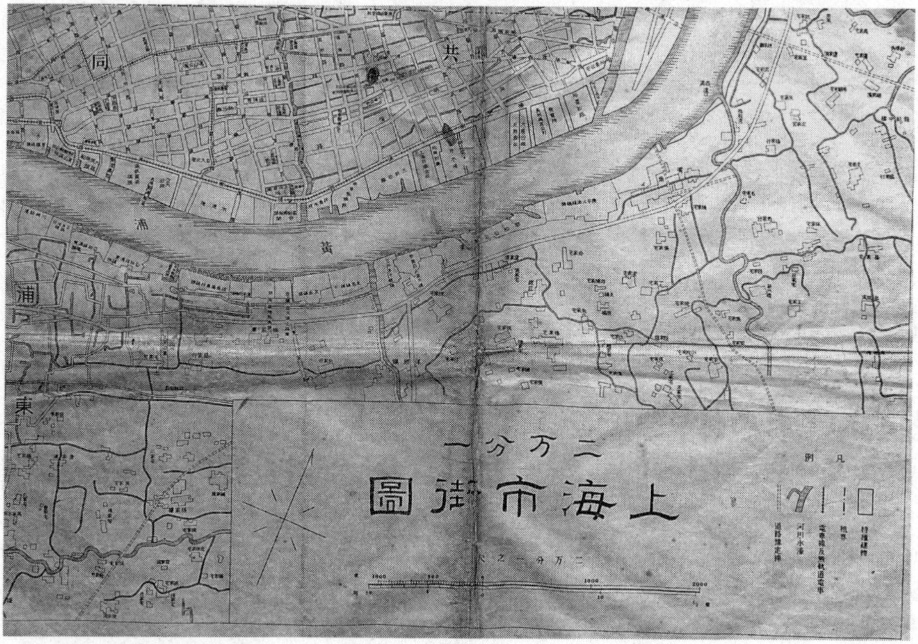

日本给上海派遣军配备的《上海街区图》

（苏智良　2016年7月）

2

三好馆

三好馆为长崎来的日侨光吉トキ所设，1920年前便已存在，地点在虹口的越界筑路区域。

根据1920年至1923年的调查，日本的“贷座敷”为躲避租界当局废娼运动的攻击，而设在虹口的越界筑路区域，除了“三好馆”以外，还有“大一”“小松亭”“永乐馆”3家。4家“贷座敷”的娼妓人数稍有变化，1928年共计为32人，1930年为19人。[1]根据日驻沪总领事馆警察署的资料统计，1930年在上海的艺妓及其他接客的日本妇女计1 280人，其中甲种艺妓173人，乙种艺妓（娼妓）19人，旅馆、料理店、贷席、饮食店419人，舞女164人，“洋妾”159人，私娼346人。[2]

---

1 《昭和五年在上海总领事馆警察事务状况》，载《警察史·上海1》，第21093、21096、21104页。

2 《昭和五年在上海总领事馆警察事务状况》，载《警察史·上海1》，第21097页。

中国方面，1927年南京国民政府成立后开展了废娼运动，上海特别市政府也于1929年6月公告废除公妓，并于1930年3月20日向日总领事馆提出，将“三好馆”，或转为正业或移入租界。[1]于是，日方被迫于次年11月25日，将“贷座敷”内营业的“乙种艺妓”改称“酌妇”，而承认“贷座敷”的继续存在。当时三好馆的“酌妇”为11名，规模比“大一”大，而小于“小松亭”。

根据上海北四川路日本金风社昭和5年（1930年）出版的《支那在留邦人人名录》22版显示，最迟到1930年，三好馆的经营者成了光吉君子，光吉君子有可能与光吉トキ是夫妇关系，三好馆的新地址在吴淞路松柏里36号。1936年的《人名录》仍标明光吉君子为经营者。那时，专门接待日海军的“三好馆”等7家慰安所已实施严格的检查制度，由日本驻沪总领事馆会同海军陆战队总部，对所中的妇女进行检查，每周2次，这表明对于接待军人的女子的体检已实施严格的检查制度。

有必要指出的是，这一时期的“慰安妇”，无论是日本人还是朝鲜人，基本上她们原来都是娼妓。

在“一·二八”上海事变爆发前的1932年1月，三好馆等4家“贷座敷”便被日本海军指定为慰安所。其中，“三好馆”仍在吴淞路松柏里36号。

综上所述，当时日本海军的所谓慰安所，最初是利用在虹口的妓女为日军服务的，这只要军方与“贷座敷”的老板达成协议即可，这些妓女大多在接待军人的同时也接待普通的日本人，人身依附和被控制远比后来的“慰安妇”要小得多，她们至多只能说是军妓，而不能说是后来意义上的“慰安妇”。这是日军“慰安妇”制度发展的第一阶段。

“三好馆”后来的情况如何，还需要进一步研究。1938年及其以后，“三好馆”似已从《人名录》上消失了。

（苏智良　1999年）

---

[1] 吉见义明编：《从军“慰安妇”资料集》，第184页。

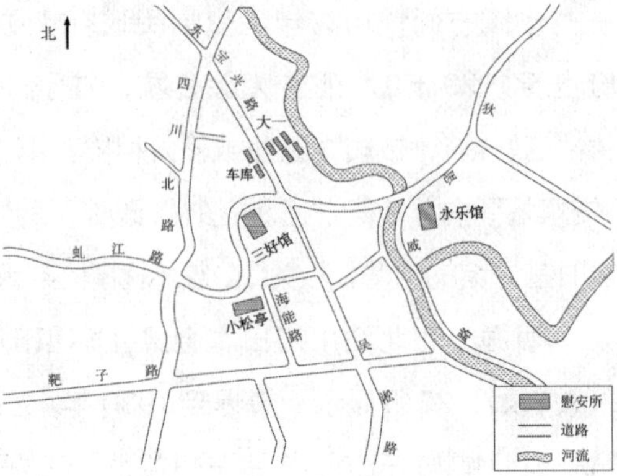

3

小松亭

小松亭的经营者小守良藏，出生于大阪，早年到上海经商，后设立日本料理店“小松亭”，同时招来女子从事卖淫。“小松亭”原来设在虹口的越界筑路地区。

南京政府开展废娼运动后，上海特别市政府也于1929年6月公告废除公妓，并于1930年3月20日向日本总领事馆提出，将日侨设在华界的“小松亭”等，或转为正业或移入租界。[1]于是，日方被迫于次年11月25日，将“贷座敷”内营业的“乙种艺妓”改称“酌妇”，而承认“贷座敷”的继续存在。当时小松亭的酌妇为15名，其规模超过了“大一”和“三好馆”。

根据《支那在留邦人人名录》记载，最迟到1930年，“小松（亭）”由小守忠主持，当“小松亭”迁到虹口之后，便改称为“小松沙龙”，其位置在虬

1　吉见义明编：《从军“慰安妇”资料集》，第184页。

江路大富里5号，此后被日本海军选择为慰安所，时间不晚于1932年1月，[1]这是否是日本海军在迁移前就已经计划的，现在没有详细史料能够说明。

到20世纪30年代中期，包括小松亭在内的专门接待日海军的7家慰安所已实施严格的“慰安妇”身体检查制度，由日本驻沪总领事馆会同海军陆战队对所中的妇女进行检查，每周2次。

1937年，日本对华侵略战争全面展开后，“小松沙龙”更加繁忙。里面的“慰安妇”，无论是日本人还是朝鲜人，基本上原来都是娼妓。

“小松沙龙”后来的情况如何，还需要进一步研究。1938年，“小松沙龙”迁到华界海山路附近的海能路（今海南路）81弄30号，1943年后的《支那在留邦人人名录》上已查不到与“小松（亭）”相关的信息。[2]

（苏智良 1998、2004年）

---

1 前田朗：《国外移送目的诱拐罪の共同正犯——隠されていた大审院判决》，《季刊战争责任研究》，第19号，1998年版，第3页。

2 上海北四川路日本金风社昭和5年（1930年）出版的《支那在留邦人人名录》22版的“小松亭”的地址是虬江路大富里5号，据笔者考证虬江路一带只有“太富里”，位于虬江路北，四川北路东，估计“大”是“太”的误写。《人名录》对1938年后迁址的“サロン小松”的地址记载混乱，有“华街(应为“界”)海山路”(1938年)，“海能路30号”（1939、1940年），“海能路81弄30号”（1941、1942、1943年）。据笔者实地走访，海山路今仍名海山路，2001年底建四川北路公园时废除。海山路原与海南路（原海能路）81弄相连，根据店址不轻易搬迁和地名越详细越真实的原则，“サロン小松”的地址应该为“海能路81弄30号”。

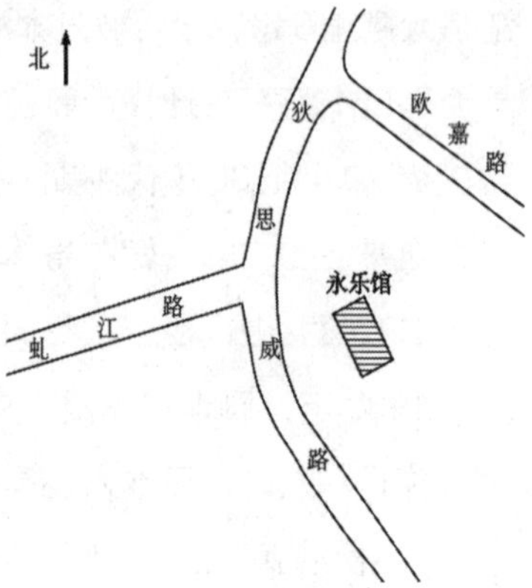

4 永乐馆

永乐馆的创办人是日本侨民永井正次郎，在1920年时已开业，地址在狄思威路（今溧阳路）公共租界外，具体地址不详。

根据1920年至1923年的调查，日本的“贷座敷”为躲避租界当局废娼运动的攻击，永乐馆与“大一”（宝山路）、“小松亭”（虬江路大富里5号）、和“三好馆”（吴淞路松柏里）共4家，设在虹口的越界筑路区域，娼妓人数稍有变化，1928年为32人，1930年为19人。[1]根据日本驻沪总领事馆警察的资料统计，1930年在上海的艺妓及其他接客的日本妇女计1 280人。[2]

在1932年1月，永乐馆与“大一”等3个“贷座敷”一起，被日本海军指定为慰安所。这一时期的“慰安妇”，无论是日本人还是朝鲜人，基本上她

1 《昭和五年在上海总领事馆警察事务状况》，载《警察史·上海1》，第21093、21096、21104页。

2 《昭和五年在上海总领事馆警察事务状况》，载《警察史·上海1》，第21097页。

们原来都是娼妓，人数并不多，4个“贷座敷”相加也不过19人。

到20世纪30年代中期，专为日海军服务的永乐馆等7家慰安所已实施严格的检查制度，由日本驻沪总领事馆会同海军陆战队对所中的妇女进行身体检查，每周2次。

（苏智良　2000年）

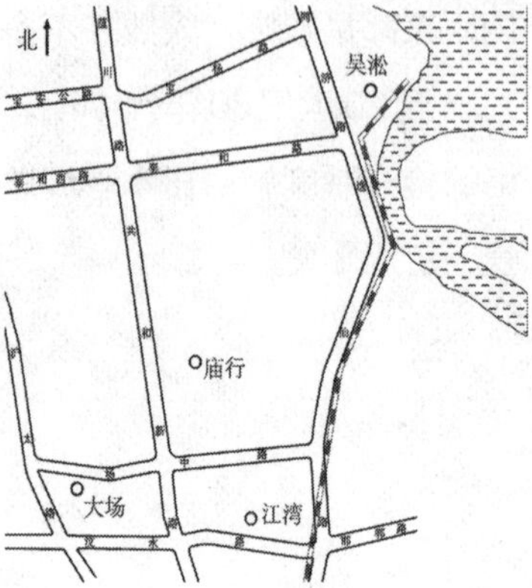

5

陆军"'慰安妇'团"

1932年的"慰安妇"团，是日本陆军第一次有组织参与建立"慰安妇"制度的行为，它成为日本后来战时"慰安妇"制度的重要尝试和样本。

"'慰安妇'团"的发起者是冈村宁次。

冈村宁次1884年出生于东京，早年毕业于日本陆军大学，1917年作为黎元洪大总统军事顾问团的成员而到中国活动。1923年，担任日本参谋本部驻上海的谍报武官，1925年起，任中国北洋军阀孙传芳的军事顾问，也时常在上海活动。上海既是他的成功之地，也是他的伤心地，其次子冈村武正是在上海得了猩红热，不幸夭折。1927年，冈村宁次任日本陆军步兵第6团团长，是出兵中国山东，制造"五·三"济南惨案的主凶之一。作为日本军部对华谋略的谍报核心人员，他参与拟定了以"据江浙而制天下"的对华作战的具体方案。以后参与历次侵华事件。

1932年1月28日，日本海军向驻守上海的十九路军发动攻击，

"一·二八"事变爆发。此后，在十九路军和后来驰援上海第五军的顽强抵抗之下，日军战线没有什么突破，于是，日本政府组建上海派遣军增援。2月25日，上海派遣军司令官白川义则大将准备出发，白川在军部为他送别的宴会上，破例恳求冈村宁次出任军参谋副长。于是，冈村宁次接受了任命，并于3月6日到达上海。

当时，在沪日军达到3万人，由于日军官兵十分野蛮，已发生了多起强奸战地妇女的事件，引起中国和各国舆论的严厉谴责。冈村宁次为了防止日军发生大规模的强奸事件而影响军纪及其战斗力，同时也为了搪塞外界舆论对日军兽性的指责，在白川义则的首肯之下，决定征募日本妇女建立一些专为日军官兵提供性服务的场所。

"'慰安妇'团"的具体操办者是日本上海派遣军高级参谋冈部直三郎，冈部在3月14日的日记中记载："这时，传来士兵们千方百计搜索女人、道德败坏的各种传闻，为了解决士兵的性问题，就着手积极建立这种设施。"[1]于是，冈部与永见俊德中佐论证了"慰安妇"问题后，向冈村宁次递交了实施报告。冈村宁次立即电请长崎县知事，迅速征召妓女，组织"'慰安妇'团"，到上海日军的占领区，建立慰安所。

由于此事已过去70年了，"'慰安妇'团"在上海的具体情况已很难复原。其主要驻扎之处应是吴淞、大场、江湾、纪家桥、庙行一带。估计这些慰安所设立于原农民房舍的村子里，并跟随日军活动迁移。因为在当时激烈战斗之下，日军根本没有可能让工兵来建造慰安所的房子。这批"'慰安妇'团"的妇女共有多少人，年龄情况，究竟设立了几个慰安所，每天接待多少日本军人等，均不得而知。

1932年7月15日，冈村宁次调任关东军参谋副长，就是在冈村宁次在沪的4个月间，日本陆军建立了第一批慰安所。

此后，冈村宁次因侵华有功而屡次提升，最后于1944年11月升任

1　冈部直三郎：《冈部直三郎大将の日记》，1932年3月14日，芙蓉书房1982年版。

日本中国派遣军总司令。日本战败后由于国民党的包庇，他被从轻处理并释放。1949年2月，冈村宁次在返回日本的轮船上接受记者采访时，曾透露说："我就是那个无耻至极的'慰安妇'制度的始作俑者，昭和七年（1932年）上海事变时，发生了两三起官兵强奸驻地妇女的事件，作为派遣军副参谋长的我，在经过调查后，我只有仿效海军早已实行的征召妓女慰军的做法，向长崎县知事申请召来华进行性服务的'慰安妇'团。事实证明，当从本土征募而来的'慰安妇'团到达时起，便不再发生强奸的事情。"[1]这段话也表明，日本海军在上海设立慰安所的时间要早于"一·二八"事变；日本陆军是学习海军而征募妇女组织"'慰安妇'团"的。

冈村宁次所创立的日军"'慰安妇'团"，比海军就地利用现有妓女充当军妓要进了一步，它是日军"慰安妇"制度发展中的第二阶段。它是由日军上层和日本地方政府共同策划下建立的，这种特别组织的"'慰安妇'团"来到前线的唯一目的就是为日军提供性服务，这个"'慰安妇'团"的成员显然已是一种"慰安妇"，冈村宁次创造的这一形式不能不说是一种创举——是法西斯战争机器侮辱人性的一种创举。当然，这比起后来日军大规模地推广"慰安妇"而言，还只是一个开端。

冈村宁次照片

"一·二八"事变结束后，日本陆军在上海的慰安所在大批军人撤退后也关闭了，"'慰安妇'团"应该是回到了日本。然而，作为陆军慰安所样板的海军慰安所却依然如故。

需要再交代一下冈村宁次的罪行。1932年，冈村调任日本关东军副参谋长，后兼任驻伪满洲国武官。1933年春，关东军侵犯热

1　稻叶正夫编：《冈村宁次大将资料》，上卷（战场回想篇），原书房1970年版，第302页。

河、长城，威逼平津，他代表日方迫使国民党当局与之签订了屈辱的《塘沽协定》。1934年起，历任日本陆军参谋本部第2部部长、第2师师长、第11集团军司令、军事参议官等职。1941年晋升为上将，任侵华日军华北方面军司令。1944年，先后任侵华日军第6方面军司令和日本侵华派遣军总司令。他在侵华期间，疯狂推行烧光、杀光、抢光的“三光政策”，对中国抗日根据地实行“烬灭扫荡”，犯下许多罪行。1945年8月，苦战中的中国人民终于迎来了胜利的曙光，1945年8月，中国八路军延安总部公布了日本侵华战犯的名单，冈村宁次被列为首要战犯。冈村宁次率领侵华日军向中国政府投降后，他却被中国国民党政府聘为军事顾问，帮助国民党打内战，对付共产党。1949年，国民党政府宣布其“无罪”，释放他回国。次年，又被聘为台湾“国民党中央常务委员会军事实践研究院”高级教官。1955年6月，任日本旧军人组织“战友联盟”副会长，后改任“乡友联盟”会长、名誉会长，从事复活军国主义的活动。1966年死于东京。

（陈丽菲、苏智良 1998年）

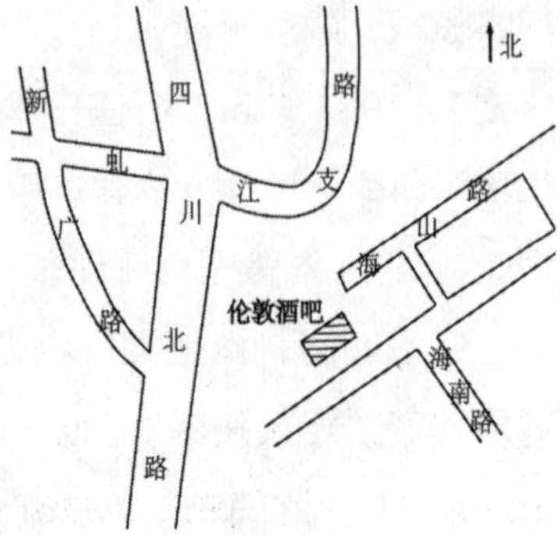

6

伦敦酒吧

上海的朝鲜人经营的商业由来已久，尤其是提供性服务的风俗店，集中在虹口地区，平时多以日本人为营业对象。进入20世纪30年代以后，随着上海日军的增加，以及“慰安妇”制度的推行，一些朝鲜人经营的风俗店被纳入向日军开放的性服务系统。比较1936年、1937年和1939年的3个表格，可以看到这类营业的变化（见表1、表2、表3）。

表1 在沪朝鲜人的风俗营业一览（1936年）

商号	经营者	所在地	来沪日期
伦敦酒吧	姜汉朝	虬江路97号	
心酒吧	韩汶礼	虬江支路宝德里8号	
贝贝酒吧	赵秉铉	南浔路121号	
少女酒吧	朴钟善	海宁路322号	

（续表）

商　号	经 营 者	所 在 地	来沪日期
伊甸园酒吧	吴贤海	虬江支路362弄5号	
亚细亚酒吧	朴日硕	汉壁礼路35弄31号	1937.9.7

资料来源：《人名录·上海》，第28版，1936年版。

表2　在沪朝鲜人的风俗营业、慰安所经营（1937年）

商　号	经营者	资本额	本　籍	现在住处
贝贝酒吧	赵秉铉	2 000元	平安北道义州郡	南浔路121号
伯格斯酒吧	朴正淳	2 000元	平安北道义州郡	南浔路135号
亚细亚酒吧	朴日硕	2 000元	平安北道义州郡	汉壁礼路35弄31号
乐酒吧	金字济	1 500元	京畿道仁川府	汉壁礼路37号
少女酒吧	朴钟善	1 500元	平安南道平壤府	静安寺路安乐坊17号
心酒吧	崔次礼	2 000元	庆尚南道昌原郡	虬江支路宝德里8号
伦敦酒吧	崔鸿绮	2 000元	京畿道京城府	海能路81弄48号
伊甸园酒吧	吴铉淑	2 000元	平安南道平壤府	虬江支路宝德里8号
阿里郎酒吧	白利淳	2 000元	平安南道大同郡	北四川路丰盛里25号

资料来源：在上海日本总领事馆警察部编：《昭和十二年管内狀况ノ内　特高警察ニ関スル事項》，在上海日本总领事馆警察部发行，发行年份不明。

表3　上海朝鲜人的风俗营业、慰安所（1939年10月）

营业种类、商号	经 营 者	资 本 额	本　籍	在 沪 住 处
*远东舞厅	宋世浩	20 000元	汉城	海能路81弄48号
贝贝酒吧	赵东铉	20 000元	平安南道	
慰安所	朴日硕	20 000元	平安北道	
慰安所	金一准	20 000元	庆尚北道	
慰安所	李昌柞	20 000元	京畿道	
慰安所	李相佑	20 000元	汉城	

（续表）

营业种类、商号	经营者	资本额	本籍	在沪住处
慰安所	李致云	20 000元	平安南道	
*伦敦酒吧	崔鸿绮			虹江支路95号
*亚细亚酒吧	朴日硕			汉壁礼路35弄31号
*Idealism酒吧	金锦淑			虹江支路129号
*日之出酒吧	文点钟			吴淞路克俭里3号

资料来源：玄圭焕：《韩国流民史》，上卷，汉城1967年版，第685页。*者为：《人名录·上海》第29版。

虹江路97号原“伦敦酒吧”（苏智良2001年拍摄）

伦敦酒吧1936年时已存在，是1936年朝鲜人经营的6家风俗店之一，由姜汉朝设在虬江路97号（原东宝兴路东的虬江路北侧）。这些信息刊登在朝鲜人赵炳淳（日本名字为白川秀男）主编的《在华半岛人人名录》第3

海南路81弄的二层楼房（苏智良2001年拍摄）

海南路81弄门牌号码混乱，16—62号位于同一楼房内（姚霏2005年拍摄）

版[1]，以及《支那在留邦人人名录》里。

1937年，来自京畿道京城府的崔鸿绮在海能路81弄48号经营伦敦酒吧，资本额为2 000元。海南路旧称“海能路”，这条长不过百米的小路东侧是侵沪日军又一处军事重镇——海军陆战队租界部队本部的所在地。海能路路底原是一长排二层的砖木结构石库门建筑，以太安里为界，以西是海能路81弄，以东为82弄。乍浦路向北延伸后，海能路81弄被从中截断。

81弄48号很可能就是16—62号北侧的虬江支路106弄48号（苏智良2001年拍摄）

1939年，崔鸿绮又将伦敦酒吧搬往虬江支路95号（四川北路东，2002年已拆除），1940年的《支那在留邦人人名录》上还留有伦敦酒吧的记录。其后尚未找到确切之史料。

这些所谓酒吧的风俗店，也是为日军提供性服务的变相的慰安所。

（苏智良、姚霏　2005年2月）

---

[1] 该书由上海白川洋行出版。

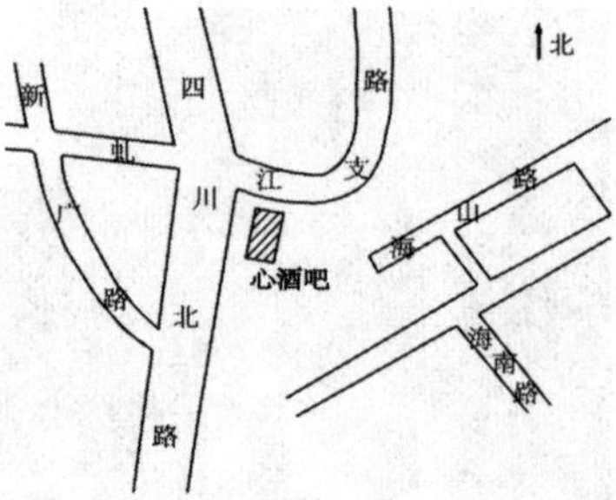

7

心酒吧

四川北路1360、1386弄的“丰盛里”东侧有一条仅一米多宽的狭小弄堂通往虬江支路120弄，这里曾有20幢建于抗日战争前的2～3层砖木结构住房，建筑面积1 500多平方米，旧称“宝德里”。

心酒吧是1936年朝鲜人在上海经营的6家风俗店之一。1936年时的经营者为韩汶礼，地址位于虬江路8号。1937年，经营者成了来自庆尚南道昌原郡的崔次礼，店址成了虬江支路宝德里8号，资本额2 000元。1942年的《在支半岛人人名录》上有一人名为韩次礼（日本名叫大原光江），此人为庆尚南道马山府人，1937年11月来沪，家住虬江支路宝德里60号，也是经营风俗店和慰安所的。笔者认为，上述有些信息可能有误，三个名字很可能是同一人。心酒吧至少在1941年时还存在，其后情况需要进一步调查。

这条一米宽的小巷两侧就是丰盛里（左）和宝德里（右）（姚霏2005年拍摄）

原虬江支路120弄，照片右侧即宝德里的3层砖木楼房（姚霏2005年拍摄）

虬江路8号（苏智良2001年拍摄）

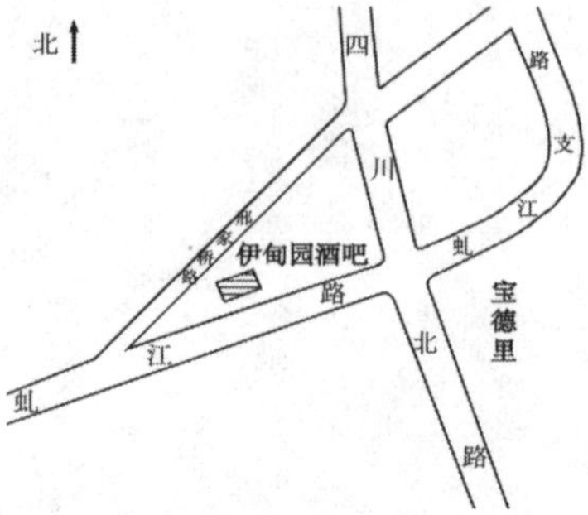

8

伊甸园酒吧

伊甸园酒吧，何时设立不详，但1934年已在营业。根据《支那在留邦人人名录》记录，1934年到1936年的经营者为吴贤海，地址在北四川路外虬江路362弄5号。伊甸园酒吧也是20世纪30年代朝鲜人经营的6个风俗店之一。1937年的《人名录》上，记录了伊甸园酒吧由来自平安南道平壤府的朝鲜人吴铉淑经营，后迁到了虬江支路宝德里8号。

（苏智良、姚霏　2005年2月）

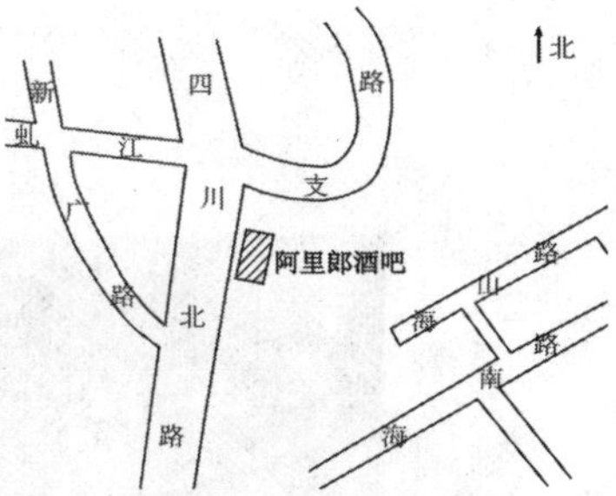

9

阿里郎酒吧

四川北路1360、1386弄位于四川北路和虬江支路交汇处的东南角[1]，旧称“丰盛里”。这一建于1915年的里弄，有3层砖木结构石库门住房36间，建筑面积2 600平方米，与虬江支路120弄的宝德里仅一巷之隔。

1937年8月，来自平安南道大同郡的白利淳（日本名叫白井源一）开办了阿里郎酒吧，其地址为北四川路丰盛里25号。1942年的《在支半岛人人名录》记录了白利淳还在海宁路顺天坊11号经营着一家名为“三亚”的贸易商号。

---

[1] 2001年底建四川北路公园时，1386弄的房屋被拆，成了衡水路的路沿。

丰盛里25号原“阿里郎酒吧”（张姚俊2000年拍摄）

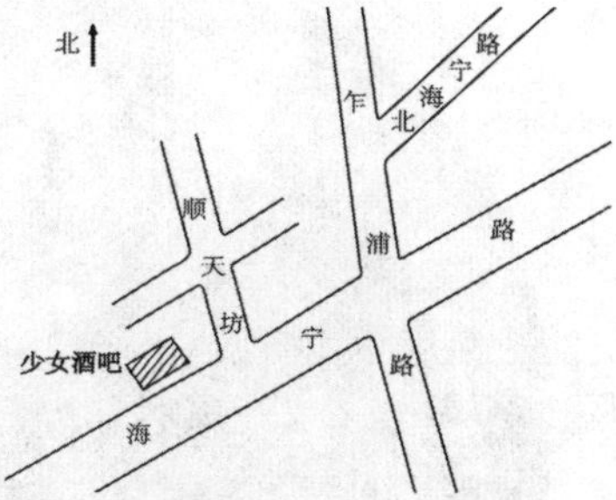

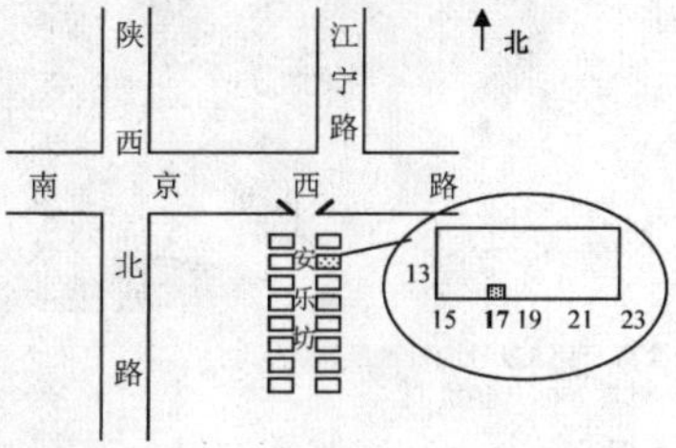

10

少女酒吧

“少女酒吧”是朝鲜侨民在日军指使下，开设的为日军及日本人提供性服务的机构。经营者为朴钟善，他来自平安南道平壤府。少女酒吧至少在1936年已经设立，地点为海宁路322号，资本额为1 500元。

1937年，少女酒吧迁至静安寺路（南京西路）安乐坊17号。安乐坊今为南京西路1129弄，弄内有70幢3层建筑的小洋房。17号在第2排支弄内。

今海宁路322号为好德超市
（姚霏2005年拍摄）

迁址后的“少女酒吧”位于安乐坊17号（姚霏2005年拍摄）

（苏智良）

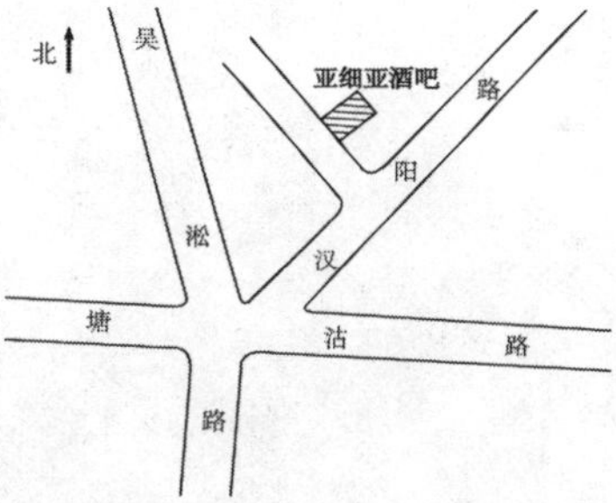

11

亚细亚酒吧

《上海市虹口区地名志》记载：汉阳路35弄（汉阳路北侧）和吴淞路260、272、306弄并称“公安里”，其建筑建于抗战前。汉阳路35弄与吴淞路260弄相通，因而260弄俗称“公安里西弄”。弄内有2层砖木结构石库门住房47幢，建筑面积3 577平方米。

亚细亚酒吧由朝鲜人朴日硕开设，住处在汉壁礼路35弄31号，资本额为2 000元，该酒吧早在1936年就是朝鲜人经营的6个风俗店之一，但究竟在何年创立尚不清楚。

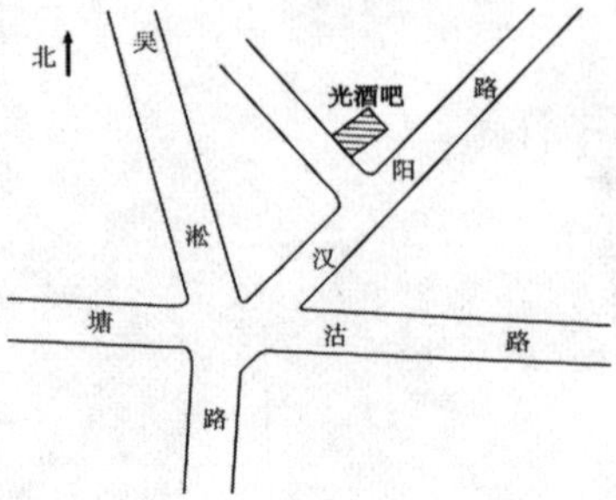

12

光酒吧

与亚细亚酒吧地处同一里弄的是汉壁礼路35弄37号的光酒吧，它由朝鲜人金润经营，1942年时已经存在。

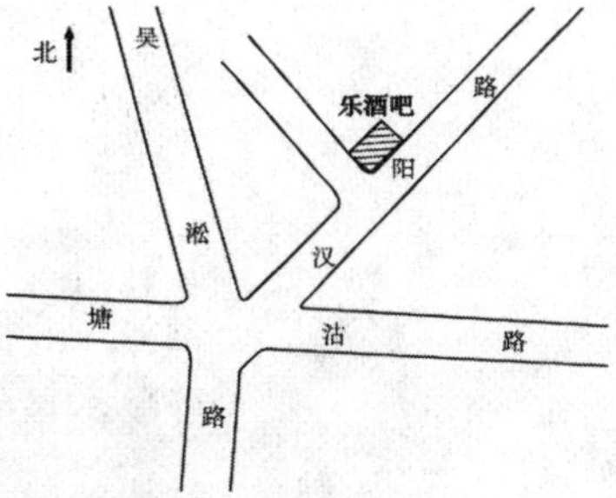

13 乐酒吧

“乐酒吧”，1937年建立，经营者为来自京畿道仁川府的朝鲜人金字济。这家酒吧设在紧邻汉壁礼路35弄公安里的37号。根据《上海市虹口区地名志》记载，汉阳路1～95号（汉阳路北侧）都是店面房，这一点与酒吧的设置相当符合。可惜的是，今汉阳路近吴淞路的老房子都已拆除，崭新的高楼已经崛起。

知情者透露，这些朝鲜人依靠日本人在上海生活，一般朝鲜人根本就不可能去消费，都是靠日本人，尤其是日本兵来维持的。

汉阳路35弄原址现在是耀江国际广场（姚霏2005年拍摄）

（苏智良、姚霏　2005年2月）

14

贝贝酒吧

贝贝酒吧，在南浔路121号，1936年已存在，但何时所建，尚不清楚。在1942年上海白川洋行出版的《在支半岛人名录》里，录有一个“贝贝酒吧”，它是由朝鲜人赵秉铉设立的，说明至少在1936年已经存在，而且也是日军光顾的一个风俗场所。

赵秉铉出生在平安北道义州郡，该酒吧的资本额为2 000元。尚无史料记载，很有可能像它的姊妹场所“心酒吧”等一样，存在到1941年。贝贝酒吧后事如何，尚不明朗。

该建筑后来尚存。虹口区退休警督傅升先生非常热心，曾多次协助中国“慰安妇”研究中心进行调查。在2000年1月傅升先生对其进行了调查。见到底层砌有女墙，2000年时开有一小门，二层仍保存着20世纪20年代的原貌。

南浔路121号（姚霏2005年拍摄）

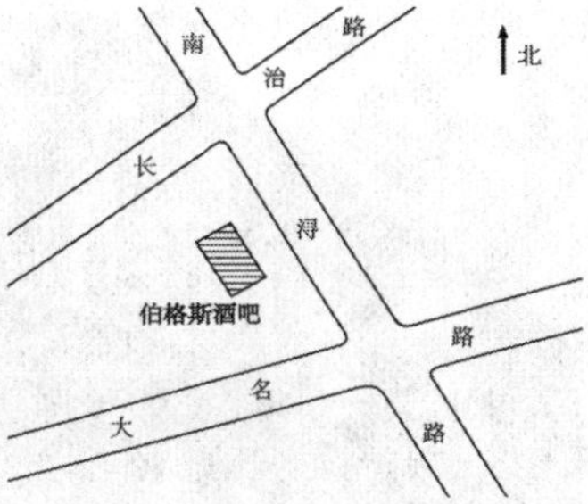

15 伯格斯酒吧

在1942年出版的《在华朝鲜人名录》（上海白川洋行版）里录有“伯格斯酒吧”。这个坐落在南浔路135号的酒吧，是由朝鲜人朴正淳设立的。至少在1936年，伯格斯酒吧已经存在，且是日军光顾的一个风俗场所。其资本额与“贝贝酒吧”相同。

现在这里是永乐工贸公司。

（苏智良　2003年）

据不完全统计，到1938年上半年，在沪的日本籍“慰安妇”已达300多人，[1]朝鲜籍“慰安妇”估计要远远超过此数。由于日本殖民者占领了朝鲜，并残酷剥削、压迫朝鲜人民，致使城乡经济破产，民众背井离乡。这些为谋生而

1　上海居留民团编：《上海居留民团三十五周年纪念志》，第185页；吉见义明：《从军“慰安妇”资料集》，第185页。

南浔路135号（姚霏2005年拍摄）

被迫出卖肉体的朝鲜女子，实际上是日本殖民政策的牺牲品。她们来到上海后的遭遇更加悲惨。

有个日本老兵后来回忆，1932年3月，他曾在上海进出过慰安所。慰安所设在前线中国人的民居内，里面约有5到10个朝鲜“慰安妇”，年龄20多岁。当时日军士兵每月所得只有8日元，进去一次要1日元，如果在那里住上一夜，还得付2日元。每到星期日，士兵们便带着预防性病的药，列队去慰安所，先是购买入场券，然后等待着轮到自己。

生于全罗南道灵岩郡的河顺任，19岁那年被一个朝鲜人骗上了船，然后到达上海开始苦难生活，她回忆说：“一到上海，就被带到临近美租界的一幢板式平房。当时我还相信人家说的‘赚大钱’，正为自己在这种地方洗衣做饭而失望时，闯进来的军人改变了我的人生。我曾经逃跑过，但又被捉回来，被剥光了衣服，受尽殴打。我哭叫着，曾在梦中裸着身体逃跑，但撞上的却是门上冷冰冰的大锁。”[1]她说的“临近美租界的一幢板式平房”，可能就是上述哪一个朝鲜“酒吧”。

（苏智良、姚霏　2005年2月）

---

[1] 转引自矢野玲子：《“慰安妇”问题研究》，第190页。

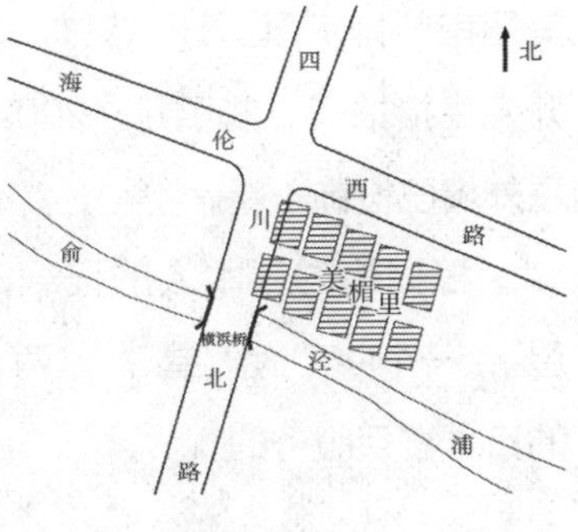

16–29

美楣里的慰安所

位于横浜桥北堍、北四川路东侧的美楣里，是一个拥有45幢假3层砖木结构住屋的新式里弄，现在的门牌是四川北路1746弄。日军侵沪期间，这里一度是日军慰安所相当集中的地方。

位于横浜桥堍的美楣里（姚霏2005年拍摄）

沿四川北路的弄口原有“美楣里”三字，20世纪90年代中期，因扩建四川北路而将过街楼拆除，“美楣里”弄名遂不为人知了。美楣里前排房屋沿着俞泾浦（即横浜河）堤岸，一般居民只走后门。2000年春，上海市政府决定整治河道，将沿河的6排楼房拆除，3月30日美楣里前排房屋拆迁，只有23～40号的18幢房屋保留下来。2月24日，傅升先生抢拍了一些照片。2002年，笔者再度来到美楣里调查时，只见数幢旧屋外墙已粉饰一新。

根据战时日本人的记载，在美楣里的东侧有两个料理店，一个叫“松屋”，一个叫“大阪屋”。这两个饮食店应是日本侨民开设的，就是为来美楣里的日本官兵服务的。

（苏智良　2003年）

1933年的《支那在留邦人人名录》在其索引中已经专列“海军慰安所”一项，其中绝大部分慰安所集中在美楣里（见表1）。

表1　1933年日本海军在沪慰安所

名　称	所　属	开办者姓名	开办者原籍	地　址	电　话
一心亭	海军慰安所	坂井岩吉	奈良县	北四川路横浜桥美楣里7号	
梅月	海军慰安所	中熊富藏	长崎县	北四川路横浜桥美楣里31号	
东优园	海军慰安所	马场半三	佐贺县	北四川路克明里4号	
千登势	海军慰安所	国本忠太郎	石川县	北四川路美楣里6号	
大星亭	海军慰安所	关根ふじ		北四川路横浜桥美楣里	
海乐[1]	海军慰安所	曹应道	朝鲜	北四川路横浜桥美楣里16号	
大胜馆	海军慰安所	洼田义男	长崎县	北四川路横浜桥美楣里12号	
筑紫	海军慰安所	田代辰次郎		北四川路横浜桥美楣里36号	

1 坂下元司是侵华战争时期海军在沪最大的慰安所“海乃家”的少老板。据他回忆，他曾亲自去过海军在横浜桥旁的慰安所，其中有一家是由朝鲜人所开。坂下所说的应该就是美楣里慰安所，而那家朝鲜人经营的慰安所，很可能就是1933年存在过的“海乐”。

（续表）

名称	所属	开办者姓名	开办者原籍	地址	电话
浮舟	海军慰安所	古贺浅吉	长崎县	北四川路横浜桥美楣里27号	
曙	海军慰安所	村上富雄	长崎县	北四川路横浜桥美楣里26号	42064
都亭	海军慰安所	间狩源治	滋贺县	北四川路横浜桥美楣里29号	
上海俱乐部	海军慰安所	宇都ウノ		北四川路克明里7号	

资料来源：《支那在留邦人人名录》25版，上海北四川路日本金风社，昭和8年（1933年）调查。

假三层的美楣里还可以看出日式的建筑风格（侯桂芳2000年拍摄）

根据《上海市虹口区地名志》记载，美楣里的建成年代为1933年，即上表调查的年代。如果《地名志》的记载无误，美楣里很有可能就是专为海军慰安所而建。

在整个日军侵华时期，美楣里的慰安所此消彼长，却是日军“慰安妇”制度的“关键力量”。笔者利用上海留存的《人名录》[1]为曾在美楣里出现的慰安所做了一个简略的发展表（见表2）：

[1] 据笔者所知，上海目前留存的《人名录》分别收藏在上海图书馆和上海档案馆，版本有昭和五年（1930年）版、昭和八年（1933年）版、昭和十年（1935年）版、昭和十一年（1936年）版、昭和十三年（1938年）版、昭和十四年（1939年）版、昭和十五年（1940年）版、昭和十六年（1941年）版、昭和十七年（1942年）版、昭和十八年（1943年）版、昭和十九年（1944年）版和昭和二十年（1945年）版。

表2　侵华战争期间出现在美楣里的慰安所

名　称	开办者姓名	原　址	起讫年代	变动情况
一心亭	坂井岩吉	北四川路横浜桥美楣里7号	1933～1936	
梅月	中熊富藏	北四川路横浜桥美楣里31号	1933～1935	
千登势	国本忠太郎	北四川路美楣里6号	1933	
大星亭	关根ふじ	北四川路横浜桥美楣里	1933～1936	
海乐	曹应道	北四川路横浜桥美楣里16号	1933	
大胜馆	洼田义男	北四川路横浜桥美楣里12号	1933～1941	1935年始由林田晃经营，1936年迁址克明里8号
筑紫	田代辰次郎	北四川路横浜桥美楣里36号	1933～1945	1940年始由田代巽经营
浮舟	古贺浅吉	北四川路横浜桥美楣里27号	1933～1936	
曙	村上富雄	北四川路横浜桥美楣里26号	1933～1944	
都亭	间狩源治	北四川路横浜桥美楣里29号	1933～1938	
上海俱乐部	宇都ウノ	北四川路克明里7号	1933～1943	1935年始由间狩源治经营并迁址美楣里10号
胜利亭[1]	园喜三郎	北四川路横浜桥美楣里20号	1933～1938	

1　在《人名录》上,"胜利亭"一直是以"饮食店"的名义出现的。但藤永壮在《上海の日本军慰安所と朝鲜人》一文中将"胜利亭"纳入海军慰安所（见苏智良:《"慰安妇"研究》，上海书店出版社1999年版，第27页）。笔者尊重其研究成果，将"胜利亭"纳入表格中。

（续表）

名　称	开办者姓名	原　址	起讫年代	变动情况
红梦	福岛胜藏	北四川路美楣里	1938～1940	
松竹	佐原又治	北四川路美楣里21号	1938～1944	
山游	山中正治	横浜桥美楣里	1938～1941	

资料来源：《支那在留邦人人名录》，上海北四川路日本金风社出版。

可以说，美楣里的15个海军慰安所，是第一批真正意义上的日军慰安所。美楣里也是上海乃至亚洲日军慰安所最集中的街弄之一。

（姚霏　2005年2月）

上海俱乐部

上海俱乐部在北四川路横浜桥美楣里（今1746弄）10号，为日侨间狩源治经营，1933年至1943年存在。间狩源治出生于日本滋贺县，是当时上海日侨中经营慰安所的“积极分子”，与日本地方政府和日本军方均有良好的关系。

最初，间狩源治经营的“慰安妇”包括来自日本的日本妇女或朝鲜妇女。目前发现的一份1937年“慰安妇”来华证明书，能够使我们了解“慰安妇”是如何从日本来到上海的。

1937年11月30日，日本福冈县的八幡警察署，曾给两名朝鲜女子发放“慰安妇”的来华证明书，同意其到间狩源治开设在北四川路的海军慰安所充当“慰安妇”。[1]

文件的名称是《关于发给去中国者的身份证明书》，编号为《外旅秘第79号》，发出时间是1937年12月15日。全文如下：

---

[1] 吉见义明编：《从军“慰安妇”资料集》，第101页。

福冈县知事　　赤松小寅

内务大臣　　末次信正殿

外务大臣　　广田弘毅殿

各厅府县长官殿

自11月底施行办理去中国渡航手续以来，所发身份证明书如下表：

颁发日期及颁发地点	目的地	渡航理由	期限	本籍住所	职业、姓名、年龄
（前略）					
十一月二十九日八幡	河北省井陉煤矿	受兴中公司之嘱托调查华北资源	3个月	八幡市大字枝光一、100八幡市清田町5町目	矿业
十一月三十日	上海	应间狩源治之召唤到上海北四川路海军慰安所为酌妇	一年		安部哲雄
十一月三十日	上海		一年九个月		明治44年3月26日生
（后略）					

资料来源：吉见义明编：《从军"慰安妇"资料集》，第100～101页。

这两名朝鲜"慰安妇"很有可能就是前往美楣里10号的上海俱乐部，等待她们的将是悲惨的命运。

（苏智良　2002年）

关于美楣里慰安所的调查

就笔者的实地考证，美楣里在未拆动前共有12排相对独立的建筑，南北各6排，呈对称分布，1—22号位于南侧，23—45号位于北侧，门牌由东向西递增，在四川北路口有一牌楼上书“美楣里”，后连同西侧和南侧的7排房屋一同拆除。

2005年，当笔者走进美楣里时，能作为证据保留的只有这余下的五排淡绿色的房子。26号在最东侧的一排，这幢与25号共用后门的房屋，曾经是来自日本长崎的日侨村上富雄经营的“曙”。27号位于26号那排的西侧，同是来自长崎的古贺浅吉在那经营着“浮舟”。仅隔着28号，间狩源治又在美

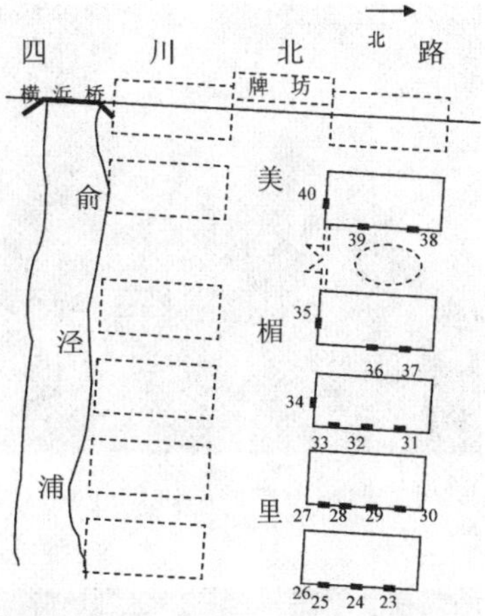

美楣里详图

美楣里房屋的一角（苏智良2015年拍摄）

美楣里27、28、29号（姚霏2005年拍摄）

美楣里的房屋总体上保护得不错（陈晔2009年拍摄）

拆除下的日占时期的窗框（张姚俊1998年拍摄）

38号底楼房屋的彩色玻璃窗是当年留存下来的（姚霏2005年拍摄）

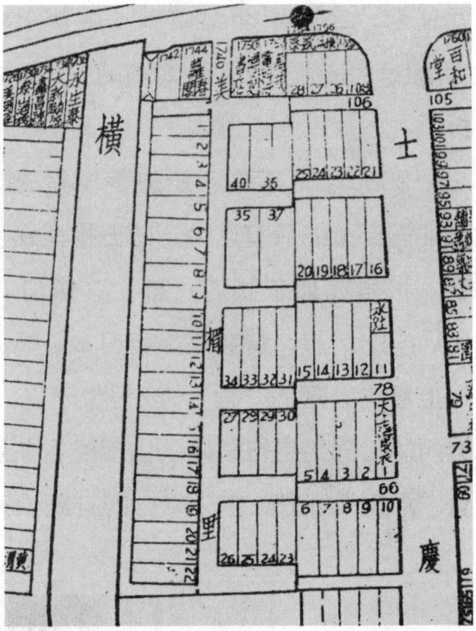

美榈里的示意图（姚霏2005年提供）

两幢楼房间的庭院，如今堆放杂物显得拥挤（姚霏2005年拍摄）

苏智良陪同吉见义明教授、林博史教授在美榈里调查（2015年）

榈里29号经营了一家“都亭”，气焰之嚣张可见一斑。再往西一排的31号曾经是长崎人中熊富藏开办的“梅月”，这是一处短命的慰安所。与其形成鲜明对比的是西侧的36号，主人田代辰次郎和田代巽想必颇有手腕，他们经营的“筑紫”是美榈里存在时间最长的慰安所。

家住美榈里38号三楼的沈雪棣老太太是日本人走后第一批搬到美榈里的住户之一。她告诉笔者，刚搬进来时，地板上铺有榻榻米，房间内的门大都是移门，现在，除了房间小，有半层楼之外，基本看不出当时房屋的格局了。就38号而言，唯一保留至今的就只有底楼的那扇彩色玻璃大门和门外的铁门（原在门内）。沈老太太亲自领着笔者到底楼参观，遇到了38号的另两位热心住户，底楼餐馆的蔡为民（音同）先生和另一户的王克明老伯。蔡先生给笔者指出了玻璃大门，彩绘的玻璃色彩依然清晰，透过玻璃门可以看到35号—37号所在的房屋。王克明老伯带笔者来到门外，这里是两幢房屋之间的庭院，虽然堆满杂物，仍可以看出比其他几幢房屋之间的间距要大许多。王老伯告诉笔者，他曾经是沈老太太的房客，很早就住在这里。当时这片空地是一个花园，园中有一个水池，池里有西湖石垒起的假山。而园门口有大铁门，中间一扇向两边开，两旁各一扇小门。王老伯还说，38号所在的这幢房屋最初共用一个正门（就是那个彩色玻璃大门），相传这里是美楣里所有东洋堂子的总的账房间。

（姚霏　2005年2月）

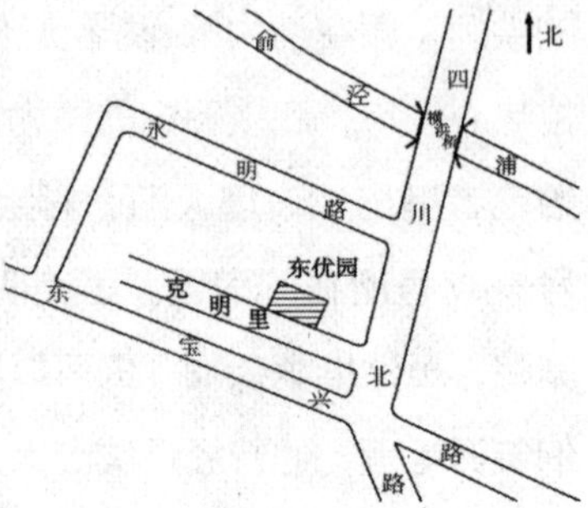

30

东优园

克明里在今四川北路1689弄，建于1928年。弄内有3层砖木结构住房18幢，建筑面积2 426平方米。

1933年，来自佐贺县的日本侨民马场半三已经在北四川路克明里4号设有“东优园”慰安所，对日本海军开放，其周边有日本海军特别陆战队司令部、营房等。1938年始，“东优园”由日侨桑原润次郎经营，1940年仍在营业，何时关闭，尚需进一步调查。

四川北路1689弄克明里弄口大门（侯桂芳2000年拍摄）

（苏智良、姚霏　2005年2月）

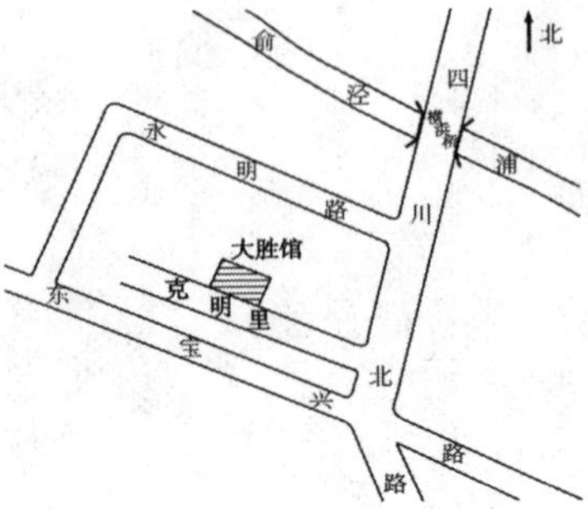

31

大胜馆

“大胜馆”，最初位于北四川路（今四川北路）横浜桥美楣里12号，由日本侨民洼田义男于1933年设立。1935年由林田晃经营，1936年迁至北四川路克明里（今四川北路1689弄）8号，1941年时仍在营业。这也是一家开设较早的日本海军慰安所。

根据日本上海总领事馆的调查，到1936年底，接待日本军人和侨民的料理、风俗店共有10家（包括3家海军慰安所料理店），“酌妇”131人，其中日本人102名、朝鲜人29名。其中3家料理店以日本侨民为顾客，其他7家专门接纳海军下士兵，不接待一般地方客人。而且，“酌妇”的健康检查也由陆战队总部、领事馆警察协同，由专门（妇科）医生每周检查两次。[1]

---

1 日本上海总领事馆：《1936年在沪日本人特种妇女的状况及其取缔》，吉见义明编：《从军“慰安妇”资料集》，第91–93页。

克明里原日军慰安所全貌（侯桂芳2000年拍摄）

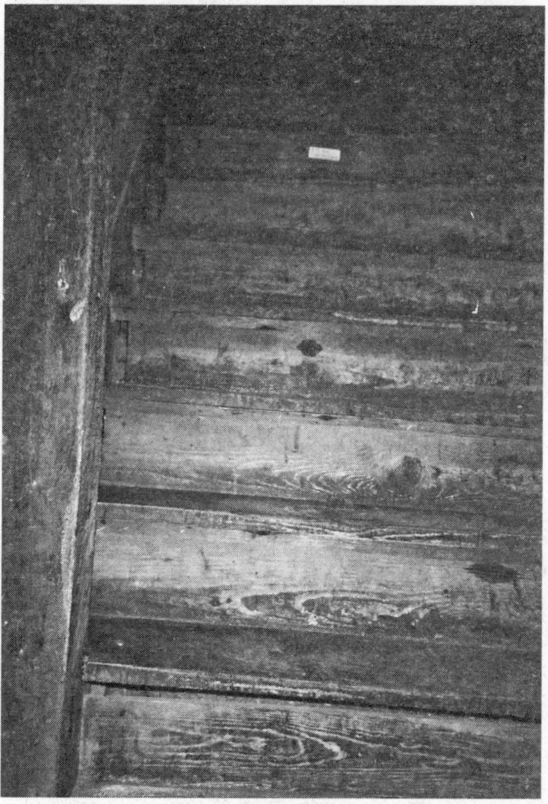

今四川北路1689弄5号内慰安所时期留下的楼梯（侯桂芳2000年拍摄）

这应该包括“大胜馆”。

（苏智良　2000年，姚霏　2005年2月）

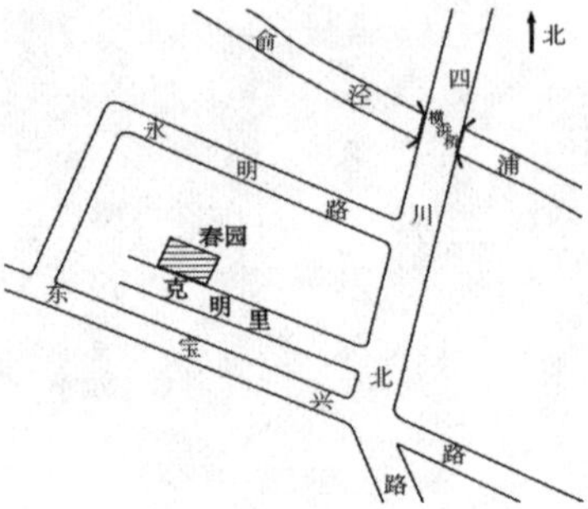

32

春园

“春园”在北四川路克明里（今四川北路1689弄）13号，1940年时已存在，1942年仍在开业，其后不详。

2000年1月28日，对虹口历史十分有兴趣的老上海傅升先生调查至此，永明路居委会陈阿姨对他介绍情况：“克明里现编为四川北路1689弄1号到9号，底层每幢房屋无上楼之梯，上下隔断。上边二楼及三楼，均由5号梯子上去，楼上走廊居中划南北两排房间，南部9间，北部8间（因为要去掉梯子位置）。走廊狭长通达1号到9号。这样，共有34户人家。自日军投降后，由国民政府公用事业局拿下，作该局职工住房，并装有煤气。”

同时，该弄5号二楼10室黄定一先生，他生于1944年2月16日，江苏太仓人，自1945年7月随父母由太仓迁入此屋，现黄先生在大渡路188号上海试剂有限公司任职。其父为旧公用局人员，自幼听父亲讲到该房子是“日本妓院”。

另外又据该弄扫地工人葛正林（音同）自述：此弄造于1930年，1937年8月日军侵沪，抢去此屋，把楼下屋子和上层隔开，作为饮食、写字间、卫生室之用。二楼、三楼出口，将5号底间拆作梯道供上下。同时每间楼室用板隔开，放一块榻榻米。当时一有中上级日本军官上梯，即有一个日本妇女指引。葛正林1999年74岁，20世纪20年代时已住横浜桥下，当时虽只有十多岁，但是曾亲见这个慰安所。

依照葛先生的口述，这个慰安所应是1937年底建立的。

（苏智良　1999年）

2004年7月，笔者去到克明里，那里已是残垣断壁，一位住东宝兴路223弄的中年妇女告诉笔者，一个月前这里开始拆房，笔者遗憾不已。9月初再来这里，这里已经只剩下碎砖。与在空地上吃午饭的一位80多岁的老太太聊天，她告诉笔者，克明里5号是个大房子，住了许多户，每户的房间却是很小，有一楼梯通向楼上。笔者本来试图通过居委找到搬迁居民的联络方式，然

已是一片废墟的克明里（姚霏2005年拍摄）

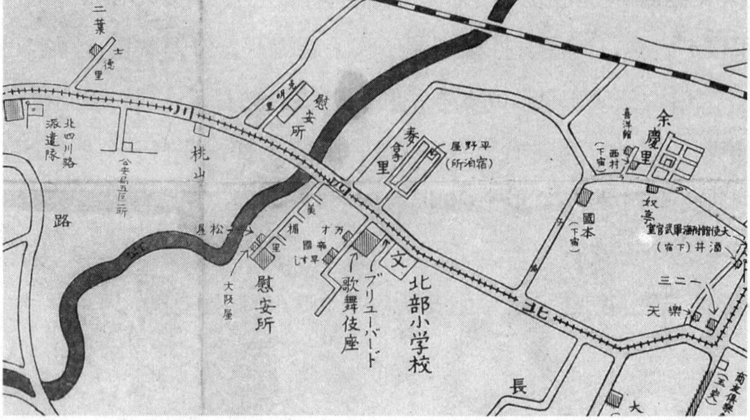

宇野商店制作的虹口地图上，标记着克明里的日军慰安所（摘录自《上海城市地图集成》）

而位于永明路上的永明居委会也已经人去楼空。

（姚霏　2005年2月）

根据曾经住在克明里（今四川北路1689弄）5号三楼的杨建中先生（1955年生）的叙述，他听老人们曾经提及自己居住的这幢3层楼房在抗战期间就是日军的慰安所。当时，克明里有两幢外观上一模一样的三层住房，门牌号1—9号为一幢，10—18号为另一幢。其中10—18号一幢中的13和14号内部结构做过改动，13号为单独进出。杨先生最初在克明里5号生活时，楼内都是日式移门，日式移门毁于后来的改建中，但是5号内部结构始终没有做过改动，仍旧保持着原样。克明里1—5号3层楼房只有5号一个楼梯口出入，二楼和三楼楼层内部全部打通，二层与三层之间有左右两侧的小楼梯能够上下。

（吴琥俊　2009年7月）

四川北路克明里的慰安所群，在战时上海地图中也得到了印证。当时在吴淞路昆山路口有一家日本宇野商店，该店制作的上海虹口地图，刊有多个慰安所，在克明里的联排建筑旁，赫然标着“慰安所”字样。

（苏智良　2014年）

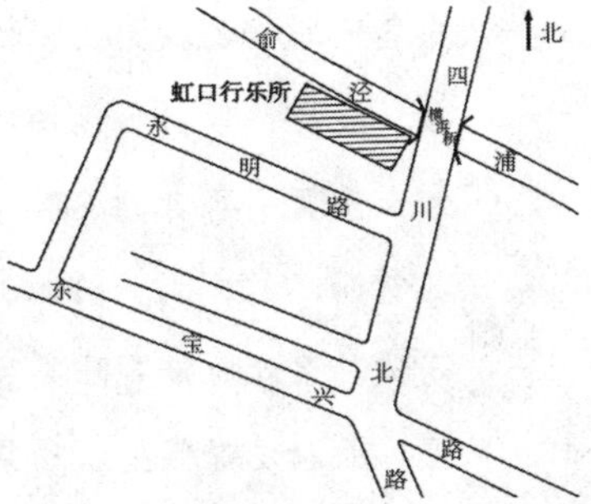

33

虹口行乐所

1938年2月27日《大公报》上刊登了一篇《上海的地狱——敌寇的行乐所》的文章：

日军在被陷各区之暴行，其最无耻与给我民族以莫大羞辱者，莫过于蹂躏吾国女性。各被占区域之百姓，无论老少，如被彼等发现，都难逃被污。最近昆山某教堂牧师述及一事，又令人发指，兹述之如下，望披露报章，以告国人！

昆山自陷落后，该地有小教堂牧师陆某，因未逃去，后居住该处之日兵长官调沪，陆某适亦欲来，故托同行，以求保障。迨抵沪虹口，该日兵官即引至北四川路横浜桥相近某银行旧址日兵行乐所一游。陆某初不知此行乐所如何内容，遂入内，毛发悚然。盖该屋各层有极暖之水汀，其最低一层，有日兵在无锡、浦东各地所掳之我国良家妇女，自十七八岁者，约数百人，皆一丝不挂，面有愁容，而日兵则川流不息其间，任意选择性的满足。如任何女子有不从者，皮鞭立至，陆某睹状亟思退出，忽有一女子猛拽其臂而不放，大声呼救，视之，则彼之邻妇王氏，彼结婚未数月，而被劫至此地狱。陆某恐累及己，促此妇勿声张，但已为旁日人所见，立以皮鞭猛挞。陆某系基督徒，大不忍，立跪下求彼识之日兵官救此妇出，该日兵官忽大慈善之慈悲心，允陆携此妇出。事后，妇告人，自被掳入内，每日至少遭十次以上之蹂躏，被掳女子入内后大多自愿绝食，不数日即毙命，而隔日即有新被掳来者补充。据又谓，此所谓行乐所二层楼，有同样命运之妇女，为自30岁至40岁者数百。至三层楼以上之情形，则不得而知。

日军之暴行至此，鄙人当询该陆某，其行乐所之确实地址，俾将此行告各国领署，作实地调查。惟该陆某坚不肯吐实，仅谓日人如此暴行，必遭天责。呜呼！我国之大耻大辱，谨据实以告我国男儿，大家奋起，洗涤耻辱，保卫全国女子，以尽男子责任！

从横浜桥上可以看到第二工人俱乐部的灰色大楼（苏智良2000年拍摄）

这个“虹口行乐所”里的“慰安妇”都是中国妇女，是被日军从无锡、浦东等地抓来的。这些女子“一丝不挂”，“每日至少遭十次以上之蹂躏”。不少人“不数日即毙命”，但“隔日即有新被掳来者补充。”而且，3个楼面到处都是中国受辱女子，真是“人间地狱”。

上文提到的这个“虹口行乐所”位于横浜桥南堍的虹口区第二工人俱乐部

（现已拆）境内。

就在数年前，从美楣里向西南方望去，就可以看到位于四川北路永明路口、横浜桥南堍的虹口区第二工人俱乐部（今四川北路1717号）。这幢坐西朝东的建筑，连带周围空地，占地6 666平方米。此间原为丁兴里，有几排旧式2层楼房。1926～1927年，这里的孟氏英文补习夜校曾经是中共的联络点。丁兴里的建筑毁于“一·二八”战争中的日军大轰炸，同时被炸毁的还有境内的商务印书馆。日军占领期间，这里曾住满日本人。1954年，在此废墟上建成了后来的虹口区第二工人俱乐部。

1993年7月19日的上海《劳动报》上，一篇名为《横浜桥军妓蒙冤“慰安妇”惨死异乡》的文章，让我们得知了原虹口第二工人俱乐部所在地曾经也是慰安所。

“文革”中“深挖洞”时，施工人员曾在此处（俱乐部旁的一块空地，原天虹饭店西侧那幢楼后面，笔者按）挖出一块二三尺高、半尺见方的石碑，碑上刻着“中岛秀子”四个字。当时谁也说不清楚这是干什么用的。然而，几天以后施工人员又挖出一块方柱形石碑，同样刻着四个字，其中一只已被挖破，仔细一看，里面放的竟是骨灰，还有几块极小的骨骸。至此，人们才明白石块原是日本人的墓碑。此事惊动了四邻，有位长住此地的老先生告诉人们：“这里原是日本的军妓院，因不堪折磨而死掉的妓女经焚烧后就埋在小花园中。日本投降前，听到好几次妓女掩埋死去姐妹的哭声。”一位摆过铜匠摊的老人

虹口区第二工人俱乐部正门（苏智良2000年拍摄）

从横浜桥上已经看不到虹口区第二工人俱乐部的建筑（姚霏2005年拍摄）

说:“这个军妓院住着二三十个供日军玩乐的女子，有日本少女，也有从朝鲜骗来的妇女，还有被逼为娼的上海姑娘。”俱乐部空地上还有一口井，在井中，曾挖出过日本军刀、手枪和子弹。后来这批武器被送交公安局，而石碑、骨灰罐在那个混乱的年代里被草率地处理了。

这样的事例并不在少数。

当时，由于“慰安妇”“慰安所”还不太为人们所知，所以，市民口语中，慰安所常常用军妓院、东洋堂子甚至日本妓院来指代。“慰安妇”也被说成妓女等。

朝鲜《劳动新闻》1992年7月4日也曾报道过名为《“慰安妇”的死尸扔在荒郊野地》的文章:

> 朝鲜女子金大日从长春、哈尔滨等地转到上海，继续充当从军“慰安妇”。在她被送到上海从军慰安所时，那里正流行传染病，许多女性染上疾病很快死去，日军只顾放火焚烧所有患者居住的地方，而对尸体连草垫子都不盖一个便丢到荒郊野地去了。金大日悲痛地说:“这就是‘慰安妇’们的命运，遭受如此命运的人们怎样才能倾泻对日本侵略者的仇恨呢?”

由于市政动迁，第二工人俱乐部一带已成了一片废墟，曾经的证据随着一次次的拆建化为乌有。

（苏智良、姚霏　2005年）

横浜桥曾挖出“慰安妇”骨灰坛

> 读了《上海滩》2016年第6期所载《苏智良：中国“慰安妇”问题研究第一人》，为苏教授不懈寻找日寇罪证的坚强意志而感动。我由此想起自己在“文革”中的一段经历，无意间接触了日

军在沪慰安所的实证。

发现骨灰坛　见证苦命人

“文革”期间，我在虹口区工人俱乐部（俗称横浜桥俱乐部）文工团任编导。因在报上发表过不少文学作品，一夜间莫名其妙成了“大毒草”，我也成了被监督劳动的“牛鬼蛇神”。毛主席发出“深挖洞、广积粮、不称霸”的号召后，挖防空洞也就成了我们的日常工作。

曾参与挖出“慰安妇”骨灰罐的蓝翔先生（《上海滩》2016年第11期）

一天早晨，我又举起十字镐奋力掘土时，突然一声响，火星四溅。原来，铁镐碰到了一块大石头。于是，几个人一起用力挖，挖出一块五六十厘米高、二十多厘米宽的石块，上刻“中岛秀子”四个汉字。我心想，这也许是日军侵占上海期间的遗留物吧。谁知第二天，又挖出同样的四方条石，也刻着日本女子的名字。随后，又挖出两只比绍兴酒坛略小的陶罐。一个陶罐已被挖破，陶罐内装有骨灰，灰中还残留着极小的碎骨。陶罐内还有一块木牌，上面的字迹虽已褪色，仍依稀可辨，为“洪再娣”三字。面对意外发现，我们这些被监督劳动者不敢隐瞒，当即把挖出骨灰坛和日本女子墓碑的情况，向造反队大队长做了汇报。

大队长亲临现场，随之而来的还有十多个俱乐部的工作人员和附近居民等。其中有位年已古稀的杨师傅，长年在横浜桥工人俱乐部门口设摊修配钥匙。据他说，我们挖防空洞的小花园，抗战中曾是日本军妓院（实际就是慰安所，一些市民口语中常常用军妓院来指代——苏智良注）。当我们顺着他手指方向望去，只见沿横浜桥的一幢两层楼房完全是日本式的。

杨师傅对大队长说，在日军占领上海时期，他家就住在马路对面的福德里，他亲眼看见对面的军妓院中的日常动态，其中有少数日本、朝鲜女子，但大多是上海姑娘，估计有七八十人。杨师傅说，日本军妓可以出门买香烟和点心，但中国女子不许出门，她们只能在窗口偷偷张望。

杨师傅还说，军妓院门口特别热闹，从早到晚总有日本兵进进出出。有的日军士兵晚上出来裤子都不穿，下身只兜一条白布，丑态毕露，可恶极了。

当杨师傅揭发时，一位老太太也站出来控诉，说因为她家离军妓院较近，她夜夜听到军妓院传出的哭声。老太太指着我们刚挖出的骨灰坛说："这些姑娘命苦啊！一天到晚要被几十个日本兵糟蹋，怎么受得了！我亲眼看见受不了的中国姑娘逃出门后，又被抓回去打得皮开肉绽。有个小姑娘受不了折磨，打开窗户跳进横浜河，一死了之。"老太太指着骨灰坛说："坛里就是这些苦命的姑娘。"

舍命挖枯井　刀枪见天日

工人俱乐部小花园挖出骨灰坛的消息传出后，很多人都来看热闹。这时，有位家住俱乐部旁的白发苍苍的老先生，把大队长拉到假山旁说："我要告诉你个秘密，这里原来有口井，日军投降时，我在楼上窗口亲眼看见军妓院的日本军官向井中扔东西。你们挖挖看，说不定能挖出金银财宝。"

这时夕阳西下，天色已晚，大队长下令收工。第二天一早，大队长来到工地，先让我们几个"牛鬼"背几段语录，然后高喊："蓝翔出列！"还没等我反应过来，他就指着假山说："我命令你找到昨天那位老人说的枯井，他们三个配合你挖井，一定要找到金银财宝。”

我们只得奉命找井，七寻八找，真的找到一口已被填平的枯井。于是，我们找来铅桶，将井中填埋的石块挖出来运走。等枯井挖到半人深时，我干脆跳入井中去挖，越挖越深。有几位俱乐部的老同志，趁无人监督之际暗暗提醒我：“枯井再挖下去容易塌方，你们千万要小心。”但我只有苦笑而已。

井底终于见水了。令人奇怪的是，井里并没有发现金银财宝。可是大队长不甘心，非要我再次下井挖宝。我永远忘不了那个深秋的早晨，大队长命令我们站在井边背诵“下定决心，不怕牺牲”的领袖语录，然后训话：“你们不要偷懒，不要怕死，要集中思想去挖宝。今天要是摸不到宝贝，就别想上井！”我无奈，只得顺着竹梯下到三米深的井底，然后在浸到膝盖深的水中摸宝。

井底幽暗无光，什么也看不见，我只好用双手在水中瞎摸。摸来摸去，摸到一小块硬东西，心里一阵兴奋，心想准是一块小金砖。忙擦干手划亮火柴，一看却是小砖块，只好扔掉再摸。呀，又摸到一个圆圆的硬东西，感觉告诉我这不是石块，手感挺光滑的。我又划亮火柴，啊呀呀，我竟摸到了一颗子弹！井上听见我喊“子弹”，急忙放下竹梯，我借机爬上地面透透气。井底空气稀薄，水又脏臭，我真想呕吐。这时我背靠大树，很想多休息一会儿，可大队长求宝心切，接过子弹说：“快下去，能摸到子弹就证明井底有宝，再摸再摸！”

上海第二工人俱乐部开挖防空洞的现场（《上海滩》2016年第11期）

这次下井又摸了一个多

上海第二工人俱乐部开挖现场（《上海滩》2016年第11期）

小时，又摸到一颗子弹。午饭后，我原本想休息一会儿，谁知大队长又催着下井。我下井后，腰酸背痛，支撑不住，只好跪着摸。又坚持了一个多小时，实在太累了，干脆坐在水里摸。

就这样在刺骨的水中摸来摸去，冷得全身都麻木了。忽然一个激灵，我在冷水烂泥中竟摸到了一把手枪！我在部队当过六七年兵，对武器有些了解，凭感觉判断是一把左轮手枪。等我从井底爬上地面时，仿佛从月球返回地球一样高兴。

两天后，我又从枯井下用菜刀挖出两颗子弹和一把日本军官佩戴的长军刀。

日寇“行乐所” 人间活地狱

造反队大队长见到刀枪后，还想逼着我下井，恰在这时，俱乐部主任从“五七干校”回来了。他终止了挖井任务，对我说：“蓝翔，现在交给你一个新任务。我写个报告，你把这些刀、枪和子弹送到公安局去。”

当我把左轮手枪、日本军刀等送到虹口公安分局时，值班警官说：“虹口区日本军妓院最多，你们挖出的刀枪，就是日军强迫中国良家妇女供日本兵发泄兽欲的罪证。你们应该写文章揭露日军野蛮的暴行。”

这件事从此一直盘桓在我心头。我很想写一写揭露日军慰安所的文章，却因手头资料不足而一拖再拖。后来偶然在一册记事本中，发现了一段记不清什么时候抄录的《大公报》的报道，时间为1938年2月27日。该文记载的地址，和我挖出日本军妓院“慰安妇”骨灰坛的地点非常相似。

（蓝翔：《上海滩》2016年第11期）

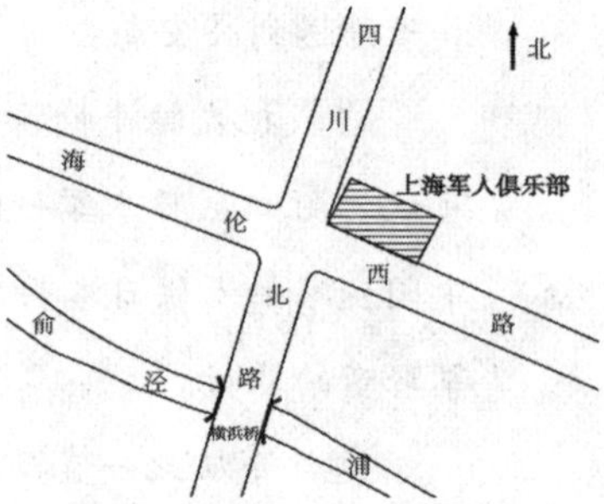

34

上海军人俱乐部

在美棡里以北的四川北路士庆路（今海伦西路）口，1942～1944年间出现过一家名为“上海军人俱乐部”的慰安所。除了当时的《支那在留邦人人名录》记录着这家叫作“陆军休息所”的慰安所是由来自三重县的日侨中川嘉寿经营，我们无法找到更多关于它的信息，只知道这家慰安所至少在1942年已设立。

当1942年太平洋战争白热化、日海军焦头烂额之时，陆军开始不甘寂寞地在北四川路寻找“安乐乡”。从美棡里弄口到海伦西路不过数十米的距离，在美棡里慰安所逐渐迁移时开设的这家慰安所，似乎在宣告日军这种残暴的“慰安妇”制度还远没有结束。

（姚霏　2005年2月）

35 沪上园慰安所

溧阳路和山阴路之间的四川北路西侧，有一个并不起眼的弄口。从弄口向内望去，弄堂似乎很短，挡住我们视线的是四川北路2023弄7号的那幢3层楼房。1994年8月出版的《上海军事志》[1]，收录了四川里居委会一位姓相的老人和家住东宝兴路60余年的陆明昌老人指认的数个日军慰安所地址，四川北路2023弄7号也在其中。

四川北路2023弄建于1926年，由32幢3层混凝土结构住房构成，建筑面积3 800平方米，向西通向多伦路，旧称“志安坊”。据《上海市虹口区地名志》记载，志安坊7号原是教会房产，敌伪时期被日本人辟为慰安所。1940年至1945年的《人名录》确实出现了“北四川路志安坊7号”这一地址，开始是由高原惠一郎经营的海军士官食堂かもめ，1945年，在原址上开办了名

[1] 《上海军事志》编纂委员会：《上海军事志》，上海社会科学院出版社1994年版。

四川北路2023弄志安坊7号（姚霏2005年拍摄）

7号的房屋呈“┐”型（侯桂芳2000年拍摄）

7号有一个院落，基本保持了当年的面貌（侯桂芳2000年拍摄）

7号日军慰安所时期的窗户保留至今（侯桂芳2000年拍摄）

为“沪上园”的慰安所。但这个“沪上园”慰安所的具体情况，因缺乏史料和知情者而无法弄清楚其情况。

（侯桂芳　2000年，苏智良、
姚霏　2005年）

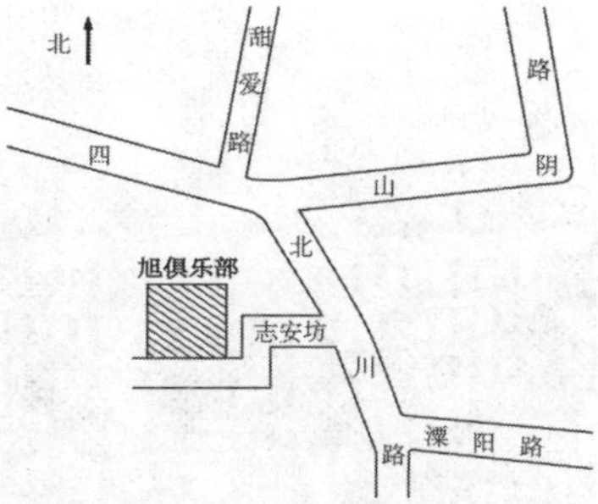

36

旭俱乐部

四川北路2023弄8号，在7号的西侧，是一座拥有大型花园的独立式洋房。周围住户告诉笔者，这座当地人称“纪家花园”的别墅，新中国成立前是著名的“宝塔糖大王”的宅邸。就是这样一座绿荫掩映的花园，1942年被征为海军士官旭俱乐部，成了又一处变相的日军慰安所，经营者是来自日本琦玉县的神山芳子。

志安坊8号的“纪家花园”（姚霏2005年拍摄）

沿志安坊走到多伦路，这条装点一新的文化街记录着昔日的历史，更多的是屈辱和伤痛。站在多伦路北端抬头看去，四川北路东江湾路口的那幢五层建筑岿然不动地伫立在那儿，那里曾经是日本海军陆战队的司令部，也是北四

四川北路上的原日本海军陆战队司令部

四川北路上的原日本海军陆战队司令部（今貌）（苏智良2002年拍摄）

川路慰安所的开始地。

（苏智良、姚霏　2005年）

20世纪90年代，朝鲜籍日军“慰安妇”制度受害者金德贞回忆在上海被逼迫为日军性奴隶的自述，她所在的慰安所在日军的上海本部旁边，但她当时无法知道慰安所的具体地点，笔者估计应该就在北四川路的海军陆战队司令部附近。下面是她的回忆：

1921年我出生于朝鲜庆尚南道的宜宁郡。家里非常贫苦，哥哥为了挣钱到中国去了。后来，我听说去日本可以挣钱的消息，1937年正月十五或二月初的一天，我赶到平村，与一个负责招工的朝鲜男子约好。出发的那天，我按约定来到宜宁汽车站，共有30多个姑娘。我们一行人上了车，那年我17岁。我们大家以姐妹相称，我属于“妹妹”的年龄段。

在郡北车站，我们换乘火车开到了釜山。在釜山我们又换坐一艘轮船，领队的人也变成了一男一女两个朝鲜人，他们说他们的家在上海。我们坐的船非常大，可以乘很多人。这船有好几层，我们下了舷梯住在底舱的房间里，船上发给每个人饮水和食物，我们就乘这艘船去了日本。

到了长岛后，一辆公共汽车模样的车把我们一行拉到了旅馆。一到旅馆，我们就被日本军人看管起来。我很吃惊，问："为什么把我们关在这儿？以后要我们干什么活？"军人说："上面下了命令才知道。"第一天晚上，我就被一个军衔很高的挎着军刀的军人拉出去强奸了。看到流血我很害怕，想逃走，这个军官敲打着我的后背说，再干几次就好了。从这以后不论什么时候，来了军人都要接待。我们这些女子每天晚上都要被一些军衔很高的军官拉到房子里强奸。5天后，我问一名军官："为什么让我们伺候男人？以后我们干什么？就是和男人睡觉吗？"这个军官回答说："命令下来后才知道你们去什么地方，干什么也只有看看才知道。"就这样我们在长岛待了一周后，又跟着那个朝鲜人乘船去上海。

船一到上海码头，就来了一辆汽车把我们拉走了。车子穿过混乱的上海市区，来到了一个很大的院落。这是日本的陆军本部，我们就被安排住在陆军本部旁的一所大房子里。这所房子比较破旧，里面有许多小的房间。……

这是一所平房，在房前竖着一块写着"慰安所"的木牌。在这所房子里，用木板隔起了许多能躺一个人大小的房间，每个房间里有一张床。食堂在别处。领我们来的朝鲜人好像是这所房子的主人。但在有军人来这所房子时，他们也准备饭、搞清洁卫生。到上海后我们随着军队不停地向前推进，最后到了南京。慰安所迁移时，有时乘船，有时坐车，但从未和军队一起移动过。慰安所并不在市中心，而是设在类似于山沟的地方。我们随着部队迁移时所看到的几个慰安所的情形大体相似。由于战争，周围的环境十分严酷：每天都能听到枪声，到处可见野狗在吞噬尸体，平常我们通常穿上衣和裙子，在冬天则穿上很厚的棉衣。

我们在早上七点起床洗漱后吃饭，大约在九点左右，军人们就开始列队到慰安所来。晚上6点以后，有军衔比较高的军人来，也有在这儿过夜的军官。一天平均一个人要接待30～40名军人，有时忙得连觉都睡不了。有战争任务时来的军人很少。每个房间里都备有一个装满避孕套的盒子。由于数量给得很多，一般用过一次以后就扔掉了。有时也有个别不想使用避孕套的军人，但绝大多数军人都使用避孕套。遇到不想用避孕套的军人时，我就骗他说我有性病，为了避免传染还是用好。但这些生死未卜的军人，听了我的话后常说，死都不怕，这点病怕什么，坚决不用。每当这时，我都会陷入怕染上性病的恐惧中。

每隔一二个月，我们都检查一次身体，一旦有病，就会被命令休息几天。在上海去医院接受检查时，看到许多来自各个慰安所的女人，好像中国女人也多起来。中国女人戴着耳环，穿着也和朝鲜人不同，一眼就可以看出来。据慰安所打杂的人讲，被日本人抓来当"慰安妇"的中国姑娘逃跑和自杀的人很多。检查时，我们躺在床上，两腿分开，军医拿着一个鸭嘴钳给我们检查子宫，一旦有病就给打606针剂。我虽有幸没染上性病，没打过这种针，但由于小便不畅（类似膀胱炎），也去医院接受过治疗。有的女孩下体出血不止，肿得连打针的地方都找不到。一个天真的女孩，每天都要被蹂躏十几次，病怎么会不严重呢？我听说，我们这里虽然没有生孩子的，但有怀孕后打针吃药堕胎的"慰安妇"。

（苏智良　2001年12月）

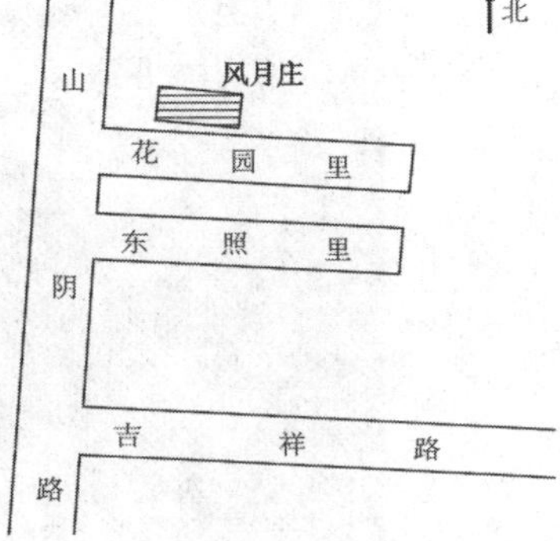

37 风月庄

“花园里”有着东瀛风格的连排楼房（姚霏2005年拍摄）

1938年的《支那在留邦人人名录》记录风月庄当年开业。风月庄，其址为施高塔路（今山阴路）花园里17号，由来自神户市的日本人岸本光治经营，对外的名义是日式普通旅馆。1939年曾扩大到弄内18号。风月庄之经营时间从1938年到1944年。

花园里即现在的山阴路145弄，建于1927年。弄内有3层混凝土结构的新式里弄洋房28幢，建筑面积3 600平方米。7号曾是山阴路派出所所在地。

不同于其南面的东照里和其北面的兴业坊，花园里的弄口没有标识，在询问了一位住户后才得以确认。花园里的房屋风格与对面的东照里迥然不同，

17号是曾经的“风月庄”（姚霏2005年拍摄）

和笔者走访过的许多慰安所遗址都不同。这是一连排房屋，有着典型的日式风格：低矮的围墙和铁门，小巧的花园，门洞的高度也不到我们现在建筑的标准，仿佛进入了“小人国”。根据木之内诚的《上海历史指南》显示，花园里中的某处，在1930～1932年时曾是尾崎秀实的住宅，是否与17号有关系就不得而知了。

（姚霏　2005年2月）

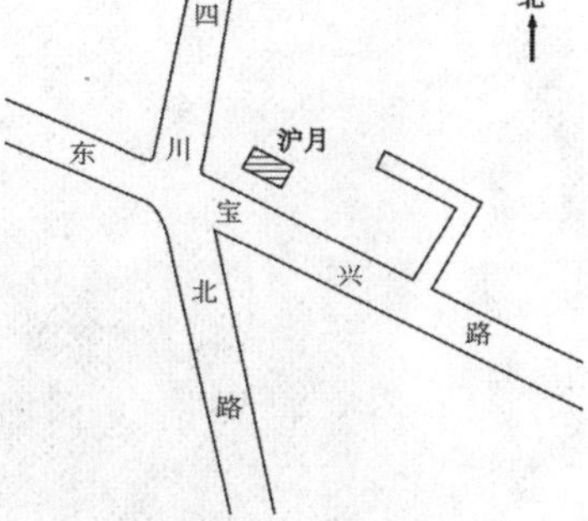

38

沪月

与北四川路相交的东宝兴路，原是中国人开发闸北时修筑的宝兴路的延伸段，它宽不过10米，是条很不起眼的小路，但是在抗战时期，它和北四川路一样，也是日本慰安所的集中地。

林家花园的入口处（转引自铭心会《1993年学习侵略和抵抗的历史之旅》）

东宝兴路183号，当地居民称作“林家花园”，20世纪20年代原是一林姓广东商人的豪宅，“一·二八”事变前夕，已被日人占据，由日侨改建为日本式的“贷座敷”，玻璃灯箱上大书“沪月”两字。

"沪月"的建筑早已不存，现此地为东宝百货大厦

1940年的《支那在留邦人人名录·上海》就出现了"沪月"，却只有地址。1943年的《人名录》显示，这家被称为"特殊料理店"的"沪月"，其经营者是来自日本熊本县的桑原润次郎。他应该就是1938年到1940年时在克明里4号经营"东优园"的桑原润次郎。可见，这家"料理店"的特殊之处正在于它还是一家日本海军军官的专用慰安所。"沪月"至少到1943年还在经营着。

附记：有些材料指出，这个慰安所名"湖月"，根据日本老兵近藤的证言，这个慰安所非"湖月"，而是"沪月"。从战时资料来看，也应该是"沪月"。日本铭心会由会长松冈环女士带领，在1993年对该处遗址进行调查。

（苏智良　1998年写；日本东久留米市采访近藤记录，1999年补充）

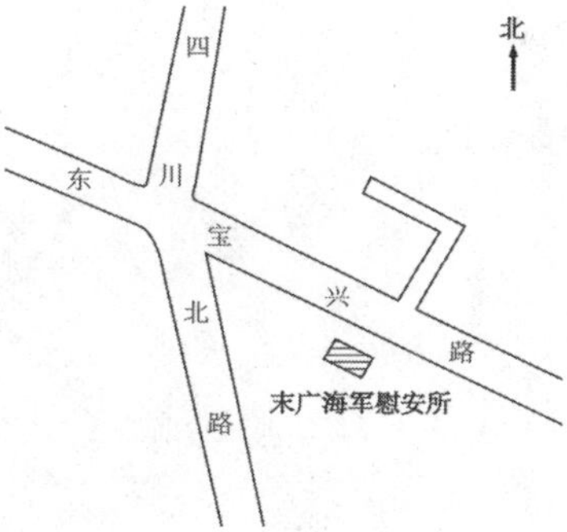

39

末广海军慰安所

1940年时，来自广岛的日侨北村芳平占据了东宝兴路138弄3号，开设了“末广”海军慰安所。1943年的《支那在留邦人人名录》显示，末广的性质仍是“贷座敷”，经营者为川田政一，他来自埼玉县，电话是02–62848。

（苏智良、姚霏　2005年）

昔日的“末广”大致位于照片中黄色大楼所在位置（姚霏2005年拍摄）

40

东宝兴路 135 号慰安所

精武大厦处就是原135号（苏智良2001年拍摄）

根据一些证人提供的信息，“大一沙龙”西侧的东宝兴路135号，20世纪30年代初时，这幢独立的三层楼房也是一个日军慰安所，由日侨开设，只是慰安所的名字已无人知晓。笔者1993～1996年间调查东宝兴路的老居民，曾多次进入该楼房。1997年，此屋被拆除。

（苏智良　1998年）

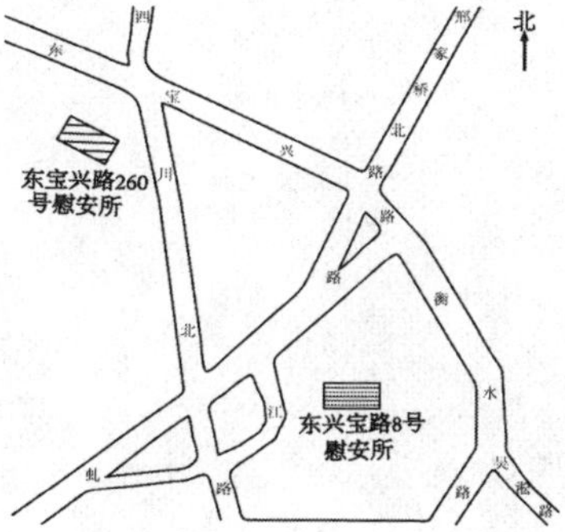

41–42

东宝兴路 8 号、260 号慰安所

根据上海档案馆馆藏档案R36全宗-1号所藏伪政权档案《上海市虹口闸北区慰安所组合会办理慰安所登记户数报告表》记载，东宝兴路上还有两处慰安所。

东宝兴路8号（原东宝兴路近虬江路的西侧，现为四川北路公园一部分）有“慰安妇”2人，1940年6月1日开业。

东宝兴路260号（四川北路以西的东宝兴路南侧）也是一个慰安所，有“慰安妇”7人，1940年5月1日开业。

这两处慰安所的原址都已不存在，其后来的情况也不得而知。

（苏智良、姚霏　2005年）

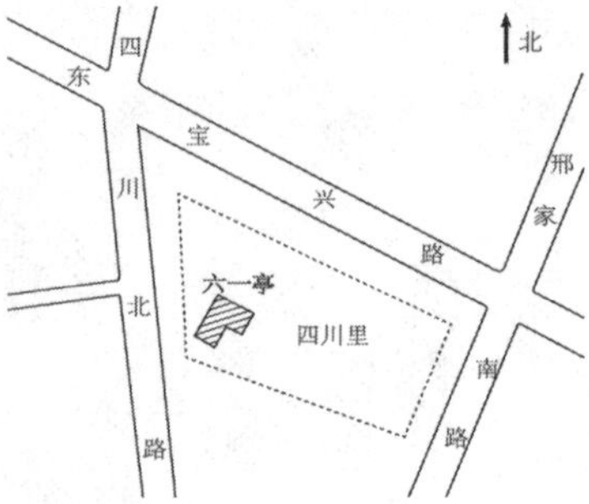

43

六一亭

63号的螺旋楼梯（苏智良1998年拍摄）

从慰安所密布的虬江路、虬江支路一带向北，沟通四川北路和邢家桥南路的四川里（今四川北路1604弄）在当地居民心目中，似乎成了“日军妓院”的代名词。建于1922年的四川里，由61幢3层砖木结构的石库门房屋组成，建筑面积达9 940平方米。20世纪80年代末的《上海市虹口区地名志》就曾写道：“四川里（四川北路1604弄）当年日本人在此开设了军妓院，搞得乌烟瘴气。”根据当地居民的回忆，这里有不少慰安所，但我们的调查能确认的，目前只有3个慰安所。

3楼房门上还保留着当年插放“慰安妇”名牌的金属牌框（1）（苏智良1998年拍摄）

“六一亭”在北四川路四川里今1604弄63号，为海军慰安所。家住日本久留米市的近藤老人，学生和青年时代是在上海虹口度过的，在上海弄堂里长大的近藤，与上海人没有两样。根据他的证言，四川里弄口的63号，20世纪20、30年代是日侨经营的酒吧，“一·二八”事变以后，实际上是接待日军军官的慰安所，名为“六一亭”。“六一亭”入门后是个大房间，当时用来提供酒菜和咖啡，后面是厨房，旁边有螺旋形楼梯通向二楼、三楼，当时只有慰安所的从业员和海军军官才能上楼。楼上为一长排房间，共有30余

3楼房门上还保留着当年插放“慰安妇”名牌的金属牌框（2）（苏智良1998年拍摄）

63号内留存下来的木板移门（苏智良1998年拍摄）

间，每间七八个平方。据近藤所言，这里的“慰安妇”清一色是日本女子。

直到现在，63号的内部结构仍保持着原样：厕所是木板造的，装着滑道的移门上，还残存着战前日本相当普遍的5厘米左右长的拉手；在三楼的一些房门上，甚至还保留着当年“慰安妇”们插放名牌的金属牌框。

（苏智良　1996、1997、1998年采访记录、2001年12月补记）

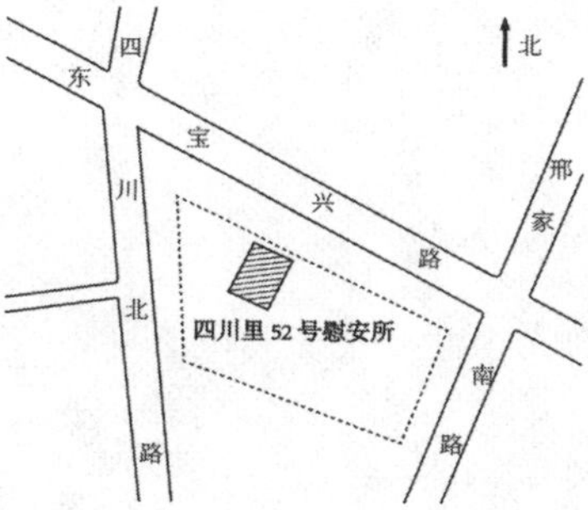

44 四川里52号慰安所

当年的52号是现在的四川北路街道图书馆和川北邮社（苏智良1998年拍摄）

北四川路四川里1604弄63号后面的52号，是一幢3层建筑，当年日侨网罗了10多名日本少女为日军军官服务，规模并不大，却也是日本军官的附趋之地。现在这里底楼是四川街道图书馆和川北邮社，楼上仍是民居。当年窗口外的花坛至今犹存。

比起52号来，41号行乐所可谓是规模宏大、“热闹非凡”的地方了。

52号楼上的供日军娱乐用的“点歌台”（苏智良1998年拍摄）

（苏智良　1996、1997、1998年
采访记录，2001年12月补记，
2003年4月再补充）

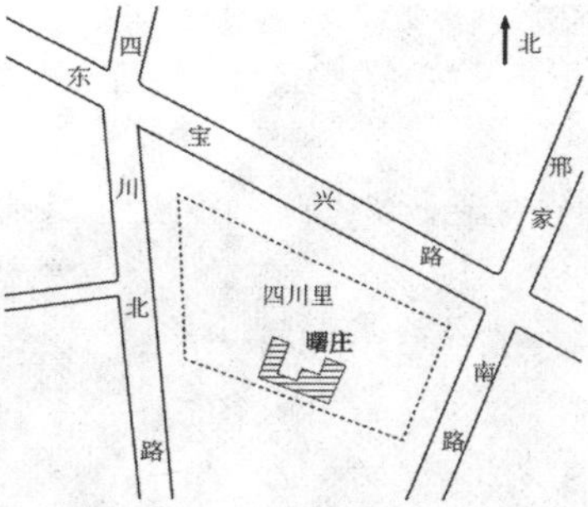

45

曙庄

北四川路四川里1604弄41号，实际上是一条支弄，两侧各有一幢3层楼房，原来是浙江兴业银行的职工宿舍。“八·一三”事变后，这里的部分中国人出外逃难了，日军占领后，即用刺刀把未出走的中国人也全部赶走，将原第三支弄的29号至36号和第四支弄的41号至48号两长排合计16个门号的楼房霸占下来，翻造整修。他们将29至36号的前门封堵，前后两排统一由第四支弄出入，再将由29号屋后角和41号屋前角两边山墙角外沿立建一铁门，只可以后排首幢门号41号为准，而将15个门牌取消。门窗全部改建为日本的移动式。

41号实际上是一条支弄（苏智良1998年拍摄）

近年来，41号大门已修葺一新（陈晔2009年拍摄）

41号建筑外观上保留了日占时期风格（苏智良1998年拍摄）

41号东楼内的楼梯还能看出当初的面貌（苏智良1998年拍摄）

41号东楼二楼还有日军当年留下的木格窗（苏智良1998年拍摄）

徐祖恩（1994年82岁）祖籍江苏南通，6岁时随父母来沪谋生，住在41号的后面，据他回忆：当年，四川里后门被日军封死，只有前门才能进出，弄口有个岗亭，由日本兵守卫，除日本人以外，只有居住在这里的中国人才能入内。日本人在41号前的空地上挖地一丈，修了个防空洞，以备紧急时使用。

41号东楼二楼上残存的日式风格的装饰（苏智良1998年拍摄）

防空洞的上面造了个和式亭子，挂着4个大灯笼。靠东侧的那幢，进门第一层是将校专用的酒吧，旁边有一较为宽敞的日本式大浴室，供“慰安妇”和日本军人洗澡；酒吧侧面是宽达2米的楼梯，沿楼梯到二楼，是分隔成一个个小房间的“慰安妇”的房间。楼梯的旁边则是共同使用的便所，老式的日本便器至今居民们仍在使用。靠西侧的那幢一楼是个大舞厅，二、三楼也都是“慰安妇”的房间。

据居民回忆，41号慰安所的鼎盛时期是1938年，拥有数十名日本“慰安妇”，老板宣称都是从日本内地来的黄花闺女，实际上大多是昔日北四川路上的日本妓女。每天过了中午，这里便开始热闹起来。据说战争年代，四川里在日本驻沪部队中名闻遐迩，日本军官像走马灯似地来此享受，直到1944年，日本败象已见端倪，上海的日军也减少了，四川里的慰安所才慢慢地安静下

冬日中的41号（陈晔2009年拍摄）

来了。

根据《支那在留邦人人名录·上海》33版（上海北四川路日本金风社1943年版）的记载，该处名称为曙庄，属于海军慰安所，老板是日本人藤泽智治。

根据当地住户的反映，原来这里16个门户的门牌被日军取消后，至今仍没有恢复，仍只用41号作为标志。现在这里是普通上海居民的住房，上了年纪的老人还记得这里曾发生过的不幸。

（苏智良　1996、1997、1998年采访记录，
2001年12月补记，2004年4月再补充）

2004年9月28日，长期居住于四川里的李镛先生（1939年出生）给笔者来信，告知41号的名称为“上海乐园”。李镛先生曾对抗战胜利后，中国遣送日侨规模最大的上海第三方面军日侨管理处的有关史料做过调查研究，认为“上海乐园”的房屋下可能藏匿了日本人的尸骸和其他物品。

所以，四川里41号慰安所最初名为“曙庄”，后来又改名为“上海乐园”，一直到战争结束。

（苏智良　2005年）

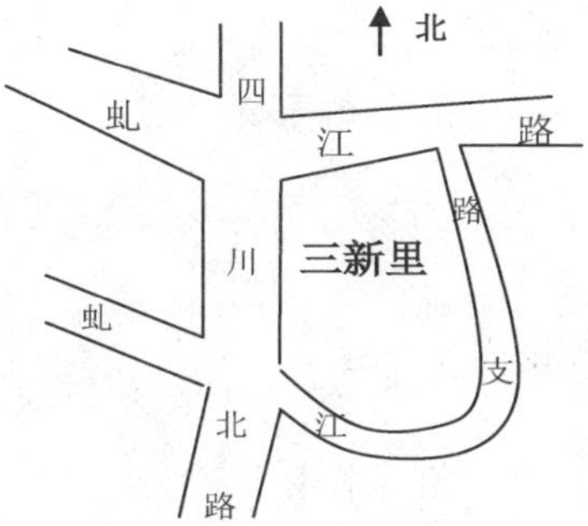

46

南昌上海馆

沿四川北路向北来到虬江路口会经过四川北路1466弄，该里弄建于1934年，弄内有3层砖木结构住房27幢，建筑面积约3 150平方米，旧称“三新里”。

四川北路1466弄三新里弄口（侯桂芳2000年拍摄）

根据1942年的《半岛人人名录》，来自朝鲜京畿道仁川府的李昌柞（日文名宫下隆星），在弄内3号经营着一家名为“南昌上海馆”的风俗营业。根据当地年长居民们的回忆，这个馆也是日军慰安所。

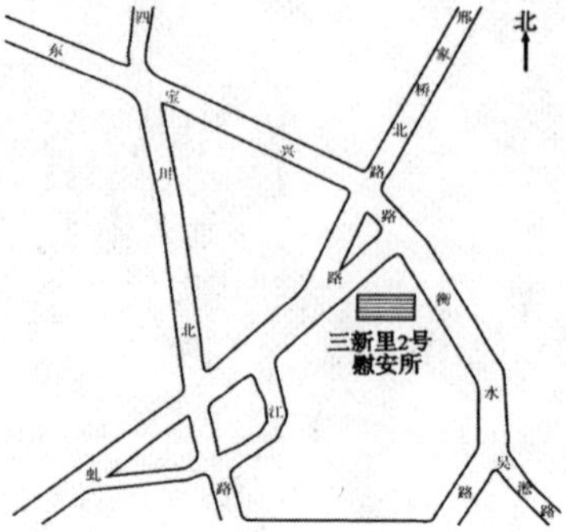

47

三新里 2 号慰安所

来自朝鲜汉城寿松洞的宋世浩，出生于1900年，战时他以总资本额80 000元在沪经营贸易业和慰安所。1939 ～ 1940年，他以20 000元资本经营位于海能路81弄48号的远东舞厅。其住址在北四川路三新里2号，根据实地走访，这里也是其经营的另一家慰安所。

2001年底建四川北路公园时，“三新里”建筑被全部拆除。

三新里的3层砖木结构房屋（侯桂芳2000年拍摄）

毗邻的三新里2号和3号（侯桂芳2000年拍摄）

（侯桂芳　2000年，姚霏　2005年2月）

48–55

虬江路松柏里的慰安所

上海档案馆馆藏档案R36全宗-1号目录中的《上海市虹口闸北区慰安所组合会办理慰安所登记户数报告表》透露了虬江路松柏里内的7处慰安所。（见表1）

表1　虬江路松柏里的慰安所

慰安所主人姓名	开设地点	门　牌	“慰安妇”人数	开设年月日
原所主人姓名隐去	虬江路松柏里	38	6	1940年6月1日
	虬江路松柏里	8	6	1940年6月1日
	虬江路松柏里	16	7	1939年11月1日
	虬江路松柏里	32	7	1939年12月1日
	虬江路松柏里	33	5	1939年11月1日
	虬江路松柏里	25	7	1940年2月1日
	虬江路松柏里	34	5	1940年4月1日

松柏里，即虬江路208弄，建于1918年，弄内有2层砖木结构旧式石库门住房47幢。从上表可以看出，在这建筑面积约6 000平方米的里坊内，仅1939年11月到1940年6月，就有7处慰安所进行登记。

除此之外，1930年起，光吉君子在吴淞路松柏里36号经营着“三好馆”。1938年后，“三好馆”从《人名录》上消失。1941年起，日侨妹尾末弘在36号经营起了“沪星”，为日本陆军军官（日语称将校）慰安所，1942年时仍存在。

《上海市虹口区地名志》记载：“松柏居委所辖境内在日军侵沪战争时期，多为乌烟瘴气之处。余乐里5号是赌台，还有押头典当；松柏里39号为日本妓院；映生里1号有‘烟花间’。”[1]而表格中的那些慰安所正是混迹在这种乌烟瘴气之地，谁又能说它们不是这些污秽的制造者呢？

2001年底，四川北路公园项目开始动工，松柏里消失在一片砖泥之中。

另一个遗憾是，该表中隐去了慰安所经营者的信息，所以我们现在已无法知晓，这些慰安所是日军开设的，日侨开设的，还是中国人开设的。从松柏里36号的“三好馆”“沪星”是日侨开设的情况来推测，松柏里的慰安所很有可能都是日侨开设的。

（姚霏　2005年2月，苏智良　2014年）

---

[1] 应云龙：《上海市虹口区地名志》，百家出版社1989年版，第137页。

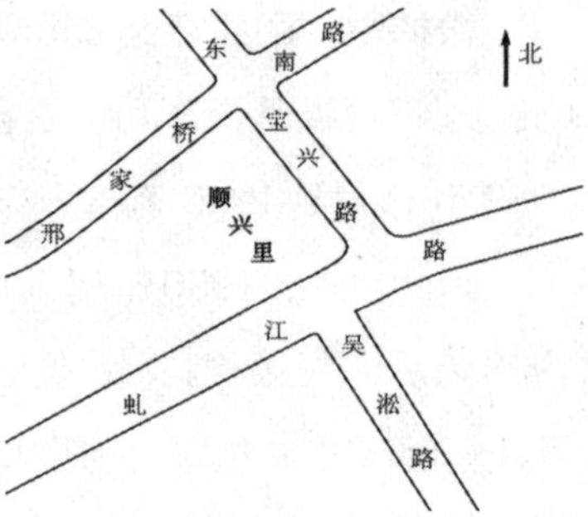

56–58

虬兴路顺兴里的慰安所

上海档案馆馆藏日伪档案R36-1《上海市虹口闸北区慰安所组合会办理慰安所登记户数报告表》中显示：虬兴路顺兴里有三处慰安所，分别是虬兴路顺兴里9号，1940年5月1日开业，有“慰安妇”2人；虬兴路顺兴里14号，1940年5月1日开业，有“慰安妇”2人；以及虬兴路顺兴里19号，1940年6月1日开业，有“慰安妇”1人。

笔者查阅了最权威的几本地名、路名专著，都找不到“虬兴路”，于是只能试着从“顺兴里”着手。《上海市路名大全》显示，闸北区和虹口区境内名为“顺兴里”的里弄有5条，分别是：闸北区的天目中路384弄、国庆路299弄，虹口区的虬江路173弄（东侧）、东余杭路876弄、西宝兴路257弄。从字面上看，最有可能的就是虬江路173弄（东侧）。而且根据表格显示的其余17处慰安所的地址，多位于虬江路、虬江支路地区，故这里的“顺兴里”应该是虬江路的“顺兴里”。《上海市虹口区地名志》中“已废圮的里弄村坊”中有“顺兴里”，其提法是：“吴淞路北、东宝兴路西”，正是虬江路173弄东侧所在。

“顺兴里”建于抗战前。20世纪80年代初改建成6层混合结构新公房5幢，建筑面积7 198平方米，也在建设四川北路公园绿地时被拆除。

（姚霏　2005年2月）

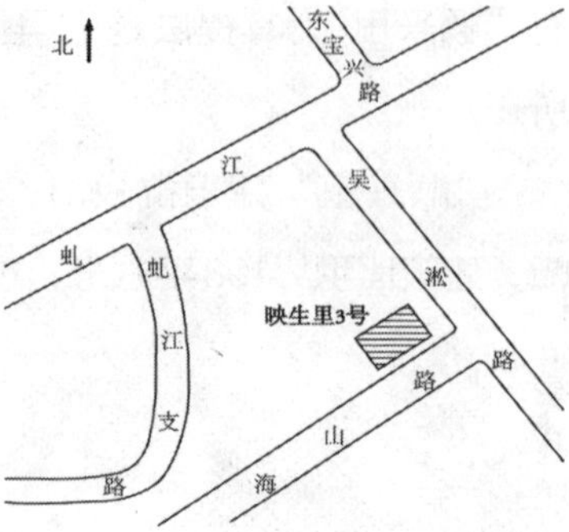

59 映生里3号慰安所

海山路，长100米、宽5米，东起吴淞路，斜行向，西迄海南路81弄，穿过弄堂通虬江支路。海山路7—67号的单号门牌位于路的北侧。海山路19弄的映生里，建于1922年，有2层砖木结构房屋27幢，建筑面积2 770平方米。《上海市虹口区地名志》记载："松柏居委所辖境内在日军侵沪战争时期，多为乌烟瘴气之处……映生里1号有'烟花间'。"[1]

根据上海档案馆馆藏日伪档案《上海市虹口闸北区慰安所组合会办理慰安所登记户数报告表》记载，海山路映生里3号慰安所，于1939年12月1日向日伪当局登记开业，有"慰安妇"4人。该慰安所延续到何时，目前尚未找到资料。

[1] 应云龙:《上海市虹口区地名志》，百家出版社1989年版，第137页。

近处高楼建筑所在地就是原来的海山路（姚霏2005年拍摄）

2001年底，四川北路公园项目开始动工，海山路及向北延伸的映生里一同被拆迁，改造成了道路。

（姚霏　2005年2月）

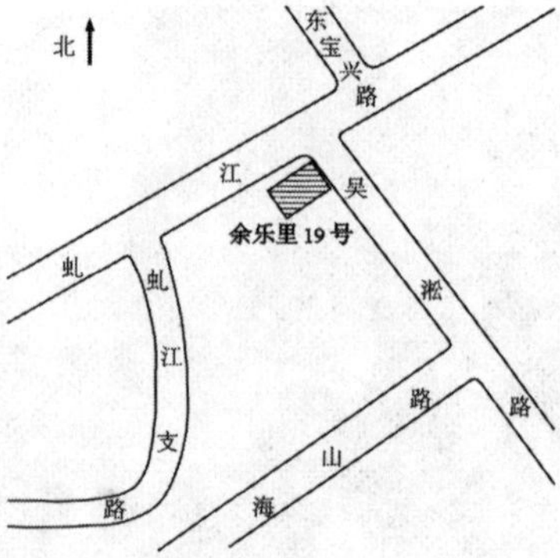

60

余乐里19号慰安所

余乐里，虬江路186弄，原来在吴淞路北段西侧，建于1929年，2层砖木结构住房21幢，建筑面积2 330平方米。

《上海市虹口区地名志》记载："松柏居委所辖境内在日军侵沪战争时期，多为乌烟瘴气之处。余乐里5号是赌台，还有押头典当。"[1]离5号不远的19号，则是一处慰安所，1940年1月1日于上海市虹口闸北区慰安所组合会登记开业，有"慰安妇"6人。

2001年底，四川北路公园项目开始动工，余乐里也同大多数虬江路地区的慰安所遗址一样，消失在一片砖泥之中。

（姚霏　2005年2月）

1　应云龙：《上海市虹口区地名志》，百家出版社1989年版，第137页。

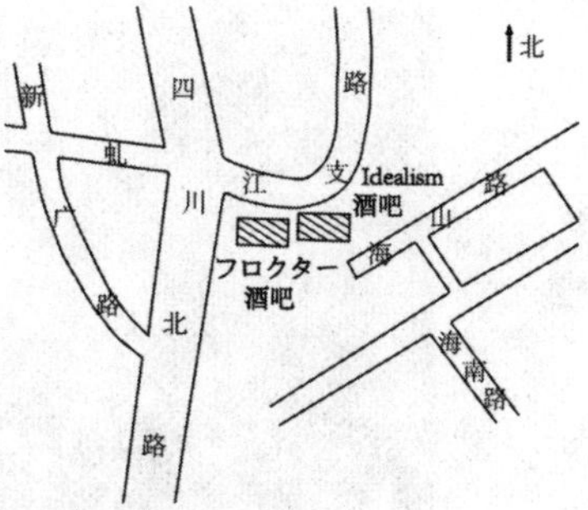

61–62

フロクター酒吧和 Idealism 酒吧

若在四五年前，从四川北路虬江支路口向东，可以看到相距不远的虬江支路119号和129号。

フロクター，其意是“流流”，地处虹口虬江支路119号，由朝鲜人安永锡经营，1939年到1942年间存在。

Idealism（理想主义）酒吧，地处虬江支路129号，为朝鲜人金锦淑经营，1939年到1942年间存在。

当地居民只知道这是日军慰安所，却不知其中的详情，如是否都是朝鲜半岛的女性，还是有中国女性。战争状态下，也不敢靠近偷看。2001年底建四川北路公园时，以上两处慰安所遗址所在地都被拆除。

拥有许多慰安所遗址的虬江支路，2001年底，成为一片废墟（苏智良2001年拍摄）

昔日的虬江支路，今天成了宽阔的衡水路（姚霏2005年拍摄）

（姚霏　2005年2月）

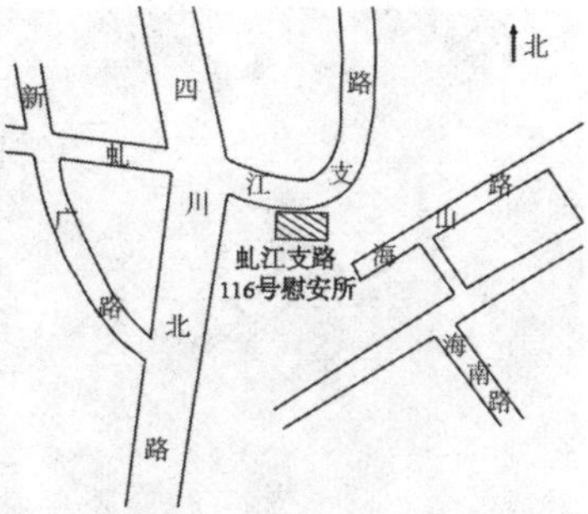

63

虹江支路116号慰安所

2001年12月20日晚上，有一位姓王的市民（男性）给我来电说，他居住在虹口虬江路。最近虹口区政府决定在四川北路虬江支路之间建造一个大型中心绿地，于是，这一带许多日本式的建筑开始被拆毁。他从小就听老人们说，虬江支路116号是日军的妓院，也就是慰安所。这几天已拆到116号。他说他已找了我好几天，上海师大办公室的老师说，苏教授到国外去开会了，直到今天才打通电话。

这些年来，常有如王先生这样的热心者主动提供线索，积极支持。这令我十分感动，当即表示第二天就去。

21日上午，我从上海师大到东北角的虹口区。天是少有的阴冷，9时许天上飘起了雪花。从四川北路向东转入虬江支路，立即可以看到昔日楼房密集的居住区，现在已显现出一片很大的平地，大批的旧建筑已夷为平地，远处，马达轰鸣，还有3辆铲车在工作着，巨大的钢铁“手臂”伸向不堪一击的旧

虹江支路116号门首（苏智良2001年拍摄）

虹江支路116号慰安所的建筑（苏智良2001年拍摄）

虹江支路116号的日式风格建筑（苏智良2001年拍摄）

虹江支路116号的洋房内部（苏智良2001年拍摄）

屋；另一边工人们正在从屋里拆下还可以使用的木料，有的还在向同伴夸耀说：多好的木料啊。

我找到116号门牌一看，这里已拆一半了。准确地说，116号有2幢建筑，主建筑是一幢3层钢筋水泥大楼，里面装饰精美，高大宽敞。副建筑是砖木结构的2层房屋，那是典型的日本式样的住家，那房还没开始拆除。

根据王先生的资料，116号还有一个很有特色的花园，那里有他和众多小伙伴童年的足迹，可惜的是花园已被断壁、残垣、破砖、旧瓦所覆盖，早已无法想象原来的模样了。116号的对面是一所朝鲜小学，战前和战时，这一带也居住了不少朝鲜人。朝鲜妇女沦落为性奴隶的同时，也有不少朝鲜夫妇在经营日军的慰安所。116号慰安所估计就是朝鲜人在日军命令下设立的。

这四川北路、虬江路一带是战时日军慰安所的集中区域。根据日本驻上海总领事馆的记载，海能路81弄48号是由崔鸿绮设立的“伦敦酒吧”，这也是一个变相的慰安所。海能路现名海南路，不长的小路，却因现在虹口区政府在此而众人皆知。我先找到海南路，然后寻访81弄，想不到短短的海南路，要找到81弄却不是很容易，问了几位当地的居民才找到，但81弄的门牌号码十分混乱。我问到海南路居委会，知情老人告诉我隔壁的那幢房屋就是。那房屋上的门牌是81弄16—60号。这幢房屋的规模不比虬江路116号小，可以想见当年这里灯红酒绿，至少有几十位妇女在此遭受蹂躏。而这个慰安所与116号慰安所只有百米之隔。

（苏智良　2002年）

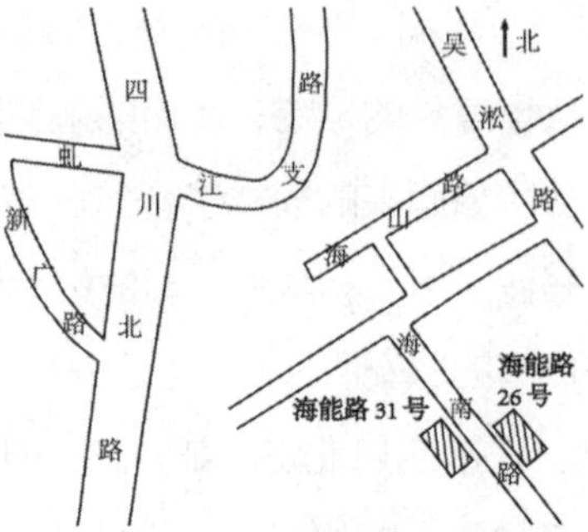

64–65

海能路26号、31号慰安所

海南路路牌（姚霏2005年拍摄）

海南路旧称“海能路”，这条长不过百米的小路东侧是侵沪日军又一处军事重镇——海军陆战队租界部队本部（司令部）的所在地。

根据上海档案馆馆藏档案R36–1中的《上海市虹口闸北区慰安所组合会办理慰安所登记户数报告表》显示，海能路26号曾是慰安所，有“慰安妇”3人，开业于1940年1月1日，为“外国人经营”，大约是日本人开设的吧，其他详情无法知晓。不远处的31号，在同年4月1日开业为慰安所，规模也不太大，仅“慰安妇”4人。

（苏智良　2000年）

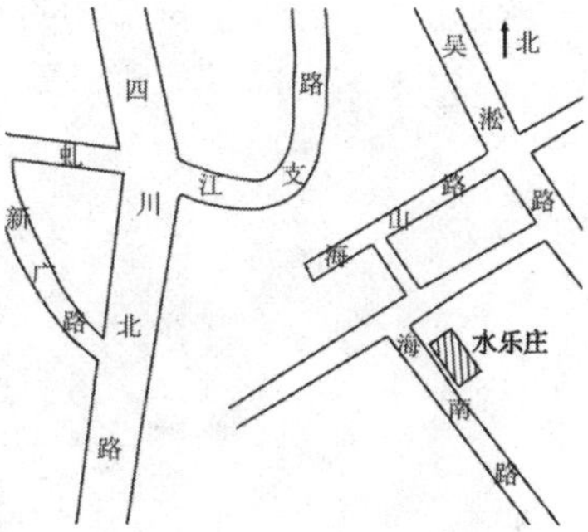

66

水乐庄

“水乐庄”的性质是日本海军俱乐部，即隶属于海军管辖，为海军服务。老板是日侨伊藤シッ，其地址在海能路60号。

根据《支那在留邦人人名录》的显示，这一“俱乐部”在1933年便已存在，当时位于海能路14号，1943年后迁到不远处的60号。何时结束则不得而知。

（姚霏　2005年2月）

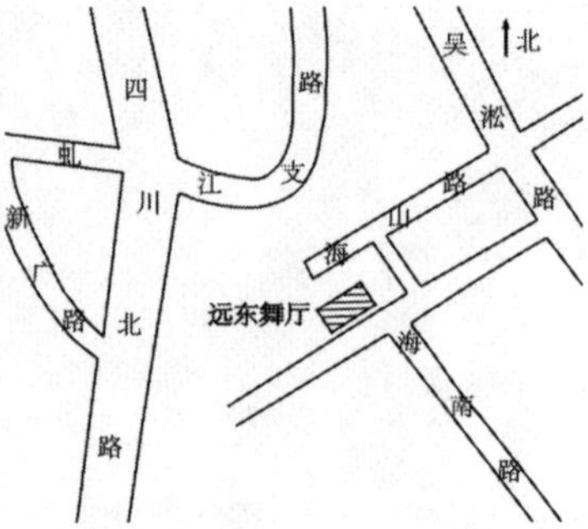

67

远东舞厅

海南路路底原是一长排2层的砖木结构石库门建筑，以太安里为界，以西是海能路81弄，以东为82弄。乍浦路向北延伸后，海能路81弄被从中截断。1937年，来自京畿道京城府的崔鸿绮在海能路81弄48号经营伦敦酒吧。这个酒吧1936年时已存在，由姜汉朝设在虬江路97号（原东宝兴路东的虬江路北侧）。1939年，崔鸿绮又将伦敦酒吧搬往虬江支路95号（四川北路东，今已拆除），1940年的《人名录》上还留有伦敦酒吧的记录。伦敦酒吧迁址后，来自汉城寿松洞的宋世浩开始经营。宋世浩，生于1900年，以总资本额80 000元在沪经营贸易业和慰安所，住址在当时的北四川路三新里2号。宋以20 000元资本在原址经营了远东舞厅。名为舞厅，实际就是接待日军的慰安所。

海南路路底原为81弄的两层建筑，现已翻建一新（姚霏2005年拍摄）

被乍浦路截断的81弄的两层建筑，正是48号所在（姚霏2005年拍摄）

（姚霏　2005年2月）

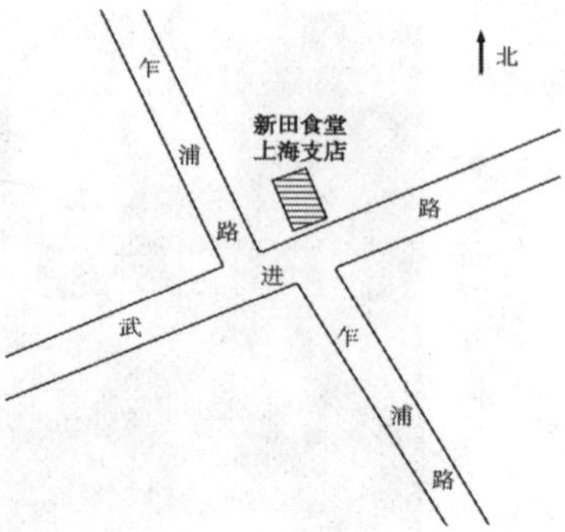

68

新田食堂上海支店

老靶子路（今武进路）234号的新田食堂上海支店，在1943年33版的《支那在留邦人人名录·上海》中记载的属性是“军指定旅馆”，也就是日军定向使用的旅馆。知情者指出，这个食堂实际就是慰安所。这种情况在中国各地都有，不少日军慰安所的名称就是某某食堂。

日本学者木之内诚的《上海历史指南》中，标出了新田旅馆的位置。其位于武进路北的乍浦路口。这是一连排的4层砖木结构楼房，从乍浦路向西延伸到海南路。每一幢房屋的格局都相同，门幅不宽，纵深较长，进门左侧即可看到通向楼上的木质楼梯。

武进路234号底楼现为岚岚发屋。

从乍浦路上可以看到234号所在的4层楼房
（姚霏2005年拍摄）

底楼现为理发店的234号（姚霏2005年拍摄）

（姚霏　2005年2月）

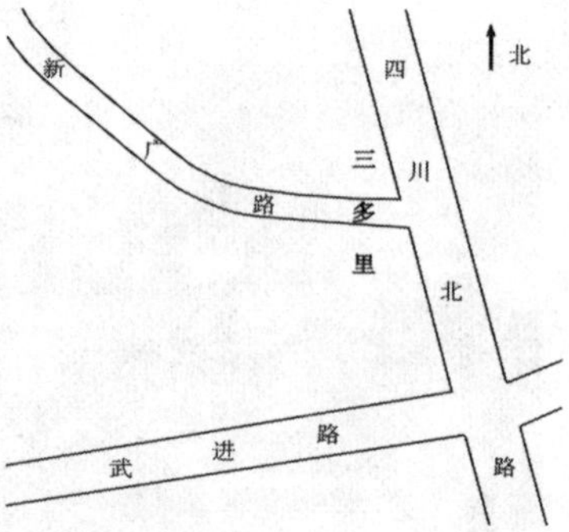

69–72

广东街的慰安所

广东街上有4处慰安所，其材料源于上海市档案馆档案R36全宗-1号目录。该档案中有一表格名为《上海市虹口闸北区慰安所组合会办理慰安所登记户数报告表》，记录了包括上述4处在内的20个慰安所的开设地点、门牌、“慰安妇”人数、开设年月日。位于广东街上的慰安所信息如下表1。

表1　广东街上的慰安所

慰安所主人姓名	开设地点	门　牌	“慰安妇”人数	开设年月日
原所主人姓名隐去	广东街	16	3	1940年2月1口
	广东街三多里	4	4	1940年6月1日
	广东街三多里	5	4	1939年11月1日
	广东街三多里	6	7	1939年11月1日

资料来源：《上海市虹口闸北区慰安所组合会办理慰安所登记户数报告表》，上海市档案馆档案R36全宗-1号目录。

鉴于这一慰安所组合会主要管辖的是虹口、闸北两区的慰安所，这里的“广东街”自然应该位于虹口或者闸北。

郑祖安的《上海地名小志》附录了“上海主要道路旧新路名对照表”，其中收录4条“广东街”的字条，3条是在虹口区内的。《上海掌故辞典》将这几条道路详细化，见表2：

表2 虹口区广东街路名变化情况

旧 名	得名年代	初 名	路 名 变 化	今 名
广东街	1850年	广东街	西武昌路（约1883年） 武昌路（20世纪初）	武昌路
广东街	1865年左右	广东街		福德路
广东街	1919年	广东街	新广路（1943年）	新广路
广东街	1919年	广东街	新广路（1943年）启东路（1947年）	启东路

又由于上文提到的慰安所组合会的登记表格，其登记时间是1940年，可以基本断定表格中的“广东街”应该是今天的福德路、新广路和启东路三条马路中的一条。接着再从“三多里”着手。根据《上海市虹口区地名志》记载，虹口区有两处“三多里”。一处是唐山路133弄，该里坊建于1912年，弄内有2层砖木结构住房15幢，建筑面积约1 370平方米。另一处是周家嘴路786弄，该里坊建于1930年，弄内有2层砖木结构住房22幢，建筑面积约3 191平方米。但这两处“三多里”无法与上述提到的任何一条“广东街”相关联。

值得指出的是，笔者始终认为这里的“广东街”是位于四川北路横浜桥地区的新广路（启东路实际上是新广路北端的延伸）。原因是这一地区曾经集中了相当数量的慰安所，登记表格中的其他16处慰安所绝大部分位于此地。鉴于新广路以西就是闸北区，而里弄常连通好几条马路，所以笔者查找了《上海地名志》中闸北区的部分，仍旧没有“三多里”。经过笔者的实地走访，多位老住户都告诉笔者新广路一带并没有“三多里”。

新广路近四川北路的路段，如今已是热火朝天的市政工地（姚霏 20005 年拍摄）

城市改造，这里现在是全新的商业建筑（陈斌 2016 年拍摄）

就在笔者打算放弃调查时，却有了意外收获。《上海市虹口区地名志》第280页“四川北路”条目中提到，1926年5月7日，孙传芳“宣布北四川路自三多里（现新广路近四川北路一段）至靶子场由沪北工巡捐局收回主权，编订门牌，征收房捐”。

这里出现的“三多里”，根据括号内的解释，显然是指新广路的一段。这或许可以解释为什么笔者让住户们回忆有没有一条里弄名为“三多里”时，居民大多没印象，而且各种版本的虹口区里弄坊村列表中也找不到广东街的“三多里”——这里的“三多里”可能已经不是一条弄堂，而是一处习俗地名。

如果这一说法属实，广东街上的这几处慰安所都位于今天的新广路靠近四川北路的一段（新广路的门牌号码南小北大，16号应在南端），笔者2004年夏走访时，那里已是一片狼藉，只剩下残砖断瓦。

（姚霏　2005年2月）

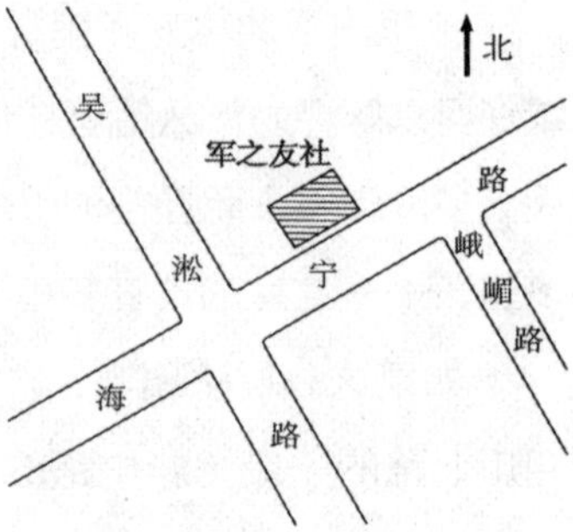

73

军之友社

根据上海虹口公安分局退休警督傅升的回忆，在吴淞路海宁路的邮局南侧，有一排2层房屋，共五开间，战时门上横挂有“军之友社”的铁皮招牌，里面全是中国和朝鲜女子供日军官兵取乐。残存的招牌直到1952年还能辨认。作为户籍警察，傅升20世纪50年代曾找到过在“军之友社”做过清扫工作的妇女和里面的中国“慰安妇”。但到20世纪90年代“慰安妇”调查开展后，再去寻找时，老人们均已去世了。

海宁路原“军之友”社慰安所遗址，于2000年拆除。其址被划给上海市第一人民医院。

位于海宁路吴淞路口的两层房屋是日占时期的“军之友社”（傅升1997年拍摄）

军之友社旧址，现在是上海市第一人民医院（陈斌2016年拍摄）

（苏智良采访傅升老人的记录，1997年7月28日，
2000年补记，2016年11月增补）

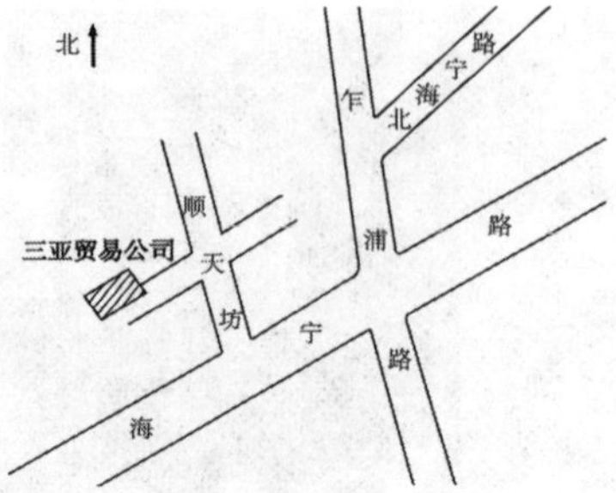

74

三亚贸易公司

顺天坊位于海宁路乍浦路口的西北角，即今海宁路316弄。建于1932年，有2层砖木结构石库门房屋5排，共20幢，建筑面积约2 340平方米。沿海宁路的第一排楼房有过街楼，上书“顺天坊”，第一支弄底是11号。

1937年8月，来自平安南道大同郡的白利淳（日本名叫白井源一）在北四川路丰盛里（今1360弄）25号开办了阿里郎酒吧。1942年的《在支半岛人人名录》记录了白利淳还在海宁路顺天坊11号，经营着一家名为“三亚”的贸易商号，这家商号很有可能是从事“慰安妇”征集的变相的慰安所。

（姚霏　2005年2月）

从长崎运送“慰安妇”到上海的回忆说明日军除了自己直接征集“慰安妇”外，还委托商人、民间团体乃至妓院来征集。日商田口就曾从事过“慰安妇”征集，他在答记者问中回忆了往事。

顺天坊弄口（姚霏2005年拍摄）

位于第一支弄底的11号（姚霏2005年拍摄）

“我无意中跟着福冈编成的联队到了中国。也还不是军队的御用商人，如果士兵们想要酒喝，我就设法弄来……就是干那些事。”

“薪水是联队本部给你发的吗？”

“饭嘛，本部的士兵们总算是给我吃……”

“不拿薪水？”

“是的。”

“那么军队让你去征集‘慰安妇’吗？”

“不光是我一个人。”

“此外，还有什么人？还委托给哪个团体了吗？”

“这个嘛……可就不知道了。再说已经是三十多年前的事了，不记得了。详细情况，自那以后发生了各种各样的事，都忘了。好像还委托过别人。”

“征集还是在当地，也就是在上海喽。”

“不，在内地。”

“那么说，你是坐上军队的运输船回日本去搜集女性的？”

“可以说是那样的。从上海到长崎二十五六个小时就到，不是什么了不得的事情。”

“你是用什么方法募集的？比方说吧，是委托给了内地专管妓院的人吗？”

“不，零零星星地募集的。在达磨房之类地方转悠。”

“你所说的达磨房，就是花酒馆或者是私娼窟吧？地点在哪儿呢？”

“因为我那个部队北九州的士兵多，毕竟还是同乡的女人好吧，所以是在九州募集的。我记得一开始是在远贺川的河边上寻摸来着。开头人数不那么多……”

“总之你募集的是有卖淫经验的喽。条件是什么呢？对这种女性一般是由老板借给她预支款来拴住她的身子。什么手纸费啦，伙食费啦，眼看着借支越来越多，让她动了心。军队当时是以什么条件要她们去呢？和这相似吗？”

“没有这么厉害。给了她们一个人一千元预支金。把这个全都返还之后就可以自由了。可是手纸费供给，其他什么都不需要……因为是上战场。跟她们明说了。军队在当时有信用，人们都相信。”

“实际上有返还一千元钱，而得到自由的女性吗？”

“有，有。多得很。第一批去的一伙人，最迟的有的几个月就还清了借支，变成了自由之身。可是她们当中的许多人，有的不想停止这种营生。”

“为什么？”

“应募的当时，有的说像我这样的身子，还能为士兵做事，为国家尽力，因此很高兴，因为她们知道，就是获得了自由回到内地，仍然还只能出卖肉体，所以宁愿为士兵服务。当然喽，她们也想挣钱。”

“这种募集是军事机密?”

“是的，因为是当作军事机密的，所以应募的女人们都悄悄地聚拢来了。”

“据说其中有的娼妇伙伴拿来了一盒酒和板栗（日本称为“胜栗”，象征吉祥）来祝贺上阵。她们穿的虽然是丝绸。但只有这一身衣服。”

下边还是和田口的对话：“从内地去大陆时，是坐军队的运输船吗?”

“这个成了问题。当时陆军运输规划中，作为生物的有士兵、军马、军犬、军鸽的名目，却没有妇女这一项。歌曲中不是有这样的词儿吗？‘不载女人的运输船’。因为这是‘军规’，不能破坏。担任运输指挥的军官对此感到为难。”

“于是，怎么办了呢?”

“决定当物资运输。当成既非武器，又非弹药，更不是粮秣的物资了。”

“可是，她们不是按军队的需要募集的吗？哪怕是给她们文职人员待遇也好啊。”

“作为军队，不这样就上不了军队运输船，没有办法。这事没有告诉她们。当然她们就是知道了，也不会介意的。因为她们受惯了虐待。”

“募集来的女性有多少人?”

“记不清了，一百多个吧。当然并非全都是我一个人募集的。经我谈妥的，充其量只有二十来个人。”

“全都是日本女性吗?”

“有少量的日本女性。”

“她们是从哪儿募集的呢？也是北九州吗？还是让你到

朝鲜岛去了？”

“我记得也是北九州。”

“那么说，在远贺川河边达磨房里，也有朝鲜喽。”

“朝鲜女性，是外行人吧？”

“因没和她们交谈，说不清楚，其中纯洁女性，从年轻人到中年都有，年纪大的略多一些。听方言，立刻就知道是从北方九州募集来的。一看就知道她们全都有卖春的经验。令人吃惊的是，其中掺杂着腹股沟部有很大的刀伤疤，即患过严重花柳病的人。有的女性的性器官使用得过于残酷了。”

“问得有些失礼。面对这种情况，您有什么想法呢？给我的印象是她们在内地无法糊口，才来到战地似的。感到照这样，对日军官兵也是极大的麻烦事。”

“当然喽，有这种情况的是日本女性。朝鲜女性是纯洁的。这且不提，检查的结果，有不合格的吗？”

“我记得没有。多半从内地出发前，作过一定的检查。即使如此，这些日本人女性，作为‘慰安妇’质量不高这事，深深地留在我的脑海里。为此，我在后来写了意见书。”

（苏智良　2000年）

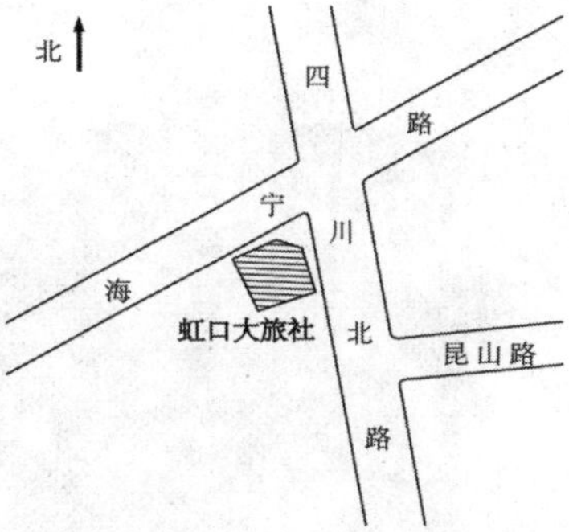

75–77

虹口旅社及其他虹口慰安所

战时出版社1938年版的《皇军的兽行》一书，记载着不少目击者、知情者或受害者关于日军暴行的事例，由于其出版于战争全部爆发的第二年，所以非常珍贵。范式之在书中记录了这样一件事：

> 某人因于“八·一三”战争爆发时未逃出战区，日前以50元贿买通行证一张，偕另一领有通行证者进入虹口区访寻，遍觅无踪，因闻敌军以两路口大厦及虹口大旅社为拐禁妇女纵乐场所，商准敌方宪兵，得以入内访寻，乃进入路局。甫一进门，即见四处皆生火炕，一丝不挂之裸女麇集其间，往来嬉戏，一若毫无羞耻者，盖处于淫威之下，环境迫人，不得已也。某君逐一审视，并无其妻，转而至虹口旅社，所见亦与上述相同，唯人数则较多数倍，每个房间至少有四五人，大多为20多岁，其左臂有罗马数

位于海宁路与四川北路口的虹口大楼（北部）（姚霏 2005 年拍摄）

虹口大楼正门（姚霏 2005 年拍摄）

北楼通向南楼的通道（姚霏 2005 年拍摄）

南楼的旅舍走廊，一间间的小房间曾是妇女们受辱的地方（姚霏 2005 年拍摄）

目字，类多知识妇女，大都愁眉不展，为最后因战时失业被骗幽禁者。某君于遍视后，亦未发现其妻，黯然欲离此活地狱。其友即低声语之曰：宜随意指一，认为你妻，否则有间谍嫌疑，此后性命难保也。某君即指美貌者认之，由某君护送回返原家。事后某君云，敌军荒淫如此，古今罕闻，此事若非目击，定将疑为过甚其词，有意诋毁。至于迫令妇女裸体之原因，蓄意于饱尝其兽欲，凡属敌军、浪人、汉奸等，随时均得入内泄欲，彼辈置身火坑，纵拟自由逃走亦不可能云。[1]

这段史料透露了日军在虹口的3个慰安所，2个是在路口的慰安所，一个在虹口大旅社，而且规模均相当大，日军荒淫暴虐如此，令人发指。

文中提到的虹口大旅社，就是今天的海宁路449号的虹口大楼，俗称小虹口大楼。该楼东靠四川北路，西沿江西北路，正门朝北，是一座钢筋混凝土结构的7层大楼，占地约1 300平方米，建筑面积5 400平方米。该楼建于1927年，原设计就是用作旅馆，分南北2部，南部为3层楼房，北部为6层，后因扩大旅馆业务将南北相连。日军侵华时，南部一部分被战火毁坏，1946年修复后改为居住用。1975年，在南部原建筑上加建一层，增建面积470平方米。大楼有电梯、锅炉等设备，共有109组房间，屋顶有钢筋水泥小型亭子1座，高4米余，矗立在四川北路海宁路转角，底层是大荣绸布商店、中百七店等商店。

（姚霏、苏智良　2005年2月）

---

1 范式之等著：《皇军的兽行》，战时出版社1938年版，第109–110页。这里记载的另外在路口的两个慰安所，没有更详细的信息。

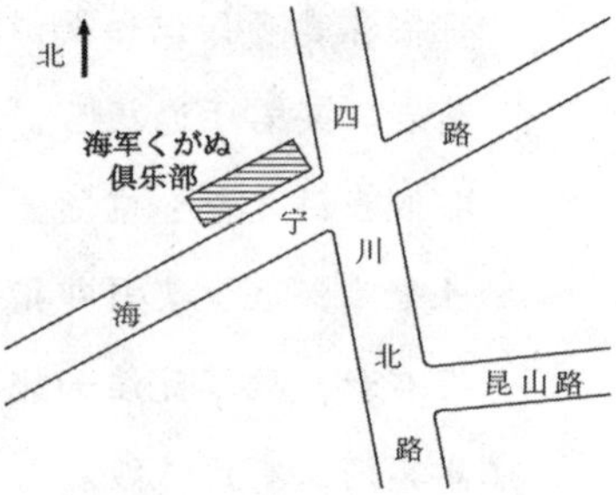

78

海军くがぬ俱乐部

昔日的粤秀坊所在地，今天已是一片崭新的沿街商业房（姚霏2005年拍摄）

与虹口大楼隔街相对的海宁路442弄、468弄、482弄，旧称“粤秀坊”。此坊建在一处名为“周家宅”的宅基上，因建坊之初居住在此的广东籍人士居多而得名。弄内有砖木结构的2层老式房屋20幢，建筑面积4 680平方米。

在1942至1943年的《支那在留邦人人名录》上，弄内的9～11号是日本中国方面军海军下士官兵俱乐部，即海军くがぬ俱乐部，开办者是来自日本静冈的日侨远藤佐介。

据1989年出版的《上海市虹口区地名志》记载：“弄内9号是双球服务

海军くがぬ倶乐部2017年今貌

公司、医分（医用分析仪器厂，笔者注）招待所，11号是上海医用分析仪器厂试剂室，有一间房屋将9号与11号相连，现在是上海医用分析仪器厂修理部。”从9号为招待所和9号与11号相连的格局，笔者认为这是一处以“军指定娱乐场”名义出现的慰安所。

可惜的是，当笔者来到此地，粤秀坊已拆除多年。

（姚霏　2005年2月）

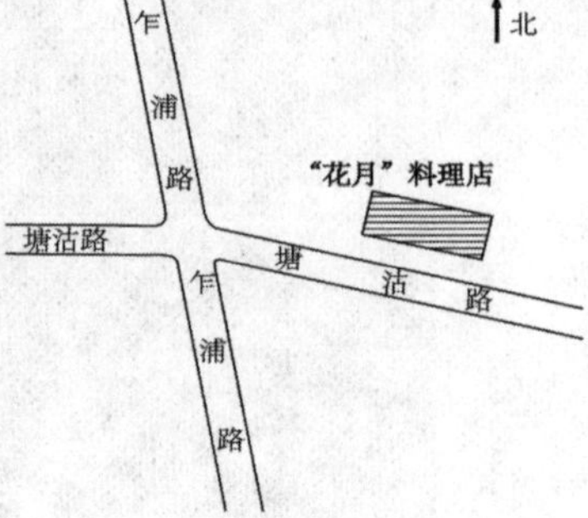

79

文路的"花月"料理店

位于文路（今塘沽路）278号的"花月"，是一家对外声称"料理业"的慰安所。1938—1943年，经营者几经变更。起先由来自滋贺县的池田一家经营，后转由兵库人浅井嘉德经营，"花月"始终牢牢扎根在日本侨民和日军军事机构集中的文路吴淞路交界处，从老地图来看，大约位于今天的乍浦路地段医院内。但其中的详情，因没有找到知情者而不得而知。

（姚霏　2005年，2007年修改）

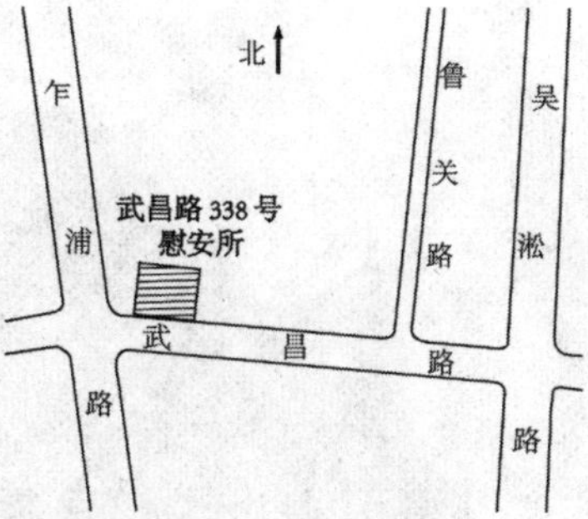

80

武昌路338号慰安所

位于今武昌路近吴淞路处的武昌路326弄，名为“顺安里”，房屋建于1910年。这个里坊实际上只有3幢砖木结构的石库门建筑，紧靠鲁关路这条狭窄的小巷，占地面积却有730平方米。西侧的338号，1942年前后，有朝鲜人孔敦在此经营着一家慰安所，名称不详。

顺安里沿街建筑全貌（姚霏2005年摄）

透过拆除的建筑可以看到弄内的第三幢房屋（姚霏2005年摄）

日式移窗保留至今（姚霏2005年摄）

（姚霏　2005年2月，2007年修正）

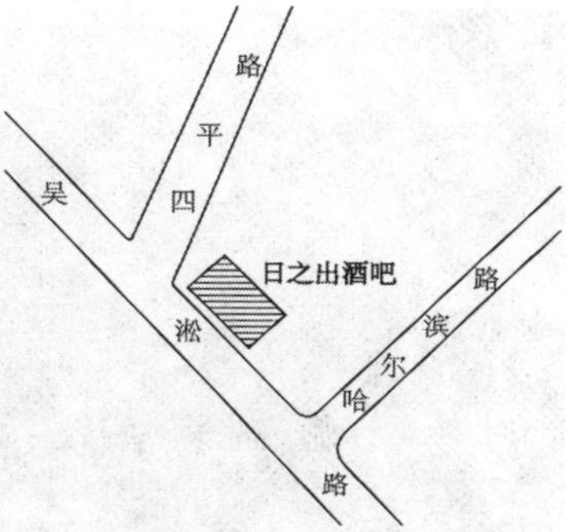

81

日之出酒吧

从慰安所密集的海南路、虬江支路一带沿海南路82弄向东就可到达吴淞路的北端。日军占领时期，嘉兴路（今四平路最西端）、吴淞路一带有不少接待日本兵的风俗店。《上海市虹口区地名志》显示虹口区有两处克俭里，北克俭里（今吴淞路652弄，已拆除）位于四平路以北的吴淞路东侧，南克俭里（今吴淞路604弄）位于四平路以南的吴淞路东侧。

从604弄进入，北侧的第一个支弄门楣上书有“克俭里”三字，询问之下才知道，原来南克俭里以北的616弄，就是克俭里。文点钟（音），日本名松井仙吉，全罗南道谷城郡人，1933年10月10日来沪。1939—1942年，他在吴淞路克俭里3号经营日之出酒吧，对外称“饮食业”，实际也是接待日军的慰安所。

支弄门楣上的“克俭里”三个大字
（姚霏2005年拍摄）

吴淞路616弄3号门牌
（姚霏2005年拍摄）

（姚霏　2005年2月）

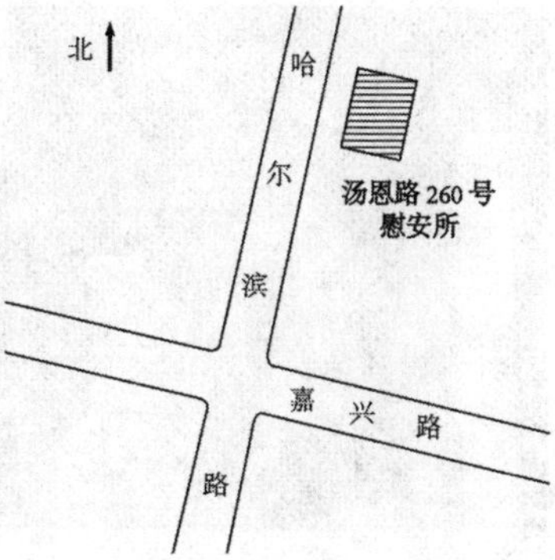

82

汤恩路260号慰安所

哈尔滨路，西起吴淞路，东至海伦路，是一条环境幽静的小路，旧称“汤恩路”。哈尔滨路260号，位于哈尔滨路近嘉兴路处，是路口2层连排建筑中段的一幢，坐南朝北。该排建筑的2层楼有特色鲜明的铁质护栏。1942年左右，朝鲜人朴正淳在此经营慰安所，名称不详。

哈尔滨路260号（姚霏2005年摄）

有着铁质护栏的二楼（姚霏2005年摄）

哈尔滨路260号今貌（陈斌2016年摄）

（姚霏　2005年）

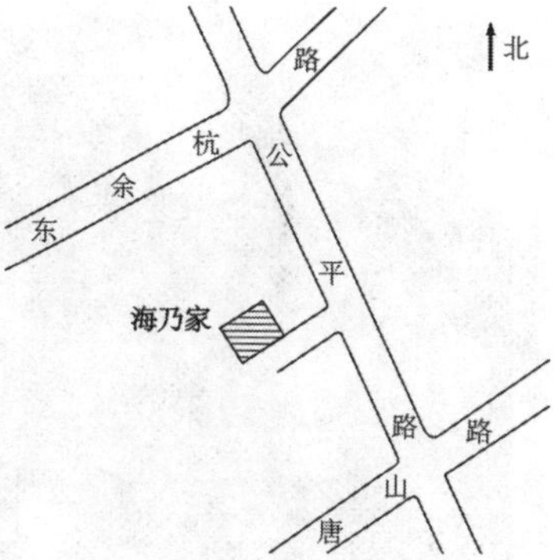

83 海乃家

海乃家老板与“慰安妇”的合影（转引自华公平《从军慰安所“海乃家”的故事》）

“海乃家”是服务于日本海军的大型慰安所，存在时间为1939年到二战结束。

这是一张在虹口公园拍摄的纪念照。照片上共有32人，从穿着上看，其中有日本现役海军的官兵，还有老人、小孩，而最多的是妇女，约23人，她们有的穿着和服，有的穿着旗袍。

这是日本海军专用的“海乃家”慰安所的集体照，摄于1944年春。该所部分人员到虹口公园赏樱花时。正中席地而坐的是海乃家的老板坂下熊藏，穿和服的大多是日本、朝鲜的“慰安妇”，而站立在后穿着旗袍的则是中国的

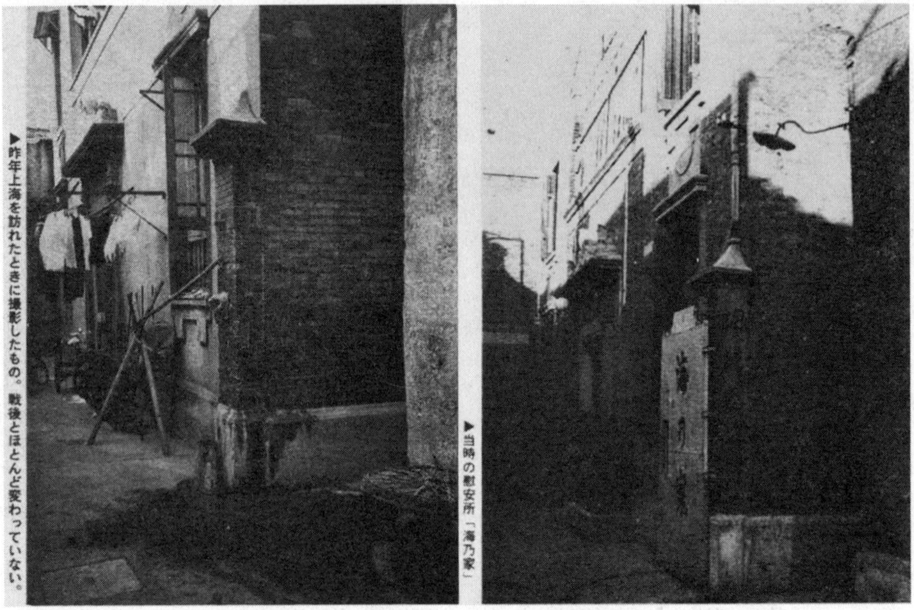

海乃家（转引自华公平《从军慰安所“海乃家”的故事》）

“慰安妇”。

“海乃家”是日本海军全权委托坂下熊藏经营的慰安所。坂下熊藏，1898年出生于日本的和歌山县，曾加入过日本海军，于1919—1920年在海军军舰“浅间”号上服役。[1]退伍后回到神户开设煮豆屋谋生，因生活拮据，经亲戚、同乡介绍，1939年到上海虹口开设煮豆屋。他因与海军有联系而时常来往，此时随着侵华战争的扩大，在上海的日本海军人数激增，海军指挥机构急需为数万海军陆战队员建立一批专用的慰安所，因此，海军方面希望坂下熊藏能为“国家”出力，建议与海军合作建立慰安所。海军的建议曾遭到坂下夫人的强烈反对，当时她已经知道慰安所的用途或性质，总感觉到这样的黑心钱是赚不得的。但是，坂下熊藏为利所驱，决定与海军合作，创办了海乃家慰安所。

1　华公平：《从军慰安所“海乃家”の传言》，日本机关纸出版中心1992年版，第73页。

“海乃家”这个慰安所的名字是坂下熊藏所起，还是日本海军所命名，已不得而知了。海乃家坐落在沪东公平路公平里12号，即今公平路425弄12号。该幢房屋约建于20世纪20年代，主人是一个广东籍的纺织厂老板。“八·一三”事变爆发后，主人因担心遭到日本兵的袭扰而逃往内地，于是，日本海军占领了该房，并把它移交给了坂下熊藏。双方订立合同，由坂下每月向海军缴纳5日元象征性的房租，经营海乃家慰安所，并享受海军特别陆战队的“军属”也就是军队聘用人员的待遇，慰安所的所需物品均由日本海军提供。但该慰安所的所有权归海军所有，坂下只有日常经营权。这也表明日军开设慰安所的性质。

在“浅间”战舰服役时的坂下熊藏（右）（转引自华公平《从军慰安所“海乃家”的故事》）

于是，在日本海军的配合下，坂下熊藏对12号整幢房屋进行了内部修整。公平里原与旁边的川本里（今公平路411弄）相通，日军为安全起见，将通往川本里的道路封死。在从公平里弄堂进入12号海乃家的地方，新安装了大铁门。今天这扇大铁门早已荡然无存（据笔者调查，1958年大炼钢铁时居民送交了上去），但墙上铁门的3只铰链尚在。坂下熊藏将“慰安妇”的房间分割开来，扩大了浴室。进入海乃家，走过天井便是个大厅，旁边是仓库、经理室、厨房等，西侧有3间“慰安妇”的房间，加上二楼的14个房间，共有17个“慰安妇”的房间，每间房间约12～16平方米。二楼的当中是个大厅，供宴会使用。

经过紧张的装修后，海乃家便开张了，时间是1939年。

海乃家的一楼大厅里贴有全部“慰安妇”的照片，并贴着“一花5日元”的纸条。慰安所规则指出，付钱须用军票。不久，汪精卫伪国民政府成立，1941年发行“储备券”，因此日本兵也可以用储备券支付；实际上，根据坂下熊藏之子坂下元司的回忆，日军多付不值钱的储备券。平时，“慰安妇”在大厅的长凳上坐着等候客人，如同妓院。为了联络方便，日本海军还给坂下熊藏的经理室安装了电话，号码为52124。一般而言，有日军官兵入内，管理者即上前询问：“喜欢日本人，还是中国人呢？”当然也可选择朝鲜人或混血儿。由于日军官兵往往已在中国打了好几年仗，因此，大多希望找日本“慰安妇”以解乡愁。海乃家慰安所的“客人”主要是杨树浦、虹口一带的日海军陆战队和军需厂的“军属”。

日本籍的“慰安妇”，多是老板坂下熊藏自己去日本招募，因此坂下几乎每年要回日本去3次。朝鲜籍“慰安妇”则是从朝鲜拐骗来的，年龄小的只有19岁。中国“慰安妇”则是日军在中国战场上掳掠的平民。在“海乃家”里等级分明，日本“慰安妇”地位最高，其责任是接待高级军官，收费也最高。日本、朝鲜的“慰安妇”均持有日军“军属”的证明书，唯有中国“慰安妇”从未收到过这种日本海军颁发的证明书。1940年时，海乃家的规模是拥有日本“慰安妇”10人、朝鲜“慰安妇”10人、中国“慰安妇”20人（见表1）。

表1　海乃家本馆部分“慰安妇”情况（1944年）

姓　名	概　　况
いさむ	日本神户人，嗜酒。
清　香	日本九州人，18岁，为年龄最小的“慰安妇”，性格活泼。
すみれ	日本人，年轻漂亮，1945年7月5日，死于美军空袭。
小　铃	日本人，21～22岁，容易怀孕。直到战争结束。
娟　代	朝鲜人，沉溺于鸦片，后被开除，乞讨为生，惨死于上海街头。
一二三	朝鲜人，30岁，聪明漂亮。
さちこ	东南亚人，混血儿。
花　子	中国人，21～22岁，活泼开朗，日语最好。

（续表）

姓　名	概　　况
樱　花	中国人，23～24岁。
佚　名	日本人，1944年秋因肾炎而死去。

资料来源：华公平：《从军慰安所“海乃家”の传言》，日本机关纸出版中心1992年版。

日海军对“慰安妇”实行严格的检查。入所时，“慰安妇”必须喝一种药，以抵抗性病病毒，并防止怀孕。以后每周会派军医来海乃家检查所有的“慰安妇”，一旦患上性病就会被强迫治疗。

想不到，这个开设慰安所的坂下熊藏，是个佛教徒，因此常常请虹口的东本愿寺的和尚来讲经诵佛，当然，能接受听讲的只能是日本籍的“慰安妇”。[1]

当时日本海军陆战队总人数超过10万人，上海是其中心基地之一，陆战队员加上“军属”总共有好几万人，这样，一个40来名“慰安妇”的海乃家，当然就忙得不亦乐乎，公平里外面，经常挂着“全部客满”的牌子。

坂下元司于1944年到上海进入上海日本工业学校求学，也曾帮助其父经营海乃家。据其回忆，当时由于日本兵接踵而至，营业爆满，每天晚上钱箱塞满了储备券，离他家五六分钟的路就有一家上海银行，他的任务就是将这些钱存入银行。当时他仅十五六岁，他后来回忆说，当他每次手里抱着厚厚的两大捆钞票去存款时，心中十分得意。

坂下元司后来回忆说：“成为‘慰安妇’的朝鲜女子，必须是出生在日本的，由于家境贫穷和民族差别等原因，不得不卖身的人。”[2]原则上，慰安所的利润与“慰安妇”为6∶4分成。即慰安所得到60％，“慰安妇”得到40％。然而实际上，能得到报酬的只有部分日本籍的“慰安妇”。坂下元司还说：“他

1　华公平：《从军慰安所（海乃家）の传言》，第29页。

2　日本《每日新闻》，1992年5月10日。

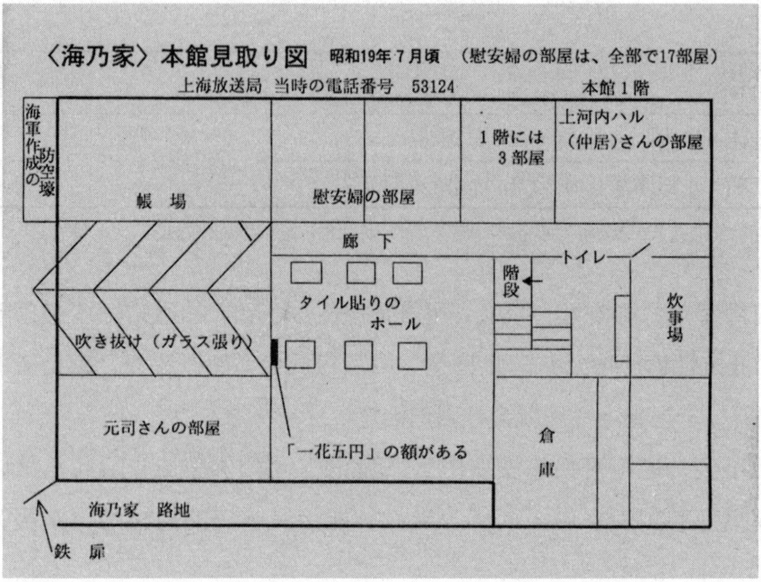

海乃家一楼平面图（转引自华公平《从军慰安所“海乃家”的故事》，第60页）

在1944年移居到上海时，曾经帮助父亲经营过慰安所。‘慰安妇’一天平均要接待五六个人，平均一次的收费为5日元。在这些收费中，‘慰安妇’所得，按有无贷款区分，如果以前有贷款（在还债期间）的，可得到收费的四成，没有贷款的（已偿还清了的）则可得到5成。慰安所很兴盛。”[1]

“海乃家”的经营直至1945年日军无条件投降。1946年3月，坂下熊藏全家乘坐5 000吨的“丰荣丸”轮船返回日本。历经战争、荣华与波折的坂下熊藏，到了晚年又回到了煮豆为生的生活，1991年他在家乡死去。

坂下熊藏之子坂下元司战后生活在关西东大阪市，在1944～1945年的整整2年间，他在沪协助其父经营，目睹“慰安妇”的种种惨状，事后备受良心的谴责。坂下元司回忆说，海乃家那幢房子的房间，与慰安所时代几乎没有变化。坂下元司回国后写成《从军慰安所（海乃家）的故事》，并使用了“华

1　日本《每日新闻》，1992年5月10日。

海乃家二楼的通道（2016年2月拍摄）

华公平的海乃家书影（转引自华公平《从军慰安所“海乃家”的故事》）

公平”这一笔名，这显然是为了纪念这个慰安所开设在中国上海公平里这件事。他向新闻界和世人公开了他所知道的“海乃家”慰安所内幕和罪行。

坂下元司对海乃家的受害者们还有记忆，他说，有的“慰安妇”在苦境中吸上了鸦片；有的因偷同伴屋子里的财物，而被赶出来，死在道边。“在鹿儿岛开往冲绳的运输船上，乘有十多名朝鲜人‘慰安妇’，当受到美军飞机攻击时，我游上了奄美大岛，没有去帮助那些女人。”“男人从军是当然的事情，生命没有保证，在死之前，体验女性也是当然的事，这种思想很流行。”[1]

1991年，坂下元司再度访问上海。当他来到公平路425弄公平里时，70多岁的老人们认出了他，并说：“对你父亲十分熟悉。”现居住在12号的张荣辽（笔者于1995年调查遇见他时为79岁），曾在那时见到过重返公平里的坂下元司。

1　日本《朝日新闻》晚刊，1992年5月26日。

笔者几次到公平里调查，深深为这里的民气所感染。公平里的居民对当年日本人在这里做的肮脏事情和罪行，没齿难忘，记忆犹新。

那时，日本海军为了所谓的安全，将公平里与川本里通行的弄堂用砖墙封闭。这样，中国居民的进出就大为不便。居住在该弄10号的徐伯伯已有72岁（1995年），他回忆说，经常看见到海乃家这个“日本堂子”来的日本兵排着队，兴奋地往里走去。史阿婆（1995年70岁）回忆，每天有宪兵队的军官进去，人很多。

“当时的日本人包括慰安所老板全家，对我们中国人都是穷凶极恶的。”6号的老伯近70岁，他不肯说他的姓名，但他仍怀着愤恨的心情回忆说：“战争的辰光我只有五六岁，一天，我踏着一辆三轮小童车在弄口玩，不巧被慰安所老板的儿子看中了我的车子，一定要我让给他骑，我不答应，日本人一拥过来，抓住我的头发，把我的头撞在墙上，‘咚咚’作响。不仅如此，我的父亲还因此被他们抓入海乃家，受尽折磨。”这个慰安所老板的儿子是坂下元司，还是他的哥哥呢？

坂下元司1991年在原海乃家留影（转引自华公平《从军慰安所“海乃家”的故事》）

8号的罗老妈妈（1995年74岁）回忆，那年我20岁，上阳台晒衣服，我家正面对着12号的海乃家，有时晒衣服时朝北面的海乃家看一眼，立即就会遭到日本人的训斥。但是，没有人的时候，我还是朝海乃家看看，有时就会看到穿旗袍的中国姑娘生着病，在灶披间（沪语，指厨房）偷吃冷饭团。

公平里的百姓们，对日本侵略者的暴行一刻不忘。调查时他们对我说，这些年来，日本人时常来这里参观，包括过去在这里住过的日本人。

海乃家一楼的石雕非常精美，显示了房屋主人的审美品位（陈斌2016年摄）

2016年2月，海乃家旧址正在拆除，这是拆除时的场景。由于媒体和市民的介入，虹口区政府表示暂缓拆除

我们一想起过去战争8年所受的苦，就坚决地将他们轰出去。从小孩到老头，大家一道行动。这时，一个旁观者说，这里的房子破旧了，要是日本人来投资造房子，总可以住新房子了。他的不和谐声音立即遭到众人的一致训斥。

笔者走访过不少地方，也调查过不少战争的受害者，但是，在上海这个民气较为温和的大都市，像公平里居民这样的刚强之气，还是第一次遇到，并使我深深为之感动，尽管这给我的调查带来了不便。

我希望公平里的居民，包括所有的中国人都不要，也不应忘记日本侵华战争给我们的祖国和同胞所带来的灾难与痛苦。

遗憾的是海乃家分馆仍未能找到。

（苏智良　1997年）

关于海乃家的老板

日本机关报协会大阪府本部发行的《宣传研究》杂志，在6月号上登载一日本人的遗族，公开揭露其“父亲在中国上海经营从军慰安所”的情况，并提供当时的照片和他后来参与经营的事实。

这位日本人的遗族是在回答旧日军的有关从军“慰安妇”问题调查中，提供的这些情况和照片，并由《宣传研究》公开发表出来的。工会（劳动组合）等民间团体“为和平大阪战争罪行展

海乃家的侧面。过去这个角度是无法拍摄的。现在周边房屋已被拆除，因此可以清晰地看到全貌（苏智良2016年6月拍摄）

海乃家全景照片

览会实行委员会”（会长东谷敏雄），经过调查认为：“能公开提供自己亲身经营慰安所，这是需要很大勇气的，这是到目前为止的一份少有的珍贵资料。”

实行委员会从4月9日到5月3日设立“从军‘慰安妇’110

号”热线电话（征集“慰安妇”问题证言的热线电话——引者），募集知情者。事隔不久，即收到大阪府内一位男子（63岁）寄来的《我父亲受军队的委托经营慰安所》的材料。根据实行委员会的调查，该男子的父亲（于1978年死去）从海军退役后，在神户经商。他在与朋友交谈时，谈到为了赚钱，曾经开办过慰安所的事。到1945年为止，他都在上海公平路公平里425弄12号“经营海军专用的慰安所”。

慰安所的名字叫“海乃家”，最初是用石头建造的一栋两层楼的楼房。在1942年到1943年的两年间，又根据军队的命令在距此所一公里处建造了另外一栋更加宏大的楼房。里面的“慰安妇”中，有10名是日本人，10名是朝鲜人，中国人“慰安妇”有20名左右，她们都各自有一个单独的小房间。

此男子讲：“要求当‘慰安妇’的朝鲜女子，必须是出生在日本的，由于家境贫穷和民族差别等原因，不得不卖身的人。”

此男子还说：“他在1944年移居到上海时，曾经帮助父亲经营过慰安所。‘慰安妇’一天平均要接待五六个人，平均一次的收费为5日元。在这些收费中，‘慰安妇’所得，按有无贷款区分，如果以前有贷款（在还债期间）的，可得到收费的四成，没有贷款的（已偿还清了的）则可得到五成。慰安所很兴盛。”

有的“慰安妇”在苦境中吸上鸦片，有的偷同伴屋子里的财物，而被赶出来，死在道边。

在战争结束的1945年8月15日夜里，这些“慰安妇”却一个也不见了。

此男子于去年10月到中国，观看原来的房子。现在已成居民住宅的原慰安所的房子，几乎与早先的样子相同。

亲自采访此男子的实行委员前由定孝先生说：“慰安所虽然是由他父亲经营的，但是他也曾经帮助经营过。他一直感到是不能不公开出来。‘公开后，对“慰安妇”的赔偿会有帮助的，’他表达这样强烈的心境。”

（日本《每日新闻》，1992年5月10日）

关于“海乃家”慰安所的证词

“92和平大阪战争罪行展览会实行委员会”（会长为东谷敏雄）于4月开设的“从军‘慰安妇’110号”（热线电话），已得到48人的证词，其中8人因同意公开姓名，现在已将他们提供的情况收集到证言集里。证词从各种角度证明，慰安所已遍布到中国、朝鲜、菲律宾、新加坡、印度尼西亚等各地。同时也证明被迫为“慰安妇”的女性不但有来自朝鲜的女性，也有来自日本和范围极其广泛的当地妇女。

在通过热线提供情报的48人中，除1名中国留学生外，其余均是日本人，其中有8人公开了姓名，年龄在51岁到74岁之间，并且还直接会面提供了情况。

当年海乃家大门的铰链至今犹存（苏智良2016年2月摄）

“父亲经营了上海最大的慰安所。女性有日本人和朝鲜人各10名，中国人20名，是海军特别陆战队和军需厂指定设置的慰安所。”“在鹿儿岛开往冲绳的运输船上，乘有十多名朝鲜人‘慰安妇’，当受到美军飞机攻击时，我游上了奄美大岛，没有去帮助那些女人。”“男人从军是当然的事情，生命没有保证，在死之前，体验女性也是当然的事，这种思想很流行。”

以上各类证词刊登在日本机关报协会大阪府本部发行的《宣传研究》杂志6月号特辑《电话铃声……》上，该实行委员会的小森孝儿事务局长说：“朝鲜人从军‘慰安妇’问题已明朗了。同时也可以确认，被动员当‘慰安妇’的有包括日本妇女在内的各国女性。”

（日本《朝日新闻》晚刊，1992年5月26日）

“海乃家”慰安所旧址的命运

“海乃家”所在的公平里是虹口区旧城改建的范围。城市建设，这是一个城市发展的应有之义。我想任何城市的建设皆会碰到有文保价值的建筑拆与留的矛盾。但是，我们的目光不应仅停留在当下，应该更长远些。今天被认为似乎没有多大价值的历史遗迹，在今后未必不可以获得更高的文化历史价值。今天的任意拆掉，难道就不怕后来的历史寻踪者拿着历史书，发现只有一个地名时的那种愤怒和惋惜吗？况且，海乃家的建筑本身就很有特点。

“海乃家”慰安所遗址既是不幸的，但也可以说是幸运的。不幸的是，尽管早就确认了建筑背后的历史，尽管多方呼吁要保留原址，但是仍然躲不开被拆的命运。而且确实遭到了拆迁的破坏，2月23日虹口区有关部门仅仅用了半天不到，房屋内部已拆得七零八落。房子绝大部分的构件已经拆除了，就连二楼的地板，也大部分被扒除。作为一栋木结构建筑，拆到如此程度，早已元气大伤。难道就因为它既不是上海市优秀历史建筑，也没有被列入文物保护单位，就不值得保护吗？哪怕这座建筑本身颇有

公平里弄堂（1998年拍摄）

特色，内部还有大面积的木式雕花和底部的大理石石刻，显得美观雅致。不禁细想，除“海乃家”慰安所遗址之外，还有多少文物就这样被“一拆了之”了呢？

“海乃家”也是幸运的。这座建筑的拆迁得到了很多人的关心。既有陈丹燕、苏智良等知名人士出面在网络上呼吁，更有众多媒体记者的关心和报道。一时之间，引起社会各界的广泛讨论。也迫于舆论，在拆迁次日，相关部门就叫停了海乃家的拆迁工作。哪怕叫停得有些为时已晚。但建筑至少是暂时保住了，也算是一种“幸运”吧。

在纪念抗战胜利70周年之时，抗战遗址的保存为社会所关注。但是，究竟应该怎样来保护这些遗址呢？

就从慰安所遗址的保存来看，在上海，市人大代表、市政协委员和媒体呼吁保护“大一沙龙”旧址已持续十多年了，但是依然还没有实质性结果。更有人公开说不该保护这类遗址。反对的原因大约只是认为慰安所遗址涉及日军的性暴力，我们受害方要保存似乎难以启齿。显然这种逻辑是站不住脚的。

“慰安妇”制度是战时日本政府及其军队推行的性奴隶制度，这个灭绝人性的制度，让数十万各国女性遭受灭顶之灾。但现在这段历史，正在被人为地歪曲，甚至被否认。就在2016年2月16

鸟瞰海乃家（2016年拍摄）

日，日本政府代表在日内瓦举行的联合国消除对妇女歧视委员会上，再一次抛出“慰安妇”非强征论。日本政府代表外务审议官杉山晋辅称日本“政府发现的资料中没有能证明军队或政府部门进行强征的证据”。这也是日本政府否认“慰安妇”是战争犯罪的最新举动。

如海乃家这样至今“铁证俱在”的慰安所原址，还存有多个，但日本右翼势力依然毫不顾忌地抛出否认罪责的荒诞言论。那么，当我们把遗址全部拆除的时候，还怎么来指责和控诉日本侵略军的战争罪责呢？

除此之外，相关部门的官员能不能真真切切地俯下身来，听听来自底层民众的声音。就拿“海乃家”拆迁一例来说，那些住在公平里的老居民应该是最有发言权的人了。很多老住户都对这段历史有着刻骨铭心的记忆。有些人亲眼见证了日军在此地的暴行，有的曾听家中长辈讲述过此地的过去。因此，虽然他们早已搬离此地，但依然有强烈的意愿将此处切实保护起来。

要牢记历史，需要真实的载体来展示和记忆。日军的慰安所大多设立在中国，我们国家也有责任将典型的保存下来。在上海的慰安所有170家，如今建筑尚存的有30余处。当然，我们并非主张要将剩下的30余处统统保护起来，这或许不太实际。像“海乃家”慰安所这样典型的遗址，如果能将建筑的外立面保护起来并立碑纪念应该是较为合适和可行的方法。如果条件允许，在内部复原一处房间，来讲述战时受害者的苦难历史，就再好不过了。这样的保护从另一个角度来说，也是与不远处犹太难民纪念馆的一种呼应。从建筑风格来看，两者是十分融洽的；从内容上来讲，他们也同是反对二战时期法西斯暴行的纪念。

抛开“海乃家”该如何保护的问题，作为世界上第一个慰安所“大一沙龙”，更需要急切保护。将它保护起来并建立“慰安妇”纪念馆，具有不可替代的重大价值和意义。将“慰安妇”这一反人类、反文明的战争罪行的起始点永久保存，可以系统地展示日本“慰安妇”制度发生、发展的历史、特点与罪证，记录万千名受害者的苦难。

今天，在杭州西湖边有两个慰安所的旧址被确认不再拆除，在云南龙陵董家沟慰安所遗址建立了陈列馆，在黑龙江孙吴，关东军“军人会馆”陈列馆也已建成，其中就有慰安所。去年，利济巷慰安所遗址陈列馆也由南京市政府出资建立，并作为南京大屠杀遇难同胞纪念馆的分馆。2016年3月8日，台湾地区首座“慰安妇”博物馆“阿嬷家——和平与女性人权馆”正式开馆[1]。那么，上海的首座“慰安妇”纪念馆会在何时实现呢？

（陈斌　上海师范大学中国“慰安妇”问题研究中心
助理研究员　2016年4月）

1　后延期到2016年12月10日开馆。

84

海乃家别馆

华公平母亲和日本"慰安妇"在别馆门前的合影（转引自华公平《从军慰安所（海乃家）的故事》，第86页）

1992年，日本机关报协会大阪府本部发行的《宣传研究》杂志，在6月号上登载了一位63岁的日本人，公开揭露其"父亲在中国上海经营从军慰安所"的文章，并提供当时的照片和他后来参与经营的事实。

这位日本人的遗族是在回答日军的有关从军"慰安妇"问题调查中，提供的这些情况和照片，并由《宣传研究》公开发表出来的。工会（劳动组合）等民间团体"为和

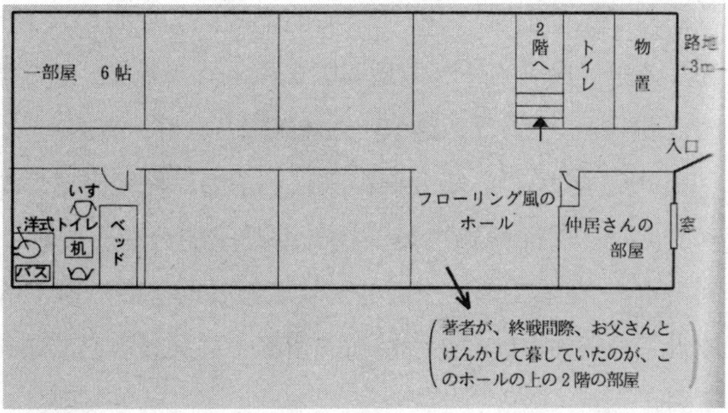

华公平所描述的海乃家别馆平面图（转引自华公平《从军慰安所（海乃家）的故事》第87页）

平大阪战争罪行展览会实行委员会”（会长东谷敏雄），经过调查认为:“能公开提供自己亲身经营慰安所，这是需要很大勇气的，这是到目前为止的一份少有的珍贵资料。”

这个人就是坂下元司，当年日军在上海最大的慰安所——海乃家，就是他父亲开设的。

原来“为和平大阪战争罪行展览会实行委员会”从4月9日到5月3日设立了“从军‘慰安妇’110号”，这110号是征集“慰安妇”问题证言的热线电话。坂下元司知道这个消息后，即从大阪府寄来了《我父亲受军队的委托经营慰安所》的材料。

慰安所的名字叫“海乃家”，地址为上海公平路公平里，坂下元司的另一个名字就叫华公平，显然他的名字是为了纪念“海乃家”是设立在公平里这一事情而取名的，当然，华公平这个名字是他自己取的，还是他父亲给予的，还需要询问他本人。关于“海乃家”，他回忆说:“父亲经营了上海最大的慰安所。女性有日本人和朝鲜人各10名，中国人20名，是海军特别陆战队和军需厂指定设置的慰安所。”[1]为扩大接待规模，1943年，日海军决定开设海乃家别馆，即分馆。

---

[1] 日本《朝日新闻》晚刊，1992年5月26日。

对于这个别馆，华公平还有清晰的记忆：海乃家别馆设在离公平路本馆约1公里，房子的外观像是美国风格的小型旅馆，为3层建筑，周围没有花园，进门是一个大厅，这个西式建筑设备较好，有热水汀。[1]

1991年10月，华公平再次来到上海，他轻而易举地找到了公平路海乃家的旧址。然而他始终没能找到海乃家的分馆。最后，带着一丝遗憾而返回日本。[2]在第二年他出版的《从军慰安所（海乃家）的故事》书中，特地放入了一张他的母亲在别馆前的留影，并凭着自己的印象，画了一张别馆示意图。

1993年，我在东京购买到了这本《从军慰安所（海乃家）的故事》，回到上海后，我也非常容易地寻访到了海乃家的原址。但对于离公平路一公里左右的别馆，却多次寻觅都没有收获。由于没有确切的地址，无法确认哪幢三层建筑是别馆。这个调查只能暂时停止了。

时间过了10年，上海市档案馆的陈正卿在《档案与史学》上发了一篇文章，其中提到《支那在留邦人人名录》第32版里记载有海乃家别馆的地址，为东熙华德路609弄3号，其电话是52921。于是，为了完成10年前的计划，我决定尽快再去寻访海乃家别馆。

2003年5月23日，在全国抗击"非典型性肺炎"（SARS）的日子里，我约住在虹口的研究生沈晓青共同去作一调查，看是否能找到海乃家别馆的原址。东熙华德路现名东长治路。609弄长治里坐落在新建路旁。其旁边是607号（鞋店），601号为创城摄影中心，靠近新建路旁的转角处为597号新华书店，以及595号的上海芜鸿实业公司。

长治里609弄弄口过街楼上方刻着1940年，这里房屋是1940年建造的吗？正好有位大爷在弄口站立着，经过交谈，知道老人已84岁，在此居住已有半个多世纪，何年迁来已记不清楚。但他说，该弄先后造了多次，才完成

---

1 日本《每日新闻》，1992年5月10日。

2 华公平：《从军慰安所"海乃家"の传言》，第132页。

海乃家别馆是一幢3层建筑（苏智良2003年拍摄）

原海乃家别馆的大门，依旧保持原来的风貌（苏智良2003年拍摄）

这里原来是慰安所的厨房（苏智良2003年拍摄）

的。他说，最早的4幢房子在1929年就造成了，而后面的则造得很迟，约在20世纪40年代。现在全弄有门牌128号。

这时有60多岁的老人从弄堂里出来，看到我们在谈话就凑了过来，我们说明了来意，他立即说，“慰安所？那就是3号。”我十分惊奇，“是3号，您是怎么知道的？”

这位胡姓老人回答说，我们这里很多老土地都晓得的。我与小沈顿时喜出望外。

走进弄里，左右各有一幢独立的房屋，右边是4号，左边就是3号了。这时又遇到一位好心的朋友，40多岁的样子，住在4号最里边，他说他的母亲家族很早就住在此地了。我们见到了他的父亲，他父亲说，他是1950年来这里的，他的老伴则是土生土长的，这幢房屋是他丈人用一根金条顶下来的，可惜他的老伴瘫痪在床，已说不清楚了。尽管如此，我们还是向这位老人道了谢。我们还是到原来的3号去实地看看吧。

原来的3号，现在的门牌是3号、5号甲和5号乙，后来得知这是为了送信方便而分开的。3号的门紧闭着。我们见南面的边门开着，便走了进去，木梯依旧，但房屋、过道等分割得相当狭窄，我拍了照片后，即绕到北面，正好从5号甲里面走出一位60岁左右的先生，我们即说明来意，这位戴着眼镜、很是斯文的先生姓张，是深圳市过程控制设备有限公司的总工程师。他非常热情地介绍，这里原来确实是慰安所，我们都知道的。说着，他的夫人和岳母也闻声而出。沈大娘是1911年生的，战后他们全家搬迁至此，她的女儿也姓张，3位主人均十分好客，我们毫无拘束地谈了起来。

当年这幢房屋与书上描绘的相同。从3号大门进来，就是一条通道，一直到底。地上基本是木板，现在的房门、阁楼等都是原来的，保存完好。整幢房屋有3架楼梯，分别在南面、东面和北面。所有的窗口上饰有精美的窗栅栏，是铁的，1958年大炼钢铁时被拆掉了。时过40年后的今天，当张女士说起这精美的铁栅栏，还啧啧摇头连呼“太可惜了，太可惜了。”

慰安所时代的浴缸现在依旧保存完好（苏智良2003年拍摄）

现在张家的厨房原来就是慰安所的厨房，地上的部分地坪还在，原来这里有个大灶头，当时是烧柴的，因此还有一只通向三楼的烟囱，现在早已拆除了。厨房的西边就是厕所，当年的浴缸、卫生马桶保存完好，浴缸外面的瓷砖几乎无一损坏。浴缸边

日军官兵当年就是从这楼梯进入“慰安妇”的房间的（苏智良2003年拍摄）

当年的马桶仍在，只是已显得非常陈旧了（苏智良2003年拍摄）

原来还有一个小锅炉，是为洗澡准备的。我估计，坂下记忆中的热水汀应该就是设在这里的吧？

张家的人说，这里的下水道不太好，常有水灾，因此1976年进行了大修，当时将中间的隔板拆除了，从而改变了内部的结构。并且在假三层上加了一层。所以现在的外墙，一二楼是青砖的，而三楼是水泥的。

这幢房屋，他们估计建造于20世纪30年代，当时的房主是北虹中学附近的法国天主教堂，因此，房租都是交给教堂里的人的。战时被日军占用，做了慰安所。战后归银行分配和管辖，沈大娘的丈夫当年也是银行职员，因此搬入了此间。周围邻居有不少也是银行工作的。现在这幢房共住有10户人家。

我们估算，整幢房子约300平方米。

关于海乃家别馆的经营情况，因为他们都是战后才搬来的，详情无从谈起。只是有位80多岁的大爷回忆说，在3号慰安所对面4号的树下，战后的某一年起出一具棺材，里面有尸骨，是否葬着“慰安妇”，就不得而知了。华公平回忆说，在战争结束的1945年8月15日夜里，这些“慰安妇”却一个也不见了。“慰安所虽然是由他父亲经营的，但是他也曾经帮助经营

木门也被居民们完好地保存下来（苏智良2003年拍摄）

海乃家别馆遗址今貌（薛理禹2016年3月拍摄）

过。他一直感到是不能不公开出来。‘公开后，对“慰安妇”的赔偿会有帮助的，’他表达这样强烈的心境。”[1]

也许，海乃家别馆的部分往事，再也无法复原了。也许，609弄3号，会像其他的慰安所遗址那样被拆除，但这段屈辱的往事，则会在东长治路609弄居民中代代相传。

（苏智良　2003年5月26日）

东长治路长治里609弄早已被拆除。部分建起了新楼，部分目前为停车场。

（薛理禹　2016年4月）

1 日本《朝日新闻》晚刊，1992年5月26日。

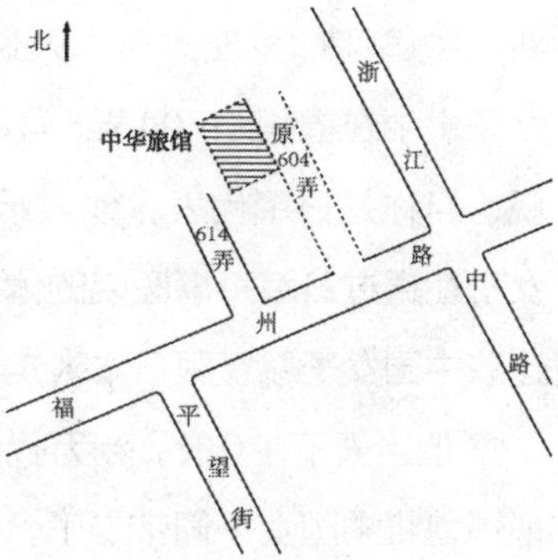

85

公共租界的慰安所

根据日军士兵田义一的战时日记记载，早在1937年12月3日，上海的公共租界内就有慰安所，门口张贴着价格表："日本妇7日元，朝鲜女5日元，苏联、德国、法国女子只需2日元，卫生一流。"[1]当然，这是否是专门接待日军士兵的慰安所，还需考证。在日军第1师团第101联队士兵荻岛静夫的日记中，明确记录了1938年初，在他所在的部队的酒吧里，就有3名中国"慰安妇"。[2]

但这个公共租界慰安所究竟在何处，没有更多的资料能说明。

根据上海市档案局编著的《日本帝国主义侵略上海罪行史料汇编》中收录的档案，我们可以找到日军在公共租界强征"慰安妇"的罪证。其中一份是1938年1月25日，警务处副训官万代尔的报告，其中提到在24日中午12时，

1　石田义一:《战线实录》，第32页。转引自吉见义明、林博史:《共同研究　日本军"慰安妇"》，第75页。

2　《荻岛静夫阵中日记》，转引自吉见义明、林博史土编:《共同研究　日本军"慰安妇"》，第74页。

两位中国巡捕发现，日本人通过两名中国男子陈佐才、徐润洪，将9名中国女子集中在福州路604弄5号中华旅馆内。被巡捕发现后，一名日本人神田出现，自称是日军代表，他表示，是奉日军的命令征集30名中国女子，待这些女子在通过日军军事医院的体检后，送往江苏靖江。当时租界的态度是，只要这些中国女子愿意跟日本人走，就准许离开。

但当天下午6时，当万代尔和中国巡长再返回中华旅馆时，发觉日本人已悄悄地将中国女子们带走了。而且是“不知用什么方法给带走了。”

这些女子显然就是去做日军“慰安妇”的。巡捕们发现，这些女子来自社会底层，可能是为了活命而不得已走这些路的。

1938年1月25日，副巡官万代尔关于日本人将集中于福州路604—605弄中华旅馆4号房间的女子送往他乡之事的报告：

先生：

本月24日中午12时，接到索尔特副巡官的电话，报称：当地负责由华捕1707号和2172号组成的旅馆搜查小组前往福州路604弄5号中华旅馆进行搜查时，发现在4号房间集合了几名女子（妓女），等待日本军方把她们从这儿带走。

索尔特将此报告了本人，本人将此事转报给主管警官正巡官谢尔斯韦尔，同时本人通知了中央捕房，请求派日籍警官，165号日籍巡长山本和207号日捕中山参加此行动。

下午12时20分，在上述警官及47号华籍探目陪同下，本人前往该旅馆，并从索尔特副巡官处得知下述情报：

上午11时55分，他来到这家旅馆逐个房间进行搜寻，在底层4号房间内遇到9名中国女子和2名中国男子。在审问时，他们说，她们是一名日本人要她们来此集合后去乡下做妓女的，在他询问这些人时，一名日本平民出现，他自称是日本军方的代表，于是副巡官索尔特给捕房打了个电话。

下面是日籍巡长山本获得的情报：

上述日本平民名叫神田，他是一个名叫河西的日本占领区特务的代表。河西让他租下该4号房间，他们打算在那里收集30名中国妓女，这些妓女在日本军事医院通过体检后，就要被送往靖江。这位代表说，他认为，挑选工作到本月24日下午6时即告结束，并可望到时有一辆军车把她们送走，但他担心，如果没有军车，他就得让挑出来的那几个女子在旅馆待上大约2天（若情况允许的话）。该代表被告知，本人要将此事向主管警官报告，并通过日籍巡长山本把此事决定通知他。

主管警官于下午2时15分，将此事通知“甲”区区长罗伯逊先生。只要选出的女子愿意让日本人带走，罗伯逊先生就批准这种做法。本报告随之将此批示转给日籍巡长山本。

下午6时，本报告人在1013号华籍探长陪同下，转回该旅馆，发现在那儿的9名女子和2名男子已于下午2时许被带走。事情经过大致是：警方人员一离开，该代表就出旅馆去打电话（那个旅馆没有电话），几分钟后折回。约午后2时，9名女子和2名男子在该代表的护送下不知用什么方法给带走了。

本报告人询问了在附近值勤的巡捕，他们说他们没有看见什么日本军车来，也没有看见这些人乘什么车离去的，显然他们是悄悄地溜走的。

本报告人看到的那9名女子层次很低，当问她们时她们都情愿跟日本人走，并不反对在离去之前留在旅馆里，这些女子是当我们到旅馆时在那个房间发现的2名男子的指使下在那集合的，这两名男子和日本人一起离去，他们叫陈佐才和徐润洪。

本报告人查对了旅馆登记簿，查明这房间是由一名叫沈国华的人租定的，1938年1月14日—28日这个房间都由他占有，特务的代表到24日上午9时才来，从9时到中午12时这些妓女陆续到来。

特此报告。

报告人：副巡官万代尔（签字）

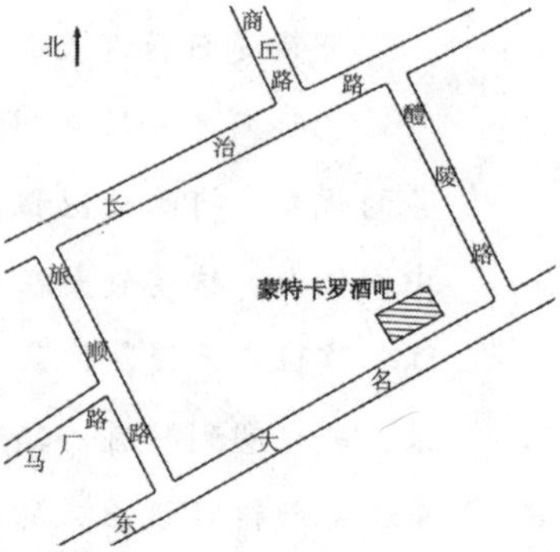

86

蒙特卡罗酒吧

东百老汇路，即今天的东大名路，471号位于东大名路近醴陵路处。2005年2月笔者走访其地时，沿街的房屋已经连排拆去，不久，这里将成为北外滩地区改建的大工地。

被拆除的东大名路471号所在地（姚霏 2005年拍摄）

从这里已经可与浦东隔江对望（姚霏 2005年拍摄）

（姚霏　2005年2月）

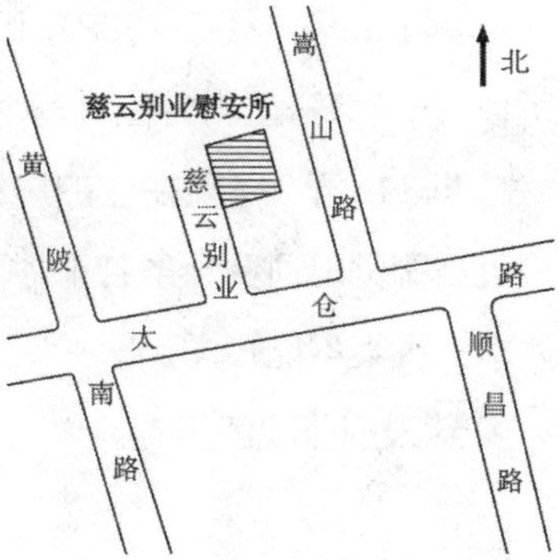

87

太仓路慈云别业慰安所

太仓路116弄，即慈云别业，由两幢建筑合为一组，建于1931年。其右为嵩山路，左为黄陂路，南临太仓路。

该屋居住情况。1938年张桂英由南京入住上海太仓路116弄慈云别业的2号。张桂英1903年生，1939年生女儿张红梅，1953年张桂英死亡。红梅由其姨母领去别处抚养。而住房则由同住三楼前楼的住户张凤接着住。

1950年由张桂英当代理人，代理大房东赵基千（朝鲜人）与新住户屠德懋、许美英新婚夫妇订立契约，收取顶金出让二楼前楼。

当时的二房东是仇裕卿，他将此屋早年留下的一套日本人的家具，出售给屠家。

三楼房客张凤1921年生，武进人，是福新面粉厂老板之妾，生有一子二女，她曾是某妓院佣人，1980年死亡。儿子潘某某系第一印染厂职工，年已55岁。

据118号三楼于1938年即住此屋的孙建章回忆：当年这里曾是日军慰安所，116弄2号屋内曾住过一个日本老人，有个妾是中国人，后来不知下落。

据116弄2号现在住户屠德懋陈述：他家于1950年入住该屋，他向原住户仇裕卿付出顶费金条若干才入住此屋。听说此屋确实是作过慰安所的。但具体事实仇某不能知详。

慈云别业现已不存。

（傅升　2000年2月21日，姚霏　2007年订正）

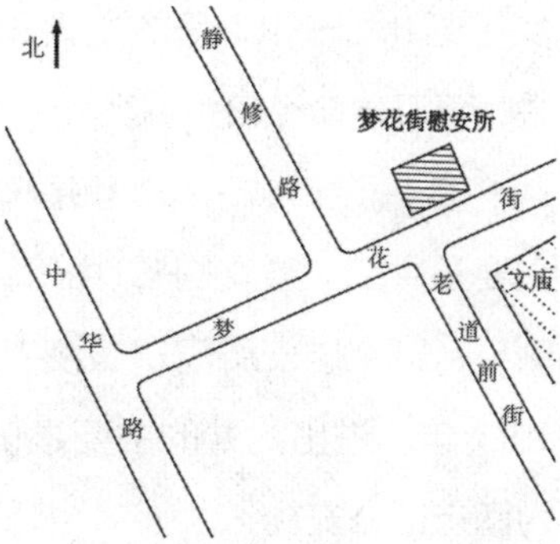

88

梦花街慰安所

据日本企业玉井铭酒屋的组合长国井茂的回忆，1938年初，他们曾奉日军之命，带了53个日本“慰安妇”到达上海，然后在吴淞、南翔和南市开设了3家慰安所。这些慰安所设在西洋式的建筑内，采用日侨民间经营的方式进行管理。[1]按照人数来看，这三个慰安所规模均不小。但由于资料不详，笔者至今无法找到它们的确切地址。不过，老南市境内确实有这样的慰安所。

1997年4月11日的《南方周末》刊载了笔者关于“慰安妇”问题的研究近况，6月10—11日的《参考消息》转刊了香港《亚洲周刊》上刊登的笔者的研究，此后国内外有20余份报纸作了报道。事后收到不少老人的来信，他们提供了鲜为人知的一些日军慰安所的详情。根据目击者张汝琦老人（1922年生）和傅升（1933年生）等提供的情况，日军在南市也设有慰安所。南市

1　大林清：《玉の井挽歌》，第31页。转引自吉见义明、林博史主编：《共同研究　日本军“慰安妇”》，第77页。

梦花街151～153号的主人原是资本家，“八·一三”事变爆发后，便逃难而去，日军便命令日侨在此设立了一个慰安所。

梦花街151～153号是一幢3层的洋房建筑，规模很大，至今犹存。这里主要是中国“慰安妇”，由日军戒备，入夜则灯火通明，人声嘈杂，路人为之侧目，这个慰安所门口虽没有招牌，但人人尽知是“东洋堂子”，一直存在到1945年。进出此处的主要是日本南市宪兵队，其队部设在蓬莱路上（其址后为南市区公安局）。[1]

（苏智良　1997年）

寻访梦花街慰安所

梦花街慰安所的入口在现在文华小区内（乐园2003年拍摄）

2003年6月9日，根据《上海日军慰安所名录》，我来到南市老西门中华路，看看是否能找到当时日军设在此地的慰安所——南市食堂。

按照现在的门牌号码中华路1505号应该位于复兴东路附近，因为两年以前此地拆迁，所以已经看不出一点过去的痕迹。失望之余，我怀着侥幸的心理来到附近的一条小弄堂——瓮家支弄，看看是不是能够找到一两个知情者，正好这时在弄口站着一位老大爷，经过交谈知道老人已经七十有二了，在此地居住了几十年了，对于中华路

1　笔者采访张汝琦老人的记录。

的南市食堂他没有什么印象，但是他给我提供了一个消息：对马路的梦花街有一幢房子以前被日本人占领过，是日本人在南市的聚集地。在老大爷的带领下，我们穿过复兴东路、曹家街，来到梦花街163弄门口，他说那幢房子就在这163弄文华小区内，具体哪一幢他也不是很清楚，谢过老人之后我继续寻找。

梦花街151号进门（乐园2003年拍摄）

文华小区的门并不大，只有一扇小门可供进出，走进这个门好像进了迷宫，里面门牌号码很混乱，房子一排排很多，小路也很多，我只能逐个慢慢找。因为那天我是下午去的，所以开着门户的人家很少。碰巧看到一位中年妇女在外面洗衣服，我就向她了解一下情况。她在了解我的来意后，她说，该小区门口的那幢沿马路最高的房子就是当年被日军占领并用作“嫖娼”的地方。那幢房子其实就是梦花街151号，只是开在梦花街上的那扇前门不用了，进出都从163弄里的后门走，但具体当年的情况她让我去问年纪大的人，她也只是听老人们说起过而已。

在她的指引下，我很快找到了梦花街慰安所原址。151号坐落在老道前街对面，旁边是161号（水果摊），163号是文华小区，167号是为群烟酒商店，169号是岚岚美发厅，171号是荣新粮油杂货店。

我看到文华小区内的后门（北门）开着，便走了进去，木梯仍然保持着原来的样子，但房屋、过道分割得十分狭窄。这幢房子空荡荡，我没有见到一个人。这时一个四十开外的中年妇女从外面回来，是住在一楼最靠门的一间小房间里的，她告诉我她是租房子住在这里的，对这里的情况不熟悉，她让我去二楼问问，因为楼上的人是这里的老土地了。我向她道了谢径直来到二楼，二楼有三扇门，我敲开了其中的一扇，女主人开了门，在了解了我的来意，查证过我的学生证后，把我领进了屋。经过交谈我才了解我终于找对了人，这家人家就是建造此房的房主，这幢房子在新中国成立前都是他们家的。这家女主人姓刘，她向我介绍了这幢房子的大致情况：这幢房子一共四层，分为左右两个部分。右边是住人的，每层都是两厢房一客房，四楼是佛堂，不住人。左边是厨房和卫生间，二楼是亭子间。他们家原来是当地的大户人家，这整幢房子当时都是他们的，听家里的长辈说，日本人打到上海来后是住在他们家的，但是当时的具体情况她不清楚，但是她说她的婆婆应该了解当时的情况，于是她很热情地把我带到她婆婆住的房间，把我介绍给她的婆婆，通过和老婆婆的交谈，我了解到她姓曹，今年87岁，19岁时嫁到林家，这幢房子是她经营房地产的公公——林如松在1935年建造的，四上四下。她结婚那年正好新房落成，于1935年入住于此。两年之后日军进攻上海，当时老县城梦花街人心惶惶，纷纷出逃。他们家家境好，所以是第一个离开梦花街逃难的住户，当时他们家

梦花街慰安所主楼全景（乐园2003年拍摄）

梦花街慰安所全景（乐园2003年拍摄）

当时所用的烟囱一直保留至今（乐园2003年拍摄）

里住房面积大，所有的家具和生活用品都是崭新的，但是他们走得匆忙，没有把所有的东西都带走，只是带了几件值钱的红木家具，装了两卡车运至位于法租界的柳林路附近的石库门房。在他们家逃难后，这所房子就被一些无家可归的人暂居，但是没过多久梦花街及周边地区就成了沦陷区，当地的居民全部外出逃难，在日本人进驻此地后就没有人敢回去。日本人看到他们家房子大，就占领了这座房子，并把它作为“日本慰安所”，到处都插上了日本的太阳旗。当时日本飞机轰炸上海，轰炸机已经飞到梦花街上空准备轰炸了，但看到很多的日本旗后就把此地保留了下来，但是却把炸弹扔到了大世界（八仙桥）。当时梦花街151号有许多妇女，每天都有日本军人来此寻欢作乐，是他们那里有名的日本军人嫖妓的地方，但是具体的关于“慰安妇”的情况以及慰安所的经营情况就不得而知了。1945年，日本战败后就从这里撤退了，原居于此地的人们才回到梦花街，房子里没有留下任何东西，除了几张日本人睡觉用的榻榻米，甚至连房门也被抢走了。

经过“文化大革命”的洗劫，他们家现在只拥有二楼的一间房，30多平方米，以及一间只有几平方的亭子间，住着老、中、青三代，剩下的房子都住进了其他的居民，房间的用途也发生了变化，当年的厨房和卫生间今天也变成了住人的单间，当年的慰安所的影子已经看不出来了。梦花街慰安所的真相已经永远尘封在历史的岁月中，不为人所知。

（乐园　2003年6月）

随访记录

2015年6月6日我依据《上海日军慰安所实录》所记录的位于现在黄浦区文庙附近的梦花街151号～153号的洋房建筑为日本侵华时期在沪设置的慰安所，找到了相应位置并拍了些许照片记录下该建筑现状，详细如下：

我随机问了附近的几位居民，他们都不知此处原来是日军所设的慰安所，只是向我介绍说，现在这栋洋房里只有二楼住着老住户，“文革”之后这里涌进了很多人，现在很多户都出租出去，但居住条件很艰苦，一户里面最起码都住了2～3家人。还有从图中可以看出二楼有凸出来的阳台，这一部分是原本没有的，是近几年为了增加居住面积后添加出来的，具体年份不详。

此图为梦花街慰安所旧址洋房建筑全景图（贝文馨2015年拍摄）

此图为梦花街慰安所主楼特写（贝文馨2015年拍摄）

此门为梦花街151号前门，但如今已封不再使用（贝文馨2015年拍摄）

由于位于梦花街上的前门不再使用，要从163号里弄的后门进入，朝着文华小区的方向进入，但不进入文华小区，从转弯处右转即可到达进入151号的后门（贝文馨2015年拍摄）

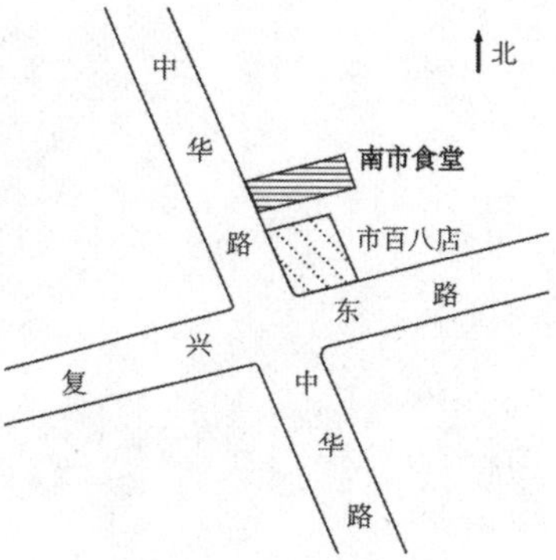

89

南市食堂

1943年的《支那在留邦人人名录·上海》33版上有“南市食堂”的记录。“南市食堂”位于南市中华路老西门1505号，电话为02-62593，对外公开的性质是军食堂，实际上就是以其他名义出现的慰安所。

该所老房子已被拆除。

（苏智良、姚霏　2005年）

昔日南市食堂所在地，如今成了一片绿地（姚霏2005年拍摄）

90

靠近法租界的慰安所

朝鲜“慰安妇”何顺女被诱骗至上海，充当“慰安妇”，九死一生。她曾回忆在上海法租界的一个日军慰安所里成为日军性奴隶的遭遇，但具体地点我们已无法知晓。

1920年我出生在朝鲜晋州。后来到光州一户人家去干活。那是我二十一二岁时候的事。有一天一个朝鲜男子和一个日本男子来了。这两个男子都穿着西服，看起来挺年轻。他们问：“你们在这里赚多少钱？”“不挣钱，主人家管吃、管住，还给衣服。”“多么狠心的朝鲜人啊！”那个日本人说着，如果跟着他到日本大阪去，我们就可以挣到许多钱。因为贫穷，我挣钱的欲望十分强烈，也没有问去干什么就跟他走了，走之前也没告诉我做活的那家主人。

和我同去的女孩一共有8名，其中有的来自光州，也有来自全罗道长城郡的。我记得是在春天离开的，当时我穿着长袖连衣裙。下午两点左右我们跟着那个男子上了从光州开往丽水的火车，到丽水后住了一夜，又乘船去日本。船上有许多去日本挣钱的朝鲜男子。船走了一天，在第二天上午十点钟左右到了大阪。我们一行人跟着这个男子来到他家，他家有两个孩子和一位老奶奶。在他家，他对我们说还要领我们到上海去，我们非常吃惊，问他已经到了大阪，为什么不在这儿做工，还要去上海。他说他去上海开始做一个很大的生意，我们去那儿可以挣更多的钱。我们对此深信不疑。在他家住了一夜后，又跟他坐上了开往上海的轮船。

在开往上海的轮船上有许多平民百姓，每天的饭都是玉米饭，轮船颠簸几天后到了上海，码头上已经有一辆军车在等我们。我们坐着军车来到部队旁边的一所房子里。一直和我们同行的那个朝鲜人到上海后就和我们分手了。

到这所房子后我们才知道，领我们来的那个日本男子就是这所房子的主人。在这儿，还有他的夫人和一对做饭的中国夫妇。老板的夫人也是日本人，看起来年龄似乎比这个男子还大一些。因她埋怨丈夫回来得太晚了，俩人还吵了起来。此外还有一些平壤来的姑娘。

一起来的8个女孩到这儿就全被分开了，留在这所房子里的只有我一个人。在这里做饭的中国人告诉我，这所房子里有许多小房间。他们已经没有家了，有时在这住几天，有时到旅馆住几天。

我到这儿以后，老板还陆续往回领女孩，大约有30多名，大约三四个月后，这儿又来了两名中国女孩和两名日本女孩，除此之外，其他的女孩全是朝鲜人。她们分别来自釜山、浦项等地。中国女孩就是在附近的人。只要设在上海的介绍所一有来了女孩的消息，老板就去上海领人。直到这时我才知道，这所房子是专门用来所谓“慰劳”日本军人的慰安所。领我们来的那个朝鲜男子原来是个专门贩卖妇女的人贩子。

这所房子位于上海市中心，附近就是法国租界，有许多日本军人驻扎在那儿，附近有许多专门接待军人的慰安所，我们住的房子的门口挂着一个招牌，因我不识字，也不知道上面写的是什么。

每个女子分到一个单独的房间用来接待军人。我住的房子很窄，只能并排躺两个人，地上铺着报纸，上面又铺两床毛毯，房间里没有手纸，只有一个很小的垃圾筒。

在开始的半个月里，每天只来一两个军人，这以后，军人就成群结队地来。这儿还卖酒给军人，喝了酒的军人更纠缠不了。我们实在忍受不了，对老板讲：“我们要死了，不能再干下去了，我们宁可给军人洗衣服、做饭，只要不做这种事。”但却不能如愿，只要我们不接待军人，老板就对我们拳打脚踢。

在这里，老板给我起的日本名字是“竹子”，其他的女孩也有自己的日本名字，我记忆中除我以外好像还有叫“竹子”的人。到这个慰安所来的军人都是陆军，有军官也有士兵，一般老百姓是进不来的。有时有个别的海军军人想进来，陆军不让他们进，让他们到专门接待海军的地方去，为此他们还打过架。

早晨4点我们就要起床，然后搞卫生，周日每个人一天要接待20、30、40个军人，不论谁都很疲惫。有的军人进来一会儿干完事马上就出去，有的则像疯子一样粘在我们身上不起来，令人苦不堪言，来慰安所的军人几乎全戴避孕套。

有时军人不来了或来得少了，老板就以我们不好好接待为借口打我们。

我有三四个月没有接待军人，在这段时间里和中国人一起采购、做饭。其他的女孩说：“姐姐做的饭真好吃，以后就做饭吧。”

老板却对我不接待军人非常不满，我想用热水洗碗，老板看到了，就说："连军人都不接待，还用什么热水。"还把我洗碗的刷子抢过去扔了。

我们朝鲜女子彼此相处得很好，只要在一起都互相打听对方的家乡在哪儿。在这些人中除了几个30多岁的女子外，有比我小几岁的，还有几个比我小十几岁。两个中国女子的年龄分别是31岁、29岁，两个日本女子的年龄分别是25岁、27岁，年龄小的女子因害怕不敢接待军人，老板就把她们赶到别的慰安所去。因为附近慰安所的老板之间常互换"慰安妇"。

老板非常喜欢那些接待军人多、挣钱多的女子。中国女子既漂亮又温和，接待军人最多，因而每逢节日，老板都给她们送穿的，送好吃的。

来上海后，老板给了我们两套好看的裙子。军人每次到慰安所来时，都给老板钱，老板怕别人从中贪污，一直是自己管理钱，因而我们也不知道军人交多少钱才可以进来。我也从未直接收过钱。

我们每月到部队医院接受一次性病检查。我从未得到性病，为此老板十分高兴。因为得了性病的女子就要去医院接受治疗，不能继续接待军人。给我们检查身体的有医生，也有护士。在那所很大的二层楼的军队医院里有许多伤兵。

到上海不久，我曾托一名来自平壤的女孩给家里写过一封信，告诉家里我来到了上海，因为那封信不是我自己写的，所以也不记得慰安所的地址。父亲接到我的信后被气死了。这些信件已在"六二五"（朝鲜战争）中化为灰烬。

到上海一年后，在一个下雪天我逃出了慰安所，坐着人力车到了车站。我想逃走，又不认得路，加上语言不通，在外面流浪了一天，不得已又回到了慰安所。老板为此狠狠地打了我一顿，把我打得遍体鳞伤。

伤好后，开始不断地有军人来纠缠我。我不从，军人就用木棍使劲地打我头，因为头部流血过多，我昏了过去。后来我才知道，老板对我不予理睬，想让我就那样等死，是邻屋的一个西方女子过来救了我。

这个西方女子40多岁，是在慰安所附近做服装生意的。因我曾到她的店里买过衣服认识了我。她看到我被打昏后却无人照管，就过来给我上药，救了我的命。

日本军人也不全是坏人，我曾接待过一个叫山本的陆军少尉，他来慰安所时，看到我受了伤，就带我到医院去治疗。他和一个来自日本明石市的军人都是好人。这个少尉大约有30岁左右，个子很高，身体亦很健康，在我住院的二三个月，他经常来看我。我的伤口很深，至今头上仍留有一个约13毫米的伤疤。

伤好了以后，我又回到慰安所做饭，带我去医院的少尉让我只做做饭，就不要再接待军人。从那以后，我在慰安所做饭、洗衣直到解放，这个少尉常送给我一些好吃的，还给我一些零钱。

在休息的日子，“慰安妇”们每10个人一组和老板娘一起外出，出去一看才知道这附近还有饭店和剧场。我们每次外出时间大约是一个半小时，也看不到太多的东西，稍微晚回来一会儿，就会受到老板的辱骂。

在我们这个慰安所附近有一个专门接待海军军人的慰安所，这个慰安所的老板是来自东京的日本人。他对人比较好，我到他那玩的时候，他夸我漂亮，还给我饭吃。这件事老板不知道，我只悄悄地告诉过做饭的中国人。这所海军慰安所的房间比我们的大，里面大约有四十几名“慰安妇”，有日本人、朝鲜人，还有中国人。后来，她们中的两个人因染上霍乱而死去了。

来上海两三年后，那个代我写过家信来自平壤的女孩因鸦片中毒去世了。这个女孩经常在饭桌上吸食一种白色粉末。一问她，她就说那是药。因为老板在自己的房间吃饭，所以他也不知道这事。女孩经常背着老板买鸦片，因为如果让老板发现就会遭到毒打。

她小学毕业后在平壤就开始吸食鸦片，加之在附近中国人家很便宜地就可以买到鸦片，她又接待过许多军人，于是便用军人给的零钱买鸦片来吸食。日本女子中吸食鸦片的人多，朝鲜人几乎没有吸的。

我去接待海军军人的慰安所玩时，曾看到过两名怀孕的日本人、朝鲜人。我所在的慰安所也曾有过两名釜山、晋州的朝鲜籍军人，他们说我们太可怜了，只坐了一会儿就走了，并没有让我们“慰劳”他们。

战争结束前曾遭到几次炮击，空袭时我们都躲到防空洞去。

日本战败后，老板马上逃跑了。我们一分钱也没拿到。我们到在慰安所做饭的中国人家住了一段时间后，这个中国人告诉我们有去朝鲜的船。我和光州来的女孩们想一起乘船回去，可又身无分文上不了船。送我们的这个中国人说了好多好话，终于感动了船工，让我们几个人上了一艘非常小的船。

1946年，在战争结束的第二年，我们一行人在釜山下了船，分别回到了家。

在上海时受的磨难令我噩梦不断，至今，看电视时，仍不想看和战争有关的场面。[1]

该慰安所具体在何处，无法考证。

（苏智良　2000年）

---

1 《证言集——被强征的韩国随军“慰安妇”》，第73—83页，武斌红译。

91

大上海旅馆慰安所

据公共租界工部局巡捕房副总巡万代尔报告：自1937年12月17日起，“居住在外滩横滨正金银行大楼2楼2号房间”“受雇于日本军事特务机关”的中西便在天津路大上海旅馆包租，随带2名不带枪的日本士兵，在几名“皮条客”的牵线下，首批带走10名妇女往苏州河北日军虹口占领区。这些妇女据说有原为妓女的，所以“要将她们送往军队医院体检，体检通过后再送往乡下”。而中西则公开对捕房表示，他的任务是要挑选10名妇女。故1938年2月6日，他又将送走第二批8名妇女到虹口日军医院进行体检。

公共租界工部局巡捕房副巡官万代尔报告二（1938年2月9日）

1938年2月9日，老闸捕房副巡官万代尔关于日本人租用天津路423号大上海旅馆217、235及308号房间，商量雇佣妓女事的报告：

天津路423号原大上海旅馆的建筑（姚霏2005年拍摄）

先生：

本月7日上午9时35分，1910号华捕在老闸捕房报告称。在他提出报告之前，他看见2名不带枪的日本士兵进入天津路423号大上海旅馆。

103号华籍探目作了调查，查明这2名日本士兵去了二楼，进235号房间，与一名日本平民交谈，该日本平民在日本士兵来到之前就已到此，并租下这个房间。他由一名中国男子陪同。上午9时50分，这2名日本士兵离去，没有发生什么麻烦事，后来该华籍探目询问茶房，得知该日本平民是在商谈妓女集中之事。

上午10时，本报告人接到报告，并继续调查。

根据旅馆登记簿，235房间自1938年2月4日起由日本人租下，租金一天一付。238号房间住的是其华人助手。

本报告人向账房作了查讯，问是否有妓女被集中或被送走，他向本报告人保证：集中尚未开始。他还说，在两名日本士兵离

天津路423号现为上海铁路局职工公寓
（姚霏2005年摄）

天津路423号现在的大门（陈斌2016年摄）

去不久，那日本平民就走了，房间就退租了。

下午3时15分，本报告人与1013号华籍巡长再次来到该旅馆，进一步查问了旅馆人员，因为本报告人在这之后又得知，1937年12月17日曾从此旅馆带走过10名妓女。但未收到此事的报告。在本报告人看了几个房间，就此事查问了几名茶房之后，又查看了235房间，发现该日本平民并未离开该旅馆，他正在房间里与助手跟几个拉皮条的交谈。

本报告人立即打电话给中央捕房，要求日籍警官，68号巡长今村和64号巡捕中枢前来，下面是他们提供的情报：中西，受雇为日本军事特务，住外滩横滨正金银行大楼2楼2号房间。

这名特务说，有人让他挑选20名中国妓女，并将她们送往军队医院进行体检，体检通过后，就送往乡下。

这特务说，本月6日已挑出8名女子，并于当晚送往虹口。

天津路423号实际上是一幢非常壮观的建筑（陈斌2016年摄）

在体检时，有些人不合格而被除，因为发现她们得了不治之症。这特务又说，挑选工作一结束，他就要离去，并询问捕房是否会加以反对，本报告人告诉这个特务，如果选定的女子愿意前往，捕房不会反对的。这个特务向本报告人保证，这些女人都是自愿的，被选中的那些都同意被带走。

本报告人将此事正式呈报主管警官谢尔斯韦尔正巡官，他命令本报告人继续调查，并提出一份报告。

这个日本特务仍然住在235房间，还租了217房间，他何时离去并未确定。

特此报告，仅供参考。

报告人：副巡官万达尔（签字）

（苏智良　2002年）

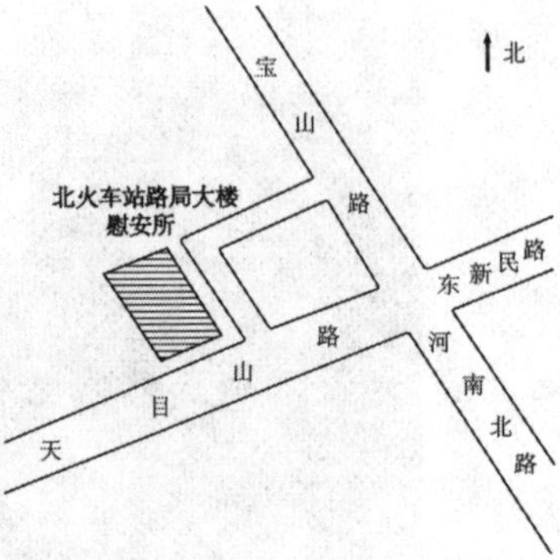

92

北火车站路局大楼慰安所

1938年3月15日的《新华日报》上，一篇名为《敌军在沪奸淫兽行》的文章使我们得知北站附近的路局大楼居然也成了日军的慰安所。

> 顷有自上海来人称，敌自侵占上海后，将京沪路局新建之五层大厦内部，加以修葺，改为千余小房间，每一房间内只有草席垫地，将市外途中及夜间截抢之妇女千人，置于其内，强令剥去中国衣服裸体，只准着日本女和服一件，每日规定四小时为蹂躏时间，至时并用抽签式任敌军泄欲。妇女肩上均刺有号码，另有一大房间，预备妇女甚多，以作蹂躏之递补，敌虽多方防止此等妇女自杀，然伊等痛苦与耻辱多不能忍受，故撞壁而死者，日必数人，敌之此种集中秘密蹂躏我国妇女，外间鲜有知者。

“八·一三”事变后的北火车站路局大楼是中国军队的阵地，遭到日军的猛烈轰击，战役结束后，大楼几乎成了废墟

上海北火车站大厦成为日军慰安所，是上海逃难到后方的知情者所言。时间是日军占领上海也就是1937年11月之后。这幢5层建筑在“八·一三”淞沪会战中遭受重创，屋顶也被轰掉了，日军将其进行抢修，然后将内部隔成许多小房间，每个房间里只有榻榻米或草席。然后日军将抢来的中国女子上千人押入其中，裸体只能穿件和服，肩上被刺有号码，每天至少有4个小时遭受日军蹂躏，苦痛不堪，所以有些姑娘选择自杀。

由于当时是日军占领下，公开媒体不可能报道，所以对这个慰安所没有其他资料查验。如其规模有“妇女千人”，那可以说是二战中最大的日军慰安所了。

宋美龄在1939年1月的演讲中，也谈到了北火车站日军抢掠中国女性的事情。

> 在上海作战时，我们曾得到报告，说敌人把我们的女同胞抓去。剥掉衣裳，在肩上刺了号码，一面让我们的女同胞羞耻，不能逃跑，一面又满足他们的兽欲。这是在北火车站发现的事情。[1]

这里宋美龄说到时间是“在上海作战时”，应该就是1937年8月至11月间，可见当时日军登陆上海后，便开始抢掠中国妇女充当性奴隶了。

（苏智良　2003年）

---

1 宋美龄：《抗战建国中之妇女问题》，载重庆《中央日报》1939年1月15日。

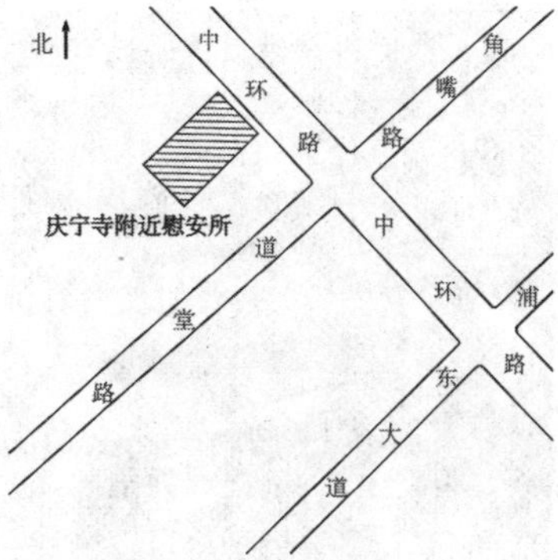

93

浦东庆宁寺慰安所

位于浦东上川路（原上川铁路，今金桥路）庆宁寺渡口附近的一幢两层住宅楼房，是上海沈生记营造厂的创办者沈生杜（已故）老人的私房。抗战时，这幢房子曾先后作为日军的军指挥部和军人慰安所。

沈生杜是20世纪二三十年代上海较为有名的民族资本家，拥有不少产业，发家后便在浦东庆宁寺地区按当时市区流行的石库门样式修造了这幢两层楼高的住宅。由于是居家，因此它比一般的石库门更为高档：有晒台、花园，住宅的周围还建了一圈平房，这平房既可租赁给他人居住，又可起保护作用。从地理位置而言，这幢房子靠近上川路这条公路主干线，离庆宁寺渡口也不远，在当时的庆宁寺地区可以说是居住条件最好的住宅。

抗日战争时期，浦东庆宁寺地区有上川铁路可直通川沙，也有轮渡直接摆渡到黄浦江对岸的定海桥地区。在淞沪抗战时，庆宁寺是中国军队一条重要补给线，也是中国军队撤退的一条必经之路。淞沪抗战后，在庆宁寺地区还活

庆宁寺慰安所的正门，是非常有气派的石库门建筑（苏智良1999年拍摄）

来自中国、日本等国的学者在庆宁寺慰安所遗址调查（苏智良1999年拍摄）

跃着几支游击队。所以，日军占领该地区后，立即安排驻军并设立宪兵队。占领军的指挥部就设在沈生杜的家宅内。

据沈生杜之子、1999年73岁高龄的沈文奎回忆：日军入侵上海那年，他已10多岁了，和母亲、哥哥住在这里。日军进攻时，他们举家收拾了一些东西就躲在金家桥的农民房子中。日军的驻军指挥部在他们的家宅设立后，由于日军军官不喜欢中国家具，曾派一名翻译强令沈文奎的母亲搬走了所有家具。随着该地方局势渐趋平静，驻扎的日军也就撤离了该地，但这幢楼房并没有归还沈家，而是在此设立了一座军人慰安所。

对于慰安所的开办时间，沈文奎回忆说：他10多岁左右，日军从上川铁路入侵庆宁寺地区，他们一家人逃往金家桥。另一位居住在沈家宅周围平房的马坤说，他是“八·一三”会战时由复兴中路迁至浙江中路，9岁时搬到庆宁寺地区居住至今，1999年69岁。他搬来此地时，这幢房子已经成为日军慰安所了。由于沈家房子在作为慰安所前，曾经有一段时间还作过日军指挥部，所以，沈先生提供的时间应为日军驻军指挥部的开办时间，由此我们可以推测慰安所的开办时间为1938年。

据两位老人回忆，慰安所的门前并没有任何特殊的标志，慰安所的规模并不大，当地人习惯上称这座日军的慰安所为“东洋堂子”。沈文奎和马坤两位老人都证实这一慰安所中的“慰安妇”都为中国妇女，不是本地人，是从外地掳掠来的。马坤说，据他所知，当时慰安所中的“慰安妇”只有2～3人，其中有两名“慰安妇”经常在客堂活动，穿着同当地妇女一样的旗袍。

虽然当时在靠近渡口处有美孚石油公司等外国企业，但出入慰安所的只有穿着日军军装的日本军人。马先生曾偶尔有几次见过日本军人出入慰安所，数量很少。因为“慰安妇”较少，没有大批日军进入的情况，并且，据他了解，慰安所空闲的时间比接待的时间多，而且这些日军大多步行而来。当时驻扎最近的就是一支日本宪兵队，宪兵队就驻扎在离沈生杜住宅200米处的一座两层建筑中，其址在上川中学后面，日军占领上海之前为当时的上海市轮渡管理处。马先生对慰安所的情况知道得较为详细，他告诉我们，慰安所的老板名叫小野，当时和小野一起居住在慰安所的还有他的妻子、孩子和日本籍佣人。小野和附近中国居民接触并不广。后来小野不知什么原因去参军了，马先生亲眼看见其妻出门送别的情景。

日本无条件投降以后，小野及其家人、佣人随日侨回国，离开了庆宁寺地区，而几位中国“慰安妇”的行踪也无人知晓。

这座日军慰安所存在的时间并不算太长，据马先生估计，慰安所开办了大约两三年。

（姚潇鸫、张虹　2000年）

浦东轮渡管理处曾是日宪兵队驻地，这些日本兵经常到庆宁寺慰安所来玩乐（苏智良1999年拍摄）

94-95

旗昌栈的两个慰安所

浦东钱仓路上有两个日军慰安所，一个是军官慰安所，一个是士兵慰安所。都是日军自行开设的慰安所。

陈炳荣老人（1924年生）原住在浦东旗昌栈南街（一作其昌栈南街，今为钱仓路）350号，这是个颇有规模的大宅院子。中间的2层大建筑，有38个房间，四周是平房。原来的主人就是他父亲，战前他在武汉经商，为买办，积累相当资产，然后在故乡浦东建造了这个大宅院子。仅当中的楼房建筑面积有572平方米，混合结构二层，五间二厢房，三合院式，前面石库门，二层有半圈“走马楼”。这个院子在当时，为浦东最好的建筑，几乎无人不晓。楼房的四周是平房，拱卫着中心的主人的房屋。因为房子面积较大，除了陈家自行居住外，还租给一些房客居住，尤其是平房，住满了来浦东打工的平民。

大约在1944年，日本人突然到此，将房客全部赶走，陈家也被赶到主楼南面的平房内，然后日军在这里开设了两家慰安所。中心主楼被日本人用来开

该房的原主人陈炳荣与前来调查的苏智良合影（1998年拍摄）

设军官慰安所。四周的平房是士兵慰安所。管理的是日军叫来的两个日本侨民，而“慰安妇”则清一色都是中国人，大约有30多人。据陈炳荣老人回忆：中国姑娘大多是说苏北话的，最多的时候，两个慰安所的女子达到40多人。日本军士只允许白天进入，晚上慰安所接待日本军官，但如果晚上军官少的话，军士也会偷偷地进去。他亲眼看见日本兵在门口排起长队，等候进去。每周有日本医生来对“慰安妇”进行体检，就在底楼的坐东朝西的那间屋子。为了方便，日本人专门做了一只检查台来检查

这样规模的楼房在20世纪30年代的浦东还非常少（苏智良1997年拍摄）

“慰安妇”的下身，这只检查台，日军投降后仍放在那个房间里，他亲眼见过。过了一年多后，1945年8月抗战胜利时，日本人就一声不响地跑走了，可怜的中国“慰安妇”们也四散而去。本来陈家还有个管家，姓黄，名文忠，比陈先生年长。日本人来了以后，规定黄管家每天要帮忙，包括买菜、买各种物品等。他对两个慰安所的事情晓得很详细，可惜已不在人世了。

这幢楼房及四周的平房，陈家在20世纪60年代以6万元的价格出售给国家。

（苏智良　1997—2001年采访陈炳荣老人的记录）

附记：与陈炳荣先生相识是在1997年8月。那年的7月8日，为纪念“七七事变”60周年，我与上海电台“市民与社会”主持人左安龙先生合作，在上海人民广播电台990频道谈日军性奴隶制度，听众反响热烈，当场有老人打电话进来，讲述所知道的往事。于是，第二天又谈了一小时。不久，左安龙先生转来了一叠听众来信，其中就有一封是陈炳荣写来的。接着，我到浦东拜访了陈炳荣。陈炳荣先生原为番禺中学物理教师，是这段历史的见证人。此后，我及我的学生胡海英、侯桂芳等曾多次邀陈老师到钱仓路陈家故居，给日本、韩国等友人讲述慰安所的事情。2000年4月初，出席中国“慰安妇”问题国际学术研讨会的中外朋友参观了钱仓路350号慰安所遗址，认真听取了陈炳荣先生的回忆。

陈氏老宅的青砖是专门烧制的（苏智良2000年拍摄）

为了弄清慰安所的内幕，陈炳荣先生介绍我的学生李漪红等去拜访了陈家的老管家黄文忠先生。那年黄老先生已81岁，他原来是陈家的管家，日本人来了以后，又逼着他到慰安所做杂务，但不给工钱。黄先生回忆，慰安所里全是中国

这间屋子是军官慰安所的“慰安妇”检查房（苏智良2000年拍摄）

楼梯通向二楼（苏智良2000年拍摄）

女子，“慰安妇”每星期只能洗一次澡，吃饭也是天天同样的食品，一个饭团，洋葱豆腐酱汤。里面的中国姑娘没有人愿意干那种事情，但女孩子没法反抗，有的姑娘还受了伤。他每天的任务是帮助采购食品等。根据黄文忠先生的回忆，旗昌栈慰安所还只是个分所，其总部设在四川北路横浜桥堍。他答应，身体和天气都好的时候，陪同调查者一起去虹口。遗憾的是，我的学生登门拜访后不久，黄文忠先生就病逝了，那个慰安所的总部也许就此永远成了一个谜。

（苏智良　2001年追记）

浦东旗昌栈慰安所采访纪实

1997年10月，笔者就慰安所问题走访了陈炳荣（1923年生）、黄文忠（1914年生）两位老人。他们都是旗昌栈日军慰安所的见证人，1949年之前，

房屋上的局部装饰十分精美（苏智良2000年拍摄）

平房就是士兵慰安所（苏智良2000年拍摄）

黄文忠是陈炳荣家族的管家。现将调查情况记录如下：

浦东钱仓街（旧名旗昌栈大街）350号，日军入侵上海期间，曾在此设立了慰安所，它是四川北路日军慰安所的分部。

据两位老人的回忆，旗昌栈慰安所原址原为陈炳荣家族所有，它是旧上海浦东地区最好的住所，主楼为两层砖石建筑，前后两排房子达三四十间之多。

1944年冬季的一天夜里，日本宪兵冲进房内，将陈炳荣等人赶至主楼后面的一排屋子，并命令他们把原屋内的家具摆设一律搬走。不久，这里便陆续住进一批年轻女子，年龄平均在20至28岁之间，穿着普通，均是中国妇女，且大多操苏北口音。每间房住一名“慰安妇”，房内除一张木床别无他物。另外，还有一间房内摆着一张造型奇特的木床，呈人字形。每周都有一名日本医生给这批女子作检查。1945年8月日军逃走后，这些设施仍留了下来。

旗昌栈慰安所由两名日本侨民负责管理（一男一女），一名中国妇女从旁协助，年龄大约30岁，精通日语，充当翻译，有时，日本官兵过多时，她也被迫接客。慰安所内尚有数名工作人员，多为中国人，黄文忠老人当年就负责运送大米、油、盐、酱、醋等物品。原厨师为日本人，后改为中国人。这批工作人员与“慰安妇”之间，基本不接触。用餐时，“慰安妇”在房内，而勤杂人员则在固定地点。

军官慰安所的两幢楼房之间有连接的过街楼（苏智良2000年拍摄）

旗昌栈慰安所中的“慰安妇”人数约30至40人，各有编码。日本人将容貌较好、身体健康的妇女编成一列号码；将条件差的妇女也编成一列号码；无法再充当性工具的妇女同样有编码。这批已无法继续“使用”的“慰安妇”不久就会消失，然后又有一批“新面孔”出现。因此，“慰安妇”的人数虽然时有增减，但总数仍保持在30至40人之间。

陈炳荣先生在讲述往事（苏智良2000年拍摄）

慰安所门口没有明显标志，也没有森严的戒备，但管理相当严格，两个日本人的办公室就面对着大门，对过往之人一目了然，外人根本无法混入；同样，“慰安妇”也难以逃出。平时，这些“慰安妇”在不需要接待日本官兵时，可以互相“串门”聊天，但绝对不能踏出大门一步。每逢星期六下午及星期天，大批日本官兵往往就来到这里，有时甚至需要排队。一般士兵每人逗留的时间为20至30分钟，军官通常到固定编码处，并

来自世界各国的研究者正在这里参观（苏智良2004年拍摄）

允许留夜。不管采取何种形式，都需要付出一定数量的钱款，当然这些钱是给老板的，不是给中国“慰安妇”的。他们一般身着军装，或单独，或集体前来。

这批“慰安妇”的来源主要有两种途径。一是被日本人诱骗，二是由人介绍入内而无法脱身的。1945年以后，“慰安妇”的人数逐渐减少，工作人员也一一被打发。所以，当日本人撤走时，丝毫没有惊动四周。

以上是关于浦东旗昌栈慰安所的大致情形。

（李漪红　1997年）

浦东新区政府2003年颁布的保护建筑名牌（姚霏2005年拍摄）

建于20世纪30年代初陈氏民宅，建筑面积为572平方米，混合结构二层，五间二厢房，三合院式，前面石库门，二层有半圈“走马楼”。长期以来由上海港教育培训中心使用。2003年，浦东新区文物保护管理署将陈氏民宅列为“不可移动文物保护单位”。

（苏智良　2012年11月记）

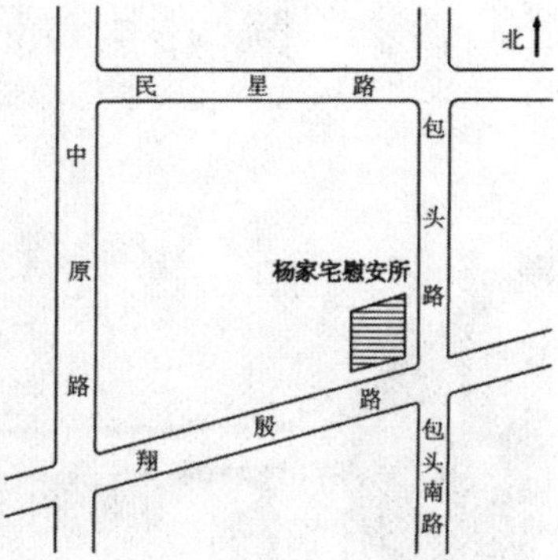

96

杨家宅慰安所

引子：一张广为流传的照片

1992年，我在日本东京大学担任客座研究员，从事中国近代史的研究。我与夫人陈丽菲住在港区白金台的东大外国学者住所，那一带是东京人公认的高级住宅区，每个星期两三次从广尾车站坐地铁到东大去，那里离开世界最大规模的旧书街——神保町也不算太远。一天，在神保町的旧书店里，我发现了一张旧照片，黑白照片的上面，有着两排日本式的木屋，中间是碎砖铺就的路，一个日本兵在女性管理者的陪同下，正准备进入"慰安妇"的房间去作乐。旁边的文字说明是：上海杨家宅慰安所，1938年1月建立，日本上海派遣军东兵站司令部管理。

这个杨家宅慰安所在上海的哪里呢?

当时，"慰安妇"问题，因为韩国受害者金学顺老人的证言，以及日本国

这是一张“慰安妇”题材方面影响十分广泛的照片：上海杨家宅慰安所（转引自麻生彻男《从上海到上海》）

会议员伊东秀子、日本中央大学教授吉见义明等在防卫厅发现不少的军部相关文件（日本防卫厅图书馆所藏的“慰安妇”问题的文件），而成为全世界舆论瞩目的焦点。所谓的“慰安妇”，就是日本政府和军队使用各种手段以满足其官兵性欲的妇女——性奴隶。不久，这张上海杨家宅慰安所的照片便成为日军推行“慰安妇”制度的象征，被日本的各种新闻媒体所广泛采用，在报刊上，在杂志上，在电视上，并从日本传至韩国、新加坡、马来西亚，又从亚洲传到了美洲、澳洲、欧洲。

我对这张照片也产生了极大的兴趣：这个杨家宅在上海的何处？日军为什么要设立这个慰安所？杨家宅慰安所是什么人经营的？这里面的“慰安妇”是什么国家的女子？这个慰安所后来怎么样了？这些房子现在还存在吗？还有没有知情者？

从此，这些问题始终萦绕在我的心头。

1993年6月11日，我结束了在日本的两年留学生涯，与夫人一起从横滨乘船回国。回到上海后，即开始作实地调查。

一、麻生军医的自述

当我回到上海后，我们的朋友、一桥大学的三谷孝教授寄来了一本书。这本书的书名叫《从上海到上海》，作者是麻生彻男。

麻生彻男：日军预备役大尉的照片，1989年7月11日因心肌梗塞而死去（转引自麻生彻男《从上海到上海》）

麻生彻男，1910年1月7日出生于福冈市博多区的医生世家，1935年毕业于九州帝国大学医学部，他的专业是妇产科，毕业后便在九州帝国大学医学部的附属医院担任妇产科医师。1937年中日战争爆发后，麻生于9月7日应征入伍，作为日本陆军卫生部的见习士官被派到上海战场，到达上海的时间是1937年11月28日，隶属于上海派遣军的第2兵站医院（该医院于1938年7月改称为第2军第14兵站医院），职务是外科勤务。

医科毕业的麻生，酷爱照相。这一爱好得益于他的母亲，早在明治初年，其母就曾在肥前大村的写真屋里帮忙，因此麻生从小便耳濡目染，学会了照相；当他1916年进入小学时，母亲给的礼物就是一架大阪生产的箱型照相机。从此他与照相机相伴一生。随军到上海时，他已拥有一架欧洲产的高级相机，这在战争年代的日本，也是不多见的。而且麻生对他的照相技术十分自豪。在上海他遇到了同属日本照相团体“亚细亚沙龙”的成员、时任千代洋行照相部主任的田中新一，得到他的赏识，并从他那里取得了战时军队报道部的臂章，这样，麻生便可自由地到各处进行摄影。于是，他在日本侵华战争中，拍下了1 300多张战地照片，而且，他把相机的焦点主要对准了战场上的女性——

晚年的麻生彻男出版了《从上海到上海》一书，记载了珍贵的资料。图为该书的书影

护士、中国战地的女性、上海酒吧中女招待，以及“慰安妇”。战争爆发后，麻生彻男经历了从上海—南京—九江—汉口—武昌—上海的生死过程，因此，他将回忆录命名为《从上海到上海》。

战争结束后，麻生彻男复员返回关西，继续他的医学事业，且颇有成就，他曾担任九州医科大学校长。在他晚年的时候，整理了回忆录和照片，麻生在《战线女人考》的前言中写道：

“好人不当兵”，我们日本人对（具有这样理念的）中国来说，不是一个好邻居。念及我们国民皆兵的乡风，再遥想1937年的南京，那么，一亿大和民族皆战犯也。我作为当时大和民族的一员，从1937年开始的四年间，正生活在中国的华中地区。我将当时写的三本书合为现在的一册。由此，向各位奉上作为一个普通召集兵身份的妇产科医生，当时如何思考、如何行动的期待理解，不胜荣幸。

这段写于1986年的文字，多少表明麻生彻男有一些忏悔之意。两年后的7月11日，他以79岁之龄辞世。1989年10月30日麻生周年祭时，家属做了100本照片集，送给友人和同道。这本照片集中的1 300张照片，以战争中的女性为观察对象，女性的身份涉及女护士、女护工、“慰安妇”、中国当地的女性、上海的酒吧、咖啡馆的女招待和舞女、慰问军队的演员。其中麻生在照片上写了说明的，共有62张。当20世纪90年代初，“慰安妇”被世界民众和媒体所关注时，他亲手拍摄的“慰安妇”专题作品，立即引起了人们的兴趣。

前文那张著名的杨家宅慰安所照片，正是麻生彻男的杰作。

二、杨家宅慰安所的酝酿

（一）“八·一三”淞沪大战

1937年7月“七·七卢沟桥事变”爆发后，蒋介石国民政府在全国人民抗日救亡高潮的鼓舞和激励下，开始在京沪部署军队，准备迎敌。而驻沪日本海军也企图扩大战火，侵占上海。于是，8月13日，中日双方军队在闸北一带发生激战。次日中国军队主力主动向虹口之日军发起攻击，并调动陆军主力赶向上海。这时，为了增援上海，打破对峙僵局，日本军部也组建了以大将松井石根为司令官的上海派遣军，于23日拂晓在吴淞口一带强行登陆，双方展开空前的大战，前后投入的兵力总数达到百万，成为抗日战争初期最重大的战役。尽管中国军队70余个师足足抵抗了日军3个月，但由于战力对比的悬殊，逐

麻生彻男拍摄的被破坏的上海街道（转引自麻生彻男《从上海到上海》）

渐处于下风。11月5日，日第10军在司令柳川平助的率领下，在金山卫登陆成功，并直插中国军队的后路，这样，中国军队被迫退出上海。11月12日，日军占领了上海（苏州河以南的租界被称为孤岛而仍未被占领）。

这时的上海，30多万日军云集，在饥饿、恐惧、死亡的威胁下，士兵们往往丧失了人性，战场纪律极为败坏，抢劫和强奸成为家常便饭。有的士兵对上司说："队长，我不见到火灾就睡不着，今晚上也让我烧它两三幢吧。"[1]第114师团的一等兵田所耕三在战后作证时承认："妇女是最严重的被害者，不论老少都被强奸。"[2]在上海的城乡各地，日军官兵到处追逐妇女，实施强奸。有些部队在强奸后还不过瘾，继续将妇女掳掠同行，日军军官"天天同女人睡觉"。[3]在上海通往南京的路上，日军的兽性不断发泄，终于在南京酿成30万人被屠杀和数万人被强奸、轮奸的事件。这一数字在战争刚刚结束时，由南京市敌人罪行调查委员会确认。

日军大规模的奸淫，致使军队内性病迅速地流行。实际上，这个问题早在占领上海时就已经发现了。日本华中方面军司令松井石根立即命令医官到各部队抽样调查，调查的结果令日军上层感到吃惊：在南路兵团的第18、第114师团和国崎支队，北路兵团的第3、第9、第11、第13师团及重藤支队中，均发现性病正在蔓延，淋病、梅毒等多种性病在迅速传播，其战斗力受到削弱。另外，日军的暴行也受到中国人民和国际社会的强烈谴责。这样，解决性的问题几乎成了日军能否继续其侵略战争的首要问题。

于是，日军高层决定迅速推行"慰安妇"制度。

（二）松井石根的命令

日本华中方面军司令长官松井石根最担心的不是屠杀和强奸，而是军队秩序和性病蔓延的问题。他担心性病曼延影响日军的战斗力，遂决定仿效

---

1 小俣行男：《日本随军记者见闻录——南京大屠杀》，世界知识出版社1985年版，第11页。

2 森山康平：《南京大屠杀与三光作战》，四川教育出版社1984年版，第32页。

3 洞富雄：《南京大屠杀》，毛良鸿、朱阿根译，上海译文出版社1987年版，第95页。

“一·二八”事变时冈村宁次征召“‘慰安妇’团”的办法，制定从日本本土征召“慰安妇”的计划。

松井石根决定后，日本华中方面军参谋长塚田功立即下达命令，要求上海派遣军参谋部予以实施。这项命令的下达，时间至迟在1937年12月11日，这天，上海派遣军参谋长饭沼守在日记中记有《从方面军来的关于慰安设施的实施意见》。这表明早在攻占南京以前，松井石根已经有了在军队中设立慰安所的计划。19日，饭沼守又在日记中记载了拜托华中方面军参谋、上海派遣军参谋部主任参谋长勇中佐迅速负责建立“女郎屋”——慰安所，他要求东兵站司令部来具体实施建立慰安所的工作。

于是，上海派遣军参谋部具体策划慰安所的设立，12月28日，副参谋长上村利道在日记中写道：

> 军队的非法违纪事件越来越多，参谋部第二科召集各队将校会议，参谋长强调军纪，并审议了第二科提出的关于设立南京慰安所的提案。

这则日记虽然记载的是在南京设立慰安所，但从时间上研究，上海的慰安所也是同时考虑的。由于上海派遣军的官兵主要来自日本的关西地区，因此，参谋部认为征用关西的女子更亲切些，于是，上海派遣军立即致电日本关西各县的知事，本军将派遣人员去募集“慰安妇”，务必予以大力协助，并将“慰安妇”运往上海。[1]

（三）福冈“慰安妇”募集处

日本关西地方政府接到上海派遣军的请求电报后，立即在各县设立了“慰安妇”募集处。为了尽快而有效地得到“慰安妇”，负责华中方面军给养任务的上海派遣军东兵站司令部，派出了军官和聘用人员石桥德太郎、田口荣造

---

1 千田夏光：《从军“慰安妇”》，双叶社1973年版，第31页。

（化名）等。石桥原是上海英商洋行的雇员，同时为日军做间谍，8月14日曾在上海被中国军队捕获，但第二天又被日军救出，此后，石桥便在上海派遣军的兵站工作。而田口荣造则是个日本人口贩子，这时正在福冈步兵第124联队协助军队做些后勤买卖事情。

12月23日，石桥德太郎等十二三人在军官的带领下，带着巨款乘船二十五六个小时到达长崎，以征集妇女。上海派遣军在关西各地设立了“慰安妇”募集处，征集年龄在35岁以下的、没有性病的年轻女子。“慰安妇”这个词的含义当时的日本人根本就不知道，当有人询问时，军官和石德等人就欺骗说：“慰安妇”就是在后方为军队烧饭、洗衣等。他们还高声招呼：“谁愿意去，马上支付1 000日元，这点钱在前线只要工作3个月就可以还清了。还清后你就自由了，愿意留下的，3个月又可以赚得1 000日元了。”

这天，福冈县博多区大浜镇118号“朝富士楼”的卖笑女郎笹栗富士，艺名庆子，路过“慰安妇”募集处，顿时，她被1 000日元的高额预付金吸引。庆子的父亲是个煤矿工人，因嗜好赌博，欠下巨资而被迫将自己的亲生女儿廉价抵押出去，做了妓女。要知道这1 000日元在当时的日本，可是一笔巨款啊，在私娼性质的低档的“朝富士楼”，不知要到何年才能积得这样一笔财富。

募集处的军官看着21岁的庆子，圆圆的脸，丰满的身材，洋溢着青春的活力，当估量出她本来就是卖笑女郎时，立即坦率地给庆子算了一笔账：所谓“慰安妇”，就是军中妓女，如果每日接待5个士兵，三四个月就可以自由回家了。庆子想，这比我在“朝富士楼”挣的多得多了。她回到家中，与父母商量后，她再次来到募集处，真的要报名时，庆子又有些犹豫了。这时，募集处的军官便鼓励她：即使是“神女”，也可以为国家、军队出力。这一鼓励大大激发了庆子的勇气：像我这样的身体，还能为士兵门做事，为国家尽力，那不是很好吗？于是她报名加入了“慰安妇”的行列。

然而庆子无论如何也不会料到，为了这1 000日元，她竟付出了7年的青春和一生的幸福。

（四）海运丸驶离长崎

就在庆子拿了1 000日元兴高采烈地走了后，17岁的朝鲜少女金碧莲也来到“慰安妇”募集处。她的全家是1932年被迫从朝鲜移民到日本福冈的。父亲以烧炭为业，每月只有5元50钱的工资，碧莲家中还有弟妹，在日本政府的重压底下，全家贫困到无法温饱的地步。军官看着这位清秀的少女，赶忙欺骗说，“慰安妇”就是到中国去为日军官兵烧饭和洗衣，每个月还能往家中寄钱，而且很快就能回家的。非常懂事的碧莲不由心动：这1 000日元将给这个贫穷的家庭带来多少衣食和欢乐？为了父母和弟妹，金碧莲终于报了名。然而当她那饱经风霜的老父亲接过1 000日元时，预感到有不祥和灾难，不禁抱住女儿，老泪纵横[1]。经过一番忙碌，田口荣造的收获也不小，他征集到20多名妇女。事实并不像田口所说的那么轻松，我们只要看看庆子的遭遇就可以知道了。

就在日本军国主义的宣传、对朝鲜移民的威逼利诱之下，短短的一周之内，已经募集到了104名年轻妇女。因为这是军队的机密，因此，这些妇女被募集处的管理人员悄悄地集中起来。

12月30日，被征集来的104名妇女被石桥等带到了港口城市长崎，住在“水天楼”旅馆，旅馆外面有宪兵严加看管。

当然在这个过程中，华中方面军肯定得到了日本中央军部和政府的首肯，如内务省的允许、警察系统的合作等。战后的日本文件证明，在“慰安妇”制度的实施中，日本内务省、外务省、厚生省、台湾总督府、朝鲜总督府和警察系统等均是积极的参与者。但是，直到现在日本政府仍未公开厚生省等部门的有关“慰安妇”的档案，其中的细节至今仍被掩盖着。

当被征集来的妇女来到长崎海边的仓库等待时，码头上已经有一艘运输船生火待命了。这是一艘被陆军征用的民间的运输船，船名“海运丸”。当妇女们即将开拔时发生了一个新问题。原来陆军运输计划中作为生物的只有官

---

1 千田夏光：《从军“慰安妇”·庆子》，第89–91页。

从长崎运“慰安妇”到上海吴淞的海运丸轮船（转引自麻生彻男《从上海到上海》）

兵、军马、军犬和军鸽，而没有妇女这一项。日本军歌中也唱着“不载女人的运输船”。日本的军规是不能破坏的，但妇女必须紧急抢运，刻不容缓。这时，兵站的军官便决定把妇女当作军需物资运输。

这样，上海派遣军第11兵站的人员立即将上海前线最急需的物资装运上船，其中包括170头战马、800发15厘米的加农炮弹、2 200发榴弹炮弹、50 000发子弹、1 000桶汽车燃料，以及104名未来的“慰安妇”。既非武器，又非弹药的妇女，便和炮弹、战马等一样，成了“送往上海第11兵站的军用品”。其实，这也是日军的狡猾阴险之处，把这些“慰安妇”作为军需品运往前线，就可以不留下任何的罪证。从此，“慰安妇”往往是在军需品的名义之下被秘密送往各战场的。

1937年的最后一天——12月31日，晚上10点零5分，海运丸一声长鸣驶出了长崎港口，向上海进发。

庆子后来回忆说：

这天正是日本的除夕之夜。我们这些女人与战马一道被安

> 排在底舱，同舱而寝。整个底舱因为狭小而显得拥挤，空气中弥漫着马尿、马粪的馊味，令人作呕。同船的还有很多穿着白色朝鲜服装的年轻妇女，她们不停地哭着，宪兵则使劲地踢她们的屁股。[1]

庆子的情绪稍微好些，她与同是福冈的妓女应召而来的驹代聊着天，一个军人给庆子照了一张相片。最糟糕的是船上的军人不准这些“下贱”的女人使用厕所，认为那样会给他们带来厄运。因此，妇女们要如厕时，需要登上50多级铁梯到甲板，再爬到甲板的伸向船舷的木板上去方便，并且在士兵们的虎视眈眈之下。好在船上也没有什么好吃的东西来引诱她们，于是，她们便尽量少喝水，以减少登上那块令人胆战心惊的木板的机会。

三、其美路沙泾小学

（一）吴淞码头

1938年1月2日晚上8时，经过46个小时的航行，海运丸到达上海吴淞镇附近的码头。

吴淞是黄浦江的入长江之处，离开市区还有30公里。随着“下船，准备下船，不许拖拖拉拉”的命令声，宪兵们手挥着木棒击打着妇女们的板床。妇女们开始下船，虽然天色黑暗，但妇女们仍能看见前来接应的士兵，只见他们每人臂膀上都戴着白底红字的袖章，上书“第11兵站司令部”，负责人是伊藤中尉。戴着“军属”臂章的石桥德太郎命令妇女们分班集中，共有6个班，庆子所在的班共有18个人。排好队后，伊藤对着妇女们喊道，“各班依次上车，快点！”妇女们登上了土黄色的卡车。每辆汽车上挤了40多人，感受到上海刺骨寒风的妇女们，只能紧贴在一起，这样温暖了许多，好像也有了些依靠。随

---

[1] 千田夏光：《从军“慰安妇”·庆子》，第68页。

庆子在运输舰上（下中）（转引自千田夏光《从军“慰安妇”·庆子》）

着引擎的轰鸣，3辆卡车出发了。妇女们自然不知道目的地在何方。

卡车在凹凸不平的道路上行驶，速度无法加快。经过两个多小时，汽车在一个学校前停了下来。这里四周是白色的围墙，入口处砖砌的门柱上赫然写着“上海市立沙泾小学校”。这个学校坐落在其美路（今四平路）上，1932年成立，是一座当时来说非常不错的小学，拥有多幢平房教学楼。自战争爆发后，学生们早已跟随父母逃难去了，学校里空无一人。日军第11兵站司令部便将这里当作了临时身体检查所。

进入沙泾小学后，日军命令妇女们集合，要知道有不少女子出生以来还是第一次列队，一点点军事常识也没有，因此，日军指挥官花了九牛二虎之力，才集合完毕。点名后接着是中尉伊藤一男训话，无非是严守纪律，不准逃跑之类的。然后由石桥等带领大家进入各教室就寝。

经笔者的考证，这个上海市立沙泾小学便是现在虹口区幸福村小学，其址今为天宝路幸福村283号。昔日之校舍均已拆毁，有意思的是，这个曾被作为日军“慰安妇”体检所的学校，1975年起与日本福井市一学校建立了姐妹学校的关系，当然，两个学校的师生们至今仍不知道这里曾是“慰安妇”体检所的历史。我们期待中日友谊之花，在两国小朋友之间开放。

麻生军医拍摄的日军兵战医院——其址现为上海长海医院（转引自麻生徹男《从上海到上海》）

再说腊月的上海，是一年

麻生彻男带着护士和助手火速赶到其美路，在沙泾小学前留下了合影（转引自麻生彻男《从上海到上海》）

中最冷的季节。这些日本、朝鲜妇女进入沙泾小学校后，已经是深夜了，这里没有床和被子，只能在书桌拼成的临时床上躺下，每人只分到两条毛毯。外面有士兵们站岗。庆子将毛毯裹在身上，因为疲乏，很快就睡着了，但没有多久，就因为太冷而被冻醒了。只听到远处有敲打做木器的声音，门外还有烧火的树枝发出的噼啪声，站岗的日军士兵们喝着酒，说着淫荡的语言，还不时地发出刺耳的笑声。

几乎所有的女性都过了一个不眠之夜。等待着她们的是什么呢？

（二）麻生军医

再说麻生彻男是1937年11月14日从北九州的门司港出发，于28日到达上海的，进入第2兵站医院，此外日军还在南市设立了兵站医院，到达上海后，麻生便投入了紧张的抢救伤员的工作。麻生在写给其父的信中，描述了战场恶劣的条件：

> 南京攻克前后，每日的伤病员达100人左右，护士都是生手，我们在没有任何暖气设备的房间里做手术。[1]

---

[1] 麻生彻男：《从上海到上海》，序言。

麻生彻男连夜命令工兵制作了这个检查台，以迎接第二天的检查（转引自麻生彻男《从上海到上海》）

1938年1月1日，是日本的新年，但这天麻生并没有得到休息。虽然淞沪战役已经结束一个多月了，但由于中国军队的顽强抵抗，日军伤亡惨重，遭受到自日俄战争以来最严重的损失[1]，等待做手术的伤兵挤满了军队的医院。尽管麻生的专业是妇科，但是这时却被指定为外科医生，没日没夜地给重伤员动手术。这一夜，他手术的对象是从宝山大场战场上负伤而回的伤病员，大场的战斗发生在10月20日到26日。当时麻生所在的第14兵站医院设在今翔殷路，这里原来是上海市医院，“八·一三”战役中，日军占领这里后即在此设立了兵站医院（后来这里成为日本陆军医院，今为长海医院）。

1月2日下午，还在做手术的麻生，突然接到了兵站司令部的紧急命令，上面写着："为了设立陆军慰安所，即赴其美路小学校，对集结在那里的百余名妇女进行身体检查。"

战后麻生回忆说，

> 当时他接到这一命令时，感到有些奇怪：陆军慰安所是为慰劳官兵供文艺演出的场所吧？这些女子来前线慰问，为什么还要给她们做妇科检查呢？他百思不得其解。

然军令如山，麻生彻男自然不敢怠慢，晚饭后他带着助手军医 1 人、卫生兵7人和虹口福民医院（其址今为第四人民医院）的护士2人共11人，赶往沙泾小学校。此时，兵站特务部已经将一些检查器材运到了沙泾小学。但麻生

1　根据日军大本营公布的数字。

女性们排着队，在等待身体检查，从服装上可以辨认有些是朝鲜人（转引自麻生彻男《从上海到上海》）

以专业眼光来看，认为太不理想，连妇科检查台都没有。便动手与助手们一起做了一个非椅非床但很实用的检查台。那天晚上，许多妇女被"咚"、"咚"的敲钉子和刺耳的锯木头声音所干扰，久久不能入睡。

1月3日上午，麻生已经将沙泾小学校的医务室改造成了妇科检查室。士兵们命令妇女们依次排队，接受体检。于是，在沙泾小学校的白墙黑瓦的教室前，妇女们排起了长队。庆子到达时，前面已经有很多人了。

根据麻生医生的回忆，当时的日本妇女对这种妇科检查，动作非常熟练，说话的口吻也丝毫没有一般女性的羞涩。

> 一听她们的口音就知道都是来自北九州的。一看模样便知几乎全是妓女。检查时，我发现其中有人曾患过重症花柳病，做过手术。

庆子的检查只用了10分钟。她进入检查室后，便熟练地脱掉裤子，坐到检查台上，然后两腿叉开，上身向后倾斜30度，等待医生检查。就像过去在福冈的医院做体检时一样。麻生边检查边问：

“过去患过淋病吧？”

“是的。”庆子一点也不隐瞒，因为也无法隐瞒。

“几次？”

“也记不得了。”庆子懒洋洋地回答道。

“好了，算及格了。”[1]

有些日本妇女的检查花了20分钟。而朝鲜女子的检查大多只用两三分钟。当天，104名妇女的体检全部完成了。

（三）体检报告

当天晚上，麻生彻男立即给特务部打了报告，指出：

在所有的女子中，“其中的24名日本人年龄在20多岁到40岁之间，他们过去多患有花柳病，可以断定她们过去多是操皮肉生意者；而80名半岛人（时日本人多将朝鲜人贬称为半岛人）年龄约20岁，基本上是处女。”[2]

当麻生检查出重度性病的日本女子后，自己也十分吃惊，他断定这些人不会是后方来的文艺演员，因为有些人的腹部有很大的刀伤疤，这显然是患过重花柳病既往症人，还有些人的性器官使用得过于残酷了。但是，为什么派这样的女子到前线来慰问“皇军”呢？麻生彻男不禁又产生了新的疑问。

由此可见，来自北九州的日本妇女多系妓女，而朝鲜女子则是被日军诱骗、掳掠来的良家少女。基于检查的结果，日军特务部随即要求麻生对24名

1　千田夏光：《从军“慰安妇”·庆子》，第106页。

2　麻生彻男：《从上海到上海》，第42页。

日本女子中现在还患有性病的个别人进行紧急治疗。

几天后，这些妇女被卡车运往军工路的日军兵营，路上只开了半小时。到了目的地，这些女子开始被迫进行使用避孕套的训练。至此，麻生彻男恍然大悟：原来是要开设军妓院（他当时大概还不知道有慰安所的专用名词）。石桥德太郎这时才对妇女们说：

> 过去我曾说过到战场来是为了给士兵们烧饭洗衣，现在你们已经知道，真正的工作就是用自己的身体慰劳士兵，也就是满足士兵们的性欲。

接着士兵拿来了和服，命令朝鲜女子们脱下朝鲜服装，并要日本妇女教她们穿和服，边教边说明天起里面不准穿内裤，一律只准穿内裙。

至此，那些还以为要做饭洗衣的朝鲜少女们，也知道了未来等待她们的是什么了，她们情不自禁地抱头痛哭。

四、杨家宅慰安所的建立

（一）慰安所开业

1月13日，日本华中方面军的东兵站司令部挂出了“杨家宅慰安所”的木牌。这是中日战争中日军设立的第一个军队管理的正式的慰安所。

这是一张麻生拍摄的照片，木牌竖在杨树浦路上，上面清晰地写着“杨家宅陆军慰安所”。据笔者的调查，证人们回忆说，这块木牌挂在慰安所

竖在杨树浦路上的杨家宅慰安所的广告牌（采自麻生彻男：《从上海到上海》）

朝南的大门口，不是太大，字是用楷书书写的。而且这种广告牌还不止一块。

杨家宅慰安所的大门口，站着宪兵，每天下午，日军士兵一批接一批地赶来。下午5时起，军官们开着车从四面八方赶来。他们支付5日元后，可以不受时间的限制。甚至再付上几个日元，便可以在慰安所里过夜。这点钱对于他们来说，并没有太大的问题。当时日军的一个少尉的月薪为70日元，中尉为85日元，此外还有战地津贴分别为105日元和115日元。因此，军官们十分向往这个慰安所，他们希望在这里醉生梦死地生活，能暂时忘却战争和伤亡的痛苦。

（二）地点之谜

“杨家宅慰安所”设在杨家宅，这应该是毫无疑问的了。但当1993年底，笔者前往军工路、翔殷路一带去调查时，却推翻了这个想当然的想法。

杨家宅在翔殷路的南侧，虬江河的西边。1993年，笔者来到杨家宅，走访了几位70岁以上老人，他们一致指出，战争期间，杨家宅从来没有日军的兵营和慰安所。例如86岁的杨仙仙老人，1925年她17岁时嫁到杨家宅来，并长期在日资公大纱厂（1949年后改为上海国营第十九棉纺织厂）工作。她说，在八年抗战中，她没有离开过杨家宅，这里肯定没有日军的慰安所。经多方打听，有的老人说，日军在翔殷路北侧设立过军营，他们建议笔者到对面去调查一下。

于是笔者随即来到杨家宅北面的沈家宅，沈家宅分为东、西沈家宅。东沈家宅就在翔殷路的北侧，离杨家宅不远。当我走进东沈家宅，就此找到了杨家宅慰安所的所在地。

东沈家宅原来是个不大的村庄，世代居住着百来口人，沈姓家族当时有十几家，村庄四周是农田，村民们以农耕为生。到20世纪20年代，杨树浦工业区逐渐形成后，农田略有减少，于是一些村民进入了工厂。到90年代，东沈家宅早已与周围的建筑连成一片，融为一体了。但是，走进村内，仍不时可以看到竹篱笆围着的菜地，村的北侧靠近民星路的地方仍有着大片的空地。

见证人史留留老人，曾被日军抓去造慰安所的房子（苏智良拍摄）

（三）老人们的回忆

1993年以来，笔者在东沈家宅调查了几乎所有70岁以上的老人，据史留留（1994年85岁，1999年去世）、沈福根（1994年89岁，1995年去世）、顾张福（1994年87岁）、沈月仙（1994年78岁）、徐小妹（1994年78岁）和沈小妹（1994年78岁）等老人的回忆：

1937年8月，上海抗战爆发后，我伲这里就发生了战斗。到8月下旬，日本军队的援兵到达，先是狂轰滥炸，然后日本兵就从东面的虬江码头登陆，即占领了东沈家宅。当时村里的房屋已被东洋赤佬炸坏了很多，村里能走的都逃难去了，只有一

顾张福老人回忆往事，不禁流泪（1997年）

些老人看门。稍微平静一些后，我们又回到了村里。这时日本兵在北面的江湾飞机场有大批的军队，村北面也驻扎了一些部队，村西面也有些炮兵。有一天，记得天气已经蛮冷了。来了很多日本兵，他们把我伲赶到西面，将村东面的残屋全部拆除，像沈松泉的家全部被拆毁了。很快建造了10来幢木板平房。不久，就开起了军妓院，我伲叫它“东洋堂子”。

1994年的秋天，当笔者将麻生彻男在战时拍摄的杨家宅慰安所的照片拿出来给各位老人辨认时，他们同声说，就是这样的房屋。沈月仙说，她的已故丈夫曾被日军抓去建造这个房子。史留留老人也有这样的经历。

那么设在东沈家宅的慰安所，为什么叫杨家宅慰安所呢？原来，在东沈家宅的南面、靠近翔殷路的地方有一条稍大些的河（今已被填没），是虬江的支流，河上有座桥。慰安所的正门设在离翔殷路往北约百米的东沈家宅的村口，日军在翔殷路到慰安所之间修建了一条马路，路的斜对面就是杨家宅，笔者估计，可能是日军的军用地图上没有东沈家宅这个小村庄的名字，因此，把建在东沈家宅的慰安所叫作了杨家宅慰安所了。

（四）慰安所的布局

根据老人们的回忆，杨家宅慰安所的分布概貌逐渐清晰起来。

慰安所的大门设在今天的小卖部这里，大门是用木头做的。大门的旁边是接待室，士兵们在这里购票入内。入内后往北是一片空地，可以停车。西面一侧有酒吧、厕所、医务室、饭厅、厨房和浴室等，东面就是12幢“慰安妇”接待官兵的木屋。

沈月仙老人在作证（苏智良拍摄）

慰安所的房子是日军第11兵站司令部的工程队建造的。木屋是用东北松木建造的。式样是日本和式，一层平房，其木板墙是披叠板式样加方檩，为典型的日本式样建筑，屋顶上铺了一层防水橡胶。房间门朝南，两幢房屋之间是碎砖铺着的道路，房屋的四周挖有排水的水沟。建筑有宽有窄，房间有大有小。木房呈东西向，有的一幢有10间小房间。每个房间的面积约4个半榻榻米大小，约合7平方米；宽的建筑中间有走廊，两边是"慰安妇"的房间，有的房间有6个榻榻米。房间里面陈设十分简单，只有一张木板床，一张桌子和一把椅子；房门上写着编号，并钉有插"慰安妇"名字的金属牌。庆子记得她的号码是第51号。木墙上开了一扇50厘米高、30厘米宽的木窗，窗上有6块玻璃，下面的4块是磨砂玻璃，以使得外边不能轻易窥探屋内的情况。

浴室外面一间是休息和化妆间，里面是洗澡间，建有五六立方米大的浴池（有的回忆说更大些）。日本兵常和"慰安妇"一起入内洗澡。洗澡的热水是用炉子烧开的，炉子使用煤为燃料。

不得不说日军管理者考虑得很周到：为了让日军官兵感到安宁，让日本官兵和日本"慰安妇"有个参拜的场所，在慰安所里设立了神龛。神龛大小约1米见方。外形好像中国的小庙，翘角飞檐，为木料所雕制，据史富生等回忆：神龛内供奉一如烧饼大小的银块。

慰安所的四周，南面大门前是条大河，东面和北面是一条小河环绕，只有西面连着土地，日军便在此设下了铁丝网。靠北面的小河上有座小木桥，为了方便北面江湾飞机场一带的日军进出慰安所，便在这里开了一座小木门，这座小木门平时不开。

就在工程队施工期间，华中方面军司令部已不断地在催促了：还没有好吗？快些！

五、慰安所的管理

（一）慰安所规定

1月12日下午，慰安所开业的前一天，接待室前一片喧哗，庆子也怀着好奇挤上前去观看，原来是杨家宅慰安所的主管部门——上海派遣军东兵站司令部贴出了营业条例，当时在此执行“慰安妇”体检任务的麻生彻男于2月3日摄下了这个《慰安所规定》，从而给日军推行“慰安妇”制度留下了一份极为重要的物证，也给后人研究日军罪恶的“慰安妇”制度提供了一份珍贵的资料，其内容如下：

一、本慰安所只限陆军军人、军方聘用人员入场，入场者须持有慰安所出入许可证；

二、入场者必须登记并支付费用，才能得到入场券及避孕套一只；

三、入场券的价格，下士、士官、军聘人员为2日元，军官为5日元；

四、入场券当日有效，在未使用前可退票，但如果已将票交给酌妇后，则一律不可退票；

五、购买入场券者进入指定的房间，时间为30分钟；

六、入室的同时须将入场券交给酌妇；

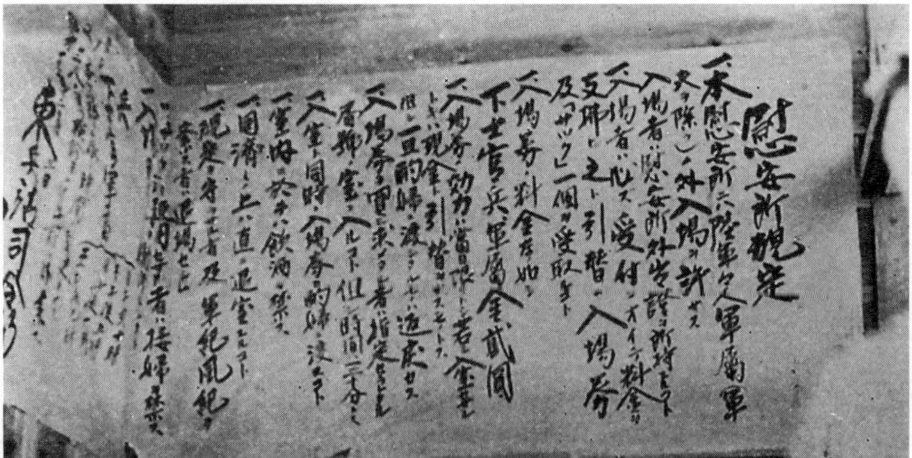

麻生彻男拍摄的慰安所规定，其落款清楚地写着“东兵站司令部”（转引自麻生彻男《从上海到上海》）

七、室内禁止饮酒；

八、完毕之后即退出房间；

九、违反规定及军风纪紊乱者须退场；

十、不使用避孕套者禁止碰女人；

十一、入场时间，兵士为上午10时至下午5时，下士官及军方聘用人员为下午1时至9时。[1]

（二）"不准选择女人"

这个规则中出现了"慰安所"这个字眼，但还没有使用"慰安妇"，对这些"慰安妇"，仍使用日本国内常见的"酌妇"。但是"慰安所"这个词已明白无误地出现了。另外，关于"慰安"的价格，上海派遣军的参谋们曾提出每次2日元，这个决定曾受到老兵们的反对，他们认为我们在前方流血拼命，无偿地得到"慰安"是理所当然的，但2日元的价格还是得到了司令部的批准。这个价格成为后来华北日军、关东军慰安所的"统一"价格。

还有一个问题是"慰安所"是否能像妓院那样，允许士兵们有选择"慰安妇"的权利。如果那样的话，需要将"慰安妇"的照片贴在接待室，供官兵们挑选，或者是官兵自己可以通过窗户观察里面的"慰安妇"，以选择自己喜欢的女人。在东兵站的司令部里，老资格的士官们希望能自由些，于是发生了争论。

"士兵们既然是客人，那就有选择女人的权利。"这种意见遭到了年轻军官的反对，他们认为士兵外出必须向中队长请假，也决不能自由地选择女人，"维持皇军的纪律比什么都重要。"士官们立即反驳道："纪律，纪律？以前已经说过了，正因为皇军的纪律维持不了，才办这个慰安所的嘛。"

---

1 麻生彻男：《从上海到上海》。

军官则嘲笑道："叫'慰安妇'们排好队，向士兵们招手：'喂，过来，过来。'旁边是皇军宪兵威严地站岗。这简直可以画一幅漫画。这幅漫画全军通得过吗？"

"并不一定采取'喂，过来，过来'的办法嘛。"

"如果是自由地选择，士兵们肯定会涌到漂亮姑娘那里去。没有主顾的'慰安妇'当然要招呼士兵的，因此肯定会'喂，过来，过来。'日本国内的妓馆不都是这样的吗？军队、皇军开设的慰安所绝对不许这样！"

"不一定到国内那样的程度。"

"不管什么程度，允许选择，必然出现'那位当兵的哥哥过来呀'的情况。慰安所里大部分是朝鲜人，没有当过妓女。其中70%是处女，你难道也让这些处女去叫'喂，过来，过来'或者'那位当兵的先生过来'吗？而且，附近还有中国老百姓，让他们看到成何体统？这种耻辱的事绝对应该反对。"

这件事最后报告给上海派遣军高层裁决。高级军官们认为，设立慰安所的目的仅仅是解决官兵们的性欲，因此，只要是女人就可以，于是决定不能选择"慰安妇"。这也成为后来大多数日军慰安所的一条准则。

于是，当日军官兵付钱后，便得到一张入场券，上面写着第某某号；或者被口头告知：你到某某号"慰安妇"的房间去。

当然也有例外，如日本海军在上海的最大的慰安所"海乃家"便在门上贴有每个"慰安妇"的照片和姓名，以让官兵们挑选。实际上，在杨家宅慰安所里，军官们来了，也可以挑选"慰安妇"。

（三）补给副官

当时，上海是日军的中转站和基地。驻扎在上海的陆军部队有10多万人，而后续部队还在源源不断地登陆，向南京和中国腹地进发。由于陆军部队的人数远远超过杨家宅慰安所的接待能力，因此，华中方面军一方面加速建

这间屋据说是慰安所烧水的，今已拆除（苏智良1995年拍摄）

立其他的慰安所，以缓解供求矛盾；另一方面，则最大限度地利用杨家宅慰安所。为此，东兵站司令部将“慰安妇”的名额分配给各部队，由部队的副官负责安排官兵轮流到慰安所，这种副官称之为“补给副官”，名曰“补给”，实际上只负责解决官兵的性问题。同时，日军规定，官兵去慰安所，必须向长官告假，以便得到慰安所外出许可证。

1938年1月13日，杨家宅慰安所正式开张了。慰安所的大门口，站着刺刀闪闪的宪兵；进入慰安所后，接待室内也是军人在出售2元一张的入场券，并有专人发放避孕套。于是，偏僻的东沈家宅便成为上海日本陆军官兵最向往的地方，每天士兵们步行、骑马、坐三轮摩托或军用卡车由前门浩浩荡荡开进来，有时每个房间的门口都排起了长队。兴奋的军官们有点按捺不住，根据日本“慰安妇”庆子的回忆：甚至有的军官从窗口跳进她们的房间里。[1]

实际上，这时的上海已经逐渐出现了一批慰安所。麻生彻男的书中说：在海军的警备区域里，有拥有数十名“慰安妇”的“淫屋”存在，很多战友都非常积极地去那儿。

（四）防止性病

为了防止“慰安妇”感染性病，并将此传染给日军官兵，陆军兵站司令部对杨家宅慰安所的“慰安妇”实行严格的性病检查。慰安所内有个医务室，这里也是专门给“慰安妇”进行体检的地方。最初，麻生彻男每周都来一次，每次都是带着卫生兵开着吉普车过来。

---

1 千田夏光：《从军“慰安妇” 庆子》，第138页。

麻生彻男拍摄的安全套

为了严防官兵感染性病，日军向部队官兵发放安全套。安全套作为战略物资被紧急赶运至前线。这些安全套上不仅印有日军标志的圆和星，还有4个字：突击一番。翻成中文就是进攻最厉害。实际上，日军的官兵嫌麻烦，往往总是尽量不使用，在结束后，他们又将安全套还给了慰安所。尽管如此，根据日军的测算，仅上海地区每个月就需要4.3万个安全套。[1]后来，由于军队的大量需求，避孕套供应不上，因此，日军便要求将使用过的安全套用药水洗涤后再使用，每洗一个安全套的工钱是日币2钱（1日元等于100钱）。

日军还使用其他的手段来达到避孕的目的，如给“慰安妇”服用六〇六试剂，其结果使得许多受害妇女终生无法生育。

（五）慰安所的遗物

杨家宅慰安所里的生活用品多是日军从国内运来的。如食物有日本的咸鱼、海蟹和罐头等。连调料也是从日本运来的。作为例证之一，史留留曾拾到过一只慰安所里扔出来的豆酱木桶，这只木桶上面还能辨认出“子松”商标和“昭和某某年”的日本字[2]。后来他用来盛大米，一用就是半个多世纪。他的子女家中还有一只不锈钢的大碗，尽管已使用了60多年，但底部“株式会社”的字样还是能看清楚的。还有一种小缸，是陶器制品，主要放在洗澡间外的化妆间，有一缸专门放置发夹、头钗等用品；另有一缸则存放雪花膏。慰安所的接待室还有架老式的手摇电话机，军官们可以用电话预约。

---

1 吉见义明：《从军“慰安妇”资料集》，第271页。

2 木桶上依稀可辨的两个字，我一直以为是“子北”。2002年6月28日晚，日本民主党人权和消费者调查会事务局长、日本众议院议员今野东在上海与我相见，商谈日本政府实施“慰安妇”制度的责任和赔偿问题。今野先生在仔细观看木桶照片后，提出商标是“子松”两字，理由是旁边还有小松枝的图案，我恍然大悟，确认应为“子松”两字。特记此事以资纪念和对今野议员的谢意。

慰安所使用的豆酱木桶，豆酱日语称“味噌”（苏智良1997年拍摄）

豆酱木桶上，可以看到商标字样和图案（沈小枫1998年拍摄）

（六）从军队经营到日侨管理

1938年底或次年初，所里的日本、朝鲜的“慰安妇”奉令跟随陆军部队向南方进发。后来，这个慰安所交由日侨间狩源治来管理。据知情者回忆，新来的老板戴着无框眼镜，年龄约30岁。东沈家宅的人们叫他“小乌龟”。他有个50多岁的母亲，对人十分凶恶。最后恶有恶报，据说，这个老板娘在回日本时，因飞机失事而死去。

慰安所使用的不锈钢碗，后来被史留留捡了回家（苏智良1995年拍摄）

进来的除了日军的官兵以外，还有军队聘用人员，领事馆的官员和穿便服的文职人员，并且官兵们还时常留下来过夜。

民营时期的杨家宅慰安所里，长期雇佣一个50多岁的绍兴男子做厨师，还要兼做其他的事情，如修理门窗、锄草等。有时也要聘些当地三四十岁的男子做短工。短工没有工钱，“小乌龟”只给些实物，如大米、

慰安所放木炭用的瓷缸，后来成了沈家的粪缸（苏智良1996年拍摄）

食油及面粉等。

六、可怜的“慰安妇”们

（一）朝鲜的“慰安妇”们

朝鲜“慰安妇”过着悲惨的生活。原来她们以为只是承担日军宣传的洗涤和做饭，现在却要整天地躺着不停地接受日军的蹂躏，她们实在想不通，要知道她们大多还是处女啊！ 1月13日慰安所开业第一天下来，17岁的李金花的床单上满是殷红的鲜血，她流着泪绝食，生不如死，金碧莲等姐妹们只能流着泪劝她。这些从小接受儒教文化熏陶的少女，堕入这无底的深渊，遭受这非人的苦难，真是生不如死。

尽管如此，她们还要向家中隐瞒真相，不让父母悲伤和担忧，郑裕花和金承希两人都是文盲，她们托庆子代写家信：

> 父母大人：
>
> 你们好吗？我每天为士兵们洗涤衣服和做饭，身体很好，只是很忙。下个月也许可以寄钱给你们了，请多保重。
>
> 再见。
>
> 女儿

日军规定：朝鲜人一律穿和服，着木屐，而不准穿朝鲜服装，并且不准讲朝鲜语。有个别朝鲜女子隔着围墙用日语与村民们交谈后，才知道他们不是日本人，而是朝鲜人。她们有时会请村民洗衣、做馄饨吃，并支付日元或者储备券作回报。她们几乎没有娱乐生活，没有报纸、没有广播，慰安所里有架留声机，那是要到日军来了之后才放的。

尽管朝鲜姑娘都不肯接待日本兵，但在日本人的淫威之下，为了保全性命，只能委曲求全。东沈家宅的沈锦珠（1933年生）曾向笔者转述过她已死去的母亲给她讲的故事:“朝鲜‘慰安妇’们拒绝为士兵提供性服务时，管理者便把从小河里捞上来的小龙虾放在‘慰安妇’赤裸的身上爬，以逼她重新同意做日军的性奴隶。”

（二）两个庆子

1938年1月12日，庆子读了《慰安所规则》后，回到房间里，躺在榻榻米上，心里在盘算：每人每次是2日元，如果一天接待5人，就是10日元，3个多月那1 000日元就可还清了。这样，到了春天，我就可以自由了，可以见到日思夜想的父母了。想到此，她十分地兴奋：或者干脆多干点，我反正不是女儿身，1天接待20个人，这样三五个月，还可以多挣点钱，回去开个烧肉店，这样一辈子就可以享福了！

这一夜，她怎么也没有睡着。

当庆子兴奋地无法入眠时，隔壁却发生一件惨事：一个从日本大浜卖来的妓女，在厕所里上吊自杀了，结果总算被救活。这个差一点死去的“慰安妇”后来学会了各种接客的本领，不到半年竟成了慰安所的“红妓”。

杨家宅慰安所还有一名“慰安妇”叫坂田庆子，家住长崎。她加入“慰安妇”的行列纯属意外。1937年秋，20来岁的坂田庆子已经有了中意的恋人。一个晚上，她意外地发现自己热恋中的情人已另有所爱，而且那个女人已经30多岁了，她的悲愤之情难以抑制：

日本“慰安妇”庆子（右）

痛苦了半年，总觉得自己不如一个三十几岁的女人，后来，绝望之中，正好遇到军队在街上征召“慰安妇”，我终于下定决心，把自己最宝贵的东西献给在前线浴血奋战的士兵。遂毫不犹豫地加入了“慰安妇”的行列。

日本记者来到长崎，对暮年的坂田庆子进行了采访。谈起从军“慰安妇”问题，坂田庆子首先表示了自己的矛盾心情：

我既恨军国主义，又觉得当年自己也确实为国家出了微薄之力，有时，也很可怜朝鲜和中国的女人。

坂田庆子与其他来到杨家宅的日本妇女不同，她说：

我是自愿去的，和那些应召去中国的妓女不一样，她们是去挣钱，我是去慰劳，我从来就没收过钱。(如果收了钱)这样不符合我的理想。现在想想，这种理想很荒唐，但当时觉得最神圣不过了。

在“慰安妇”募集处，坂田庆子看到军官们正在发放1 000日元预付金，她想：我可不是那种见钱眼开的女人，我只是感到，像我这样被男人欺骗的女人，最后还能找到一条为前线将士效力的机会，也是我最大的安慰。我可是处女啊！

军需官给了我1 000元预付金，我把它退还，告诉他我是为建立大东亚共荣圈而来的，我不是那种职业的女人。军需官听了，立即站起来，“啪”地向我敬了个礼。我所有的委屈和不愉快，都随着这个军礼消失了。我明白，为祖国献身是受到所有人尊敬的。

后来坂田庆子与其他姐妹们一起乘船到了上海。在其美路上的沙泾小学校接受体检，遭到了第一次侮辱。

在这所小学里，我被军医叫出去，接受检查。他们让我脱光衣服，在地上走来走去，我不肯。一个军官给我了一个耳光，我大叫起来："我不是妓女，我是自愿来的。"

军官照着我的腹部踢了一脚，骂道："到这里来的，都是当妓女的，脱！"

这时，坂田庆子一下子感到理想破灭了，"也没有别的办法，只好听他们的了。我脱掉外衣，他们火了，上来几个人把我身上的衣裤全扯碎了。"

军医这时才走过来，摸摸我的乳腺，好像是看看有没有肿瘤包块；同时，把我的双臂高高托起，用鼻子嗅了嗅，没有闻到狐臭。这时上来第二个军医，检查我有无鼻炎。知道没有后，便看我的肚脐眼形状深浅，然后再看看肩膀的宽度，腰的粗细，臂的弹性，大腿小腿的肤色、长度，以及手指和脚趾颜色。

最后又来一个军医，进行妇科检查。（这个军医应该是负责体检的麻生彻男吧？）起初，坂田庆子非常奇怪：为什么要检查这些呢？后来经过严密的不同寻常的检查后，恍然大悟："我献身的人不是一般的人。"

她的感觉是正确的。

"我当天夜里，被一个五十多岁的男人，也许是个大将或中将的男人破了身。这是个非常奇怪的男人，每天夜里来，天不亮就走，从不和我说一句话，就这样过了一个星期。"这个高级将官会是大将松井石根吗？现在已经无法证实了。

后来，坂田庆子还是被送到了杨家宅慰安所，“我进屋一看，都是同船运来的姐妹。地上摆着四张榻榻米，屋里原来的三个床边，全都堆着小山一般的用过的手纸。这三个女人都穿着裙子，躺在榻榻米上，里面什么短裤也没穿，好像刚刚接待过我们的军人兄弟。”

我没等问明白事情，便有18个士兵在窗外排好队。我吓坏了，但没有办法，第一天下来，我便昏过去8小时。

从此我每天都要给我们的官兵“慰安”，有时接待人数高达67人，我变成了木头。这时，我不恨这些官兵，我恨欺骗了我的情人，如果他不背叛我，我今天也不会躺在这里成为任千军万马过的桥。

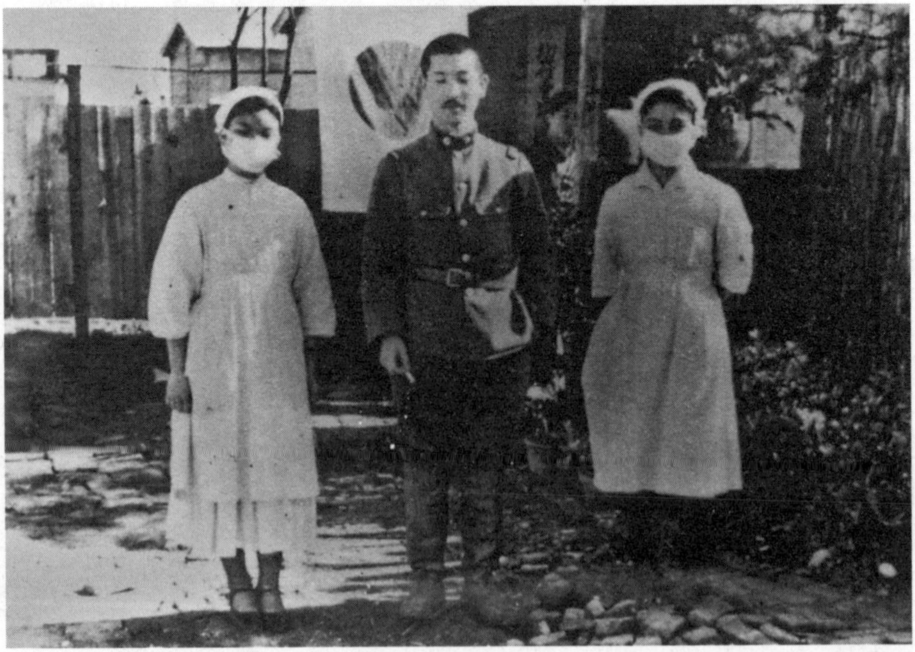

河合军医与护士在杨家宅慰安所门前留影（转引自麻生彻男《从上海到上海》）

坂田庆子以后随日军转战于亚洲各地，直到日本战败，才中止这种生活。

（三）中国籍的性奴隶

不少东沈家宅的老人均证实，在杨家宅慰安所里，尤其是日侨“小乌龟”经营的时期，有很多中国的“慰安妇”。沈德福（1918年生）老人清晰地记得里面有不少穿着旗袍的中国女子，听口音肯定是本地人，估计是日军从上海城乡抢来的。史富生说，约1938—1939年间，日本人带来了很多中国姑娘。年龄大约20岁左右。

前期的中国女子都只能穿和服，后期才被允许可以穿旗袍之类的中国服装。

有时个别的中国“慰安妇”会买通看门人，然后到村里来与自己的同胞聊天。她们时常会偷送一些发夹、雪花膏或者食物，希望自己的同胞不要看不起她们。她们是慰安所里最苦命的人，时常遭到日本官兵或者管理者的毒打。一次，沈美娣从围墙的木缝里往里面看，亲眼看见两个日军军官用枪柄在毒打一个中国“慰安妇”。

数年前，在日本开通征集“慰安妇”资料的电话中，200多名日军老兵，讲述了当年虐待“慰安妇”的恐怖故事：

——日本士兵用一个敲破了的酒瓶猛力插入一名拒绝与之性交的“慰安妇”的阴道。

——为了防止“慰安妇”逃跑，日军用脚链将她们锁在一起。

——战争结束时，为了掩盖罪行，日军把“慰安妇”们炸死或者抛弃在密林中。

七、证言

（一）史留留

我1919年生于东沈家宅，住在东沈家宅83号。祖上是东沈家宅的农民。1937年“八·一三”战争以后，我曾到外面逃难，

1999年2月21日上午8时史留留老人病逝，笔者参加了他的葬礼。这是史家设立的灵堂（苏智良1999年2月24日拍摄）

但不久因为没法子活命，又回到了村里。我亲眼看着日军将东头的房子全部拆毁后，造起了日本式木屋，我也曾做过一点活。你们叫慰安所，我伲叫它日本堂子。里面的女人有朝鲜人，也有中国人，但所有的女人都穿着和服。进进出出的全是日本兵，有时是坐汽车来的，他们经常喝酒。慰安所吃用的水，不是像我伲一样吃河水，而是从地下揿上来的。里面还有个小庙，日本人常常双手合着，鞠躬。

（二）沈福根[1]

我1917年生，比史留留大2岁，住在东沈家宅。现在身体不太好了。但日本鬼子的事情还是记得的。我就出生在这里，日本人来烧房子，我家就烧剩这一间。日本人就在这里的虬江码头上岸的，国民党军队来阻击，也烧了一部分民房。日本人占领这里时，就在这门前的一大片废墟上搭造兵营，全部木头做的，连篱笆也是木头的，共有好几排房子，每排十几间，全是陆军。兵营里是有妓院，有穿日本衣裳的日本女人，也有穿旗袍的中国人，连村子其他一些房子也住了“妓女”，妓女总数100个不到点，其中中国人二三十个，当时我们只敢趴在窗外看，所以详细情况就勿大真切——日本人要见人就杀的呀！日本吃败仗，木房子拆掉

1　沈福根于1995年去世。

了，他们撤退，把妓女也带走了。后来，我们在村后的水沟里，捞出不少日本人留下的碗筷，还有香炉。

（三）沈美娣

我叫沈美娣，1931年7月23日生。“八·一三”事变时，我们跟着父亲逃难到浦东，有一夜，我们逃到一个空房子里，后来日本兵追了进来，我们吓得钻在床底下。这时日军也跟了进来。我从床底下看，原来有4个日本兵拉了一个中国年轻的女人，就在我们头上的床铺上，将这个女子给强奸了。

我伲村庄里的“慰安妇”有不少是中国人，我记得有浦东口音的、苏州口音的。我是怎么知道的？因为到了后期，日本人对“慰安妇”的控制不像一开始那么严厉了，“慰安妇”有时可以到外面晒晒太阳，与我们讲讲话，这样从她们的口音中知道她们的籍贯的。但是，“慰安妇”是很可怜的，我看到过日本兵打中国的女人，有一个“慰安妇”是浦东口音，身上被日本人打得发青。我们劝她快逃跑，她摇摇头说：我没有家，逃到哪里去？再说看得那么紧，怎么能逃走，说不定被抓回来要被打死的。“慰安妇”是不能怀孕的，日军给她们吃药丸。卫生队常常来检查，好像是每个星期四，还专门有间房间供检查用的。日军有的是骑马来的，有的是坐吉普来的。军官们找漂亮的女子，士兵只能找一般的女子。星期六日本兵最多。喝醉酒后，日本兵常常出来，到村里找“花姑娘”，他们死命地敲门板，我们吓得用桌子、水缸等顶住门。有一次，一个老婆婆拿了一只旧榻榻米，被日

这张小桌有些年份了。当年日军士兵如果早到，而慰安所还没开门时，他们经常到沈美娣家的这张小桌旁赌博（苏智良1999年拍摄）

沈美娣与前来调查的挪威拉尔森教授夫妇、苏智良教授合影（1998年）

本人看见追来，她躲在我家，被发现后毒打，连我的母亲也被打了一顿。

我的亲生父亲就是被日军打死在这里。那个时候我只有9岁（约在1939年）。下面还有5岁和刚刚3个月的两个妹妹。我父亲沈毛夫当时在日资军服厂做工，每天早晨6时出门，晚上6时回家，我们称6进6出。一天回来后，因为家中第二天的蔬菜没有了，便到菜地里去挑些菜。当时天已经黑了下来。当我父亲从菜地里拿着菜回来时，正遇到慰安所的哨兵，那个哨兵大叫了一声，我父亲又不懂日本话，便不知怎样才好，正在这时枪声响了，我的父亲就这样被残酷的日本鬼子给打死了。

（四）史富生

我是1932年2月21日生，父亲就是史留留，我住在东沈家宅41号。尽管战争开始时，我只有五六岁，但战争结束时，我已经14岁了，因此还清晰地记得当时的事情和慰安所。记得"八·一三"会战外出逃难时，沿途看到很多骷髅，这些都是被日本兵杀死的。我伲村里被日本兵杀死的人有不少。在东沈家宅西边就有日军的炮兵部队，有一次，我村一个青年人叫顾杏生有一次路过那里，日本兵硬说他是偷东西，就把他给枪毙了。

我们这里周围有日本的飞机场、陆军医院等，因此来慰安所的日本兵非常多。

慰安所四周有铁丝网或木墙。这个慰安所开始是日军管理的，后来不知什么时候开始，由日本侨民管理了，老板是个戴眼镜的小个子日本人，他有个母亲，非常凶恶。慰安所里有棵大桑树，这本来就是我村里的树，我们小孩常常从铁丝网下面爬进去，采桑果子吃，老板娘发现后，就凶神恶煞般地来抓我们。接待室里有电话，日本人一接电话，就是"摸西摸西"。最不好意思的一件事情是，我们男孩比较顽皮，看到垃圾堆里日军用过的避孕套，还以为是洋泡泡，便含在嘴里吹得很大。日本人用水是打了一口井，从地下揿上来的。

东洋堂子里面肯定有中国女人，有些是从中国东北来的，她们曾教我的妹妹史富英（1934年生）唱歌，我现在也会唱几句："我是从满洲来的16岁的姑娘"（这是一首流行于日军占领区的歌曲，名《满洲的姑娘》——作者）。其他的日本话还记得些，像："现在几点了？"日本兵吃醉酒后，常到村庄里来骚扰，一次，我的姑姑，她比我大姐史金娣大9岁（1920年生），被日本兵追赶，日本兵嚷着"花姑娘""花姑娘"，就要非礼，吓得我姑姑拼命逃走了。东洋堂子里面洗澡男女一起进去。我们那时，常常到慰安所后面的这条小河捉鱼，但由于慰安所

史富生（中）曾在上海市公安局工作，在上海公安专科学校教过书，现已退休（苏智良1999年拍摄）

史富生指着东沈家宅61号说，这里就是卫生室的位置（苏智良2000年拍摄）

的日本人将洗澡水都排到河里去了，所以摸上来的河鲫鱼也有肥皂味，非常不好吃。

（五）其他证言

沈月仙（1997年81岁）回忆，女性睡的都是榻榻米。

沈德福（1997年82岁）回忆，里面妇女穿着裙子，拖鞋。说话的口音有浦东过来的。

沈志康（1997年71岁）回忆，我曾被日本兵抓进去做小工，因为人小，就做拔草什么的。慰安所的老板是个军人，穿着军装。

八、慰安所的结局

（一）战败消息传来

当日本战败的消息传来，这里的日本兵和日本人像发疯似的，喝酒、狂歌、痛哭、傻笑。

然后他们在慰安所的木屋上浇上了汽油，一把火烧掉了。

被侮辱的中国女子们也流散了出去。日本和朝鲜的女子则各自回国了。

据沈德福老人说：

> 当时曾有一个长期住在慰安所里的日本兵，战败后仍一个人住在这里，我们也没有对他进行报复。后来，来了一个军官狠狠地痛打了这个士兵一顿，并把他解送回国了。

由于日军逃跑心切，这些木板房并没有全部烧光，后来村民们造房时，还去残垣中寻找木料。史富生指着他家的柱子告诉我：这就是慰安所的木料，上面还有些日本字。

在昔日慰安所东北侧的小河里，还能捞到日本式的酒瓶、饭盒。

（二）今日之东沈家宅

东沈家宅早已成为上海东部的一角。但其所在的杨浦区，在20世纪90年代发展还是比较缓慢的。正因为如此，我们才能找到昔日日军慰安所的踪影，还能找到数十位历史见证人。当然，田园风光已为时不多了，右侧的西沈家宅已是楼房林立，人声鼎沸了。

即将被拆除的东沈家宅（苏智良1999年摄）

进入21世纪以后，上海城市发展步伐更加迅速。2001年5月，我接到沈美娣老妈妈的来信，说东沈家宅即将动迁拆除，问我如果需要她的慰安所的大缸的话，可以去取。我立即派研究生张姚俊、侯桂芳、胡海英到东沈家宅，到沈妈妈家买下了大缸，还购下了村民闻讯而送来日本人的酒瓶、碗等。

2004年夏天，因中央电视台要为抗战胜利60周年拍摄节日，我与研究生沈晓青等一起再次来到东沈家宅。只见野草比庄稼还茂盛，这里的大部分老住户已搬迁。经过挨户寻访，终于找到82岁的陆妹珍老人，但她说她是战后才嫁到这里来的，战争时候的事情根本不了解。但她说有个比她还年长的哥哥可能了解情况，于是我们来到东沈家宅26号，见到了瘦瘦的沈培生老人，他1917年生，是杨家宅现居住户中年龄最长的。他说该地曾有日本堂子，穿着和服。但日军进驻的时候，他到市内去学生意了，因此也不太了解“慰安所”。

2004年的秋天，杨家宅慰安所最后的遗迹也消失了。

（陈丽菲、苏智良写于2001年7月，2004年9月补充）

笔者2017年3月重返这里调查时，只见当年都市里的村庄早已面目全非。包头路和包头南路已打通，成为宽敞的交通要道。开挖了宽阔的虬江，淡绿色

今日东沈家宅，现为海林小区，翔殷路300弄（陈斌2017年摄）

的河水由南向北转个弯，向西流去。昔日杨家宅慰安所最后的遗迹，已荡然无存，那遗址的位置在哪里呢。

在包头路上，遇到84岁的王卓老人，他说，他家是这一带的原住民，在后来上海机床厂的村庄，现在军工路1146号。1937年“八·一三”战争爆发，日军后来在这一带登陆。当时我家老人就劝说我的爷娘，赶快朝市中心躲一躲，当时我娘怀着我，到了上海大学难民所，所以我是出生在难民所的。可怜我家外公、外婆等都被残暴的日军给杀了。王卓老人回忆，东沈家宅就在虬江的东侧。于是，我们来到海林小区，地址为翔殷路300弄。这里就是当年的东沈家宅，也就是杨家宅慰安所的遗址地。2004年的秋天，这里建成为六层新房。原来慰安所北侧的小河已填埋，只剩下当年调查时看到过的化纤厂的厂房现在还矗立在小区的东边。

（苏智良2017年3月补充）

“杨家宅慰安所”的调查

“杨家宅慰安所”是日本陆军在上海设立的军队管理的慰安所。1999年3月，笔者来到杨浦区东沈家宅，采访了史富生（1932年2月21日生）、沈美娣（1931年7月23日生）两位当年知情者，了解有关当地“杨家宅慰安所”的情况。

“杨家宅慰安所”位于翔殷路与民星路之间的东沈家宅内。设立前期由日本军队管理，后期由日本私人老板承包。

据史富生说：“杨家宅慰安所”建于“八·一三”淞沪抗战之后。慰安所是木质结构的单层连体房屋，外围设有约3米高的木板围墙，底部腾空三四厘米。据沈美娣说：“屋内对称摆放六或四张榻榻米，中间留有过道；其中有一屋专门存放化妆用品，如有一缸专门存放发夹、头钗等用品，有一缸专门存放雪花膏等化妆品（其中有一口缸现存于沈氏家中）。慰安所接客室前供有神龛，大小约一立方米，形似小庙，翘角飞檐，木质结构，神龛内供奉一如烧饼般大小的银块。慰安所内设有浴室，室内建有一约三四立方米的水泥浴池，另设有酒吧等。”据史富生说，慰安所建立的最初两年，“慰安妇”大多是朝鲜人（当时称高丽人）及少数日本人，年龄约二十三四岁，人数较为固定。1938年底，这些“慰安妇”随日军迁往内地，之后掳掠来的大多是东北满洲里姑娘及少数浦东姑娘，年龄约为20岁左右（交往中据其相貌、口音、衣着而知）。

据沈美娣说，“慰安妇”多于每周四贿赂看门的日本兵，溜出慰安所至周围村庄活动，与村民有所交往。朝鲜“慰安妇”用简单日语与村民会话，故村民误认其为日本姑娘。史富生说，经慰安所内一绍兴厨师透露，才知其为朝鲜姑娘。她们经常请村民洗衣、做馄饨吃，付给村民日币或储备券作回报。东北姑娘有时还偷带出发夹、雪花膏及食物等赠予当地贫苦百姓，沈美娣母亲曾问及她们，为何要做这种事。她们无奈地说：“我们也没办法，是被日本兵骗来的，抓来的，现在又逃不出去。再说，干这种事也没脸回老家，好歹总比饿死好。”沈氏母亲时常看到“慰安妇”脸庞青肿。一次，沈美娣从慰安所围墙木缝中偷看到两个日本军官用枪柄毒打一中国“慰安妇”。

据史富生说，“慰安妇”把剩菜分给劳工，故得知她们食用日本饭菜，如鱼、梭子蟹、罐头（多从日本运来）等；据沈美娣说“慰安妇”均穿日本和服（后期中国姑娘可穿中国服装），观察其解手，知其不穿裆布，着木屐，梳妆打扮；娱乐生活单调，无报纸、广播，只能自娱自乐，自唱自跳，偶尔听听留声机。

通常来说，“慰安妇”一周洗两次澡，由绍兴厨师用手按式水泵打水，用木柴烧水，日本士兵与“慰安妇”多人共同入浴。每周一为检查身体的日子，主要查有无身孕、梅毒、淋病等症状（据史富生说日军用606药膏治梅毒）。由四五个穿白大褂的军医坐吉普车前来检查，后期慰安所的管理者为带无框眼镜的日本小老板（人称“小乌龟”）及其母（人称老鸨，约50多岁，后坐飞机回国，失事而亡）监督。史富生亲眼看到“慰安妇”坐于高凳上，裸身叉开腿检查。

平日军官身穿呢制服、佩军刀、穿军靴、步行、骑马、骑三轮摩托车或坐吉普车由前门小道而入，每天都频繁进出。士兵则多数于周六、周日坐卡车而来，每车三四十人一起进入，士兵通常扎绑腿布，携有带刺刀的三八式步枪。还有些文职人员，身穿便服，可能是四川北路日本领事馆等处人员。有些军官用手摇式电话预约。“慰安妇”接客不定时、不定人数，通常下午、晚上较多。据史富生称，听马金发夫人提到：“一个人连接6人，哪能吃得消，痛也痛死了！”军官可挑选“慰安妇”，士兵则无权挑选。年长“慰安妇”接客较少，据沈美娣说，接客少或不服从者全被老板用枪柄毒打。年纪过大者有的被赶出慰安所，让其自生自灭。

慰安所长期雇佣一50多岁的绍兴男厨做长工，做闲杂工作如修门窗、锄草等则临时雇佣当地的村民（现大多已故）。他们以实物如大米、油、面粉等做酬劳。史富生说有一木工与一中国“慰安妇”发生关系，后染上梅毒而亡。由此可见，尽管有卫生检查，仍免不了有性病存在。

史富生称，百姓无证不得入慰安所，日本军官通常不会闯入民宅，然日本士兵则时常骚扰。有时向村民借桌椅，掷骰子赌博、喝酒、行拳等。有时日本兵在酒吧喝饱老酒，狂欢之后，三五成群，手拎酒瓶，肩挎步枪，闯入村庄，挨户寻找花姑娘。他们用枪托、拳脚砸打百姓家门，高喊：“娘娘妹，大姑娘，好东西！”沈美娣家人用小凳子叠上水缸、米缸等拼命抵住房门，但门仍然被日本兵撞得摇摇晃晃。如果一旦闯入，则无论老小一起受辱。平时村中姑娘、少妇等不敢出门。听大人说，日本兵怕血，一旦遇上日本兵，便咬破手或打出牙血涂于脸上逃跑。但实际上，大家都不敢。

沈美娣9岁时，家中房屋被日军烧毁，其父于一夜晚到军工路虬江桥找木头，欲回村庄自留地早上去田里挑菜，被日本兵举枪呵问：“库拉（谁）？”因不懂日语，惧怕而逃，结果被枪杀。村中一老妇，人称“麻将婆”想拿放置于慰安所外的破榻榻米，被日兵追赶，逃入沈美娣家中，沈母却被无辜遭日兵毒打。

史富生说，日本炮兵部队驻扎于村西侧，配备有野战炮，带刺刀三八式步枪等装备，海军驻扎于虬江码头，这是日军供给系统码头，运输粮食、弹药、油、药品至虹桥机场等处，高境庙为弹药库，空军驻扎于江湾机场，有战斗机等装备，今长海医院原是日军陆军医院（史本人作过童工，史父史留留在此做过劳工，挖沟、挖坑等）。

（沈小枫、邹淑慧　1999年）

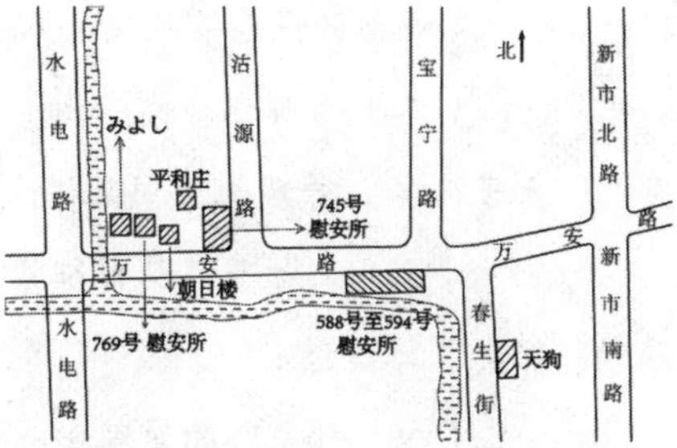

97–111

江湾的慰安所

1938年初，日本华中方面派遣军已建立了“杨家宅慰安所”，但对20多万日本陆军而言，几个慰安所、百名“慰安妇”仅仅是杯水车薪，难以满足需要。因此，为了迅速增加慰安所，满足士兵的需要，日军改变了由军部包办一切的做法，参照过去海军慰安所的方式，采取与战地日侨合作的办法，制订建立一批慰安所的计划。他们一面要求日本国内和朝鲜殖民当局尽快派遣“慰安妇”来沪，一面物色业主，准备开办新的慰安所。

根据我们的长期调查和史料分析，江湾地区的慰安所有15家。

当时，居住在上海虹口等处的日本侨民达7万人，其卖笑业也十分发达，仅吴淞路、北四川路（今四川北路）上，“东洋堂子”就有数十家。日军很快找到这些娼业老鸨，在“国家利益为重”的口号下，双方很快就达成了设立慰安所的秘密协定，主要内容如下：

（一）开设慰安所必须征得军方的同意和批准；

（二）为确保“慰安妇”的来源，由朝鲜总督负责征用未婚女子来华，并建立征用未婚女子的组织系统；

（三）业者不得私自征集“慰安妇”，如需征集时，一定要确保其身体健康；

（四）慰安所的管理由业者负责，而卫生方面则由军方监督；

（五）军方提供慰安所的房屋，而慰安所须尽量设在军队驻地附近；

（六）对于协助建立慰安所的人，军方将给予将校级的待遇；

（七）一般而言不征用日本女子，但日本女子如本人愿意，亦可为“慰安妇”；

（八）“慰安妇”与军人的比例以1 ∶ 29为最理想。

由于江湾地处中日军队“八·一三”激战的中心地区，因此，很多中国居

现在万安路769号慰安所入口（苏智良1996年拍摄）

769号是两层木结构建筑（苏智良1996年拍摄）

慰安所的房屋已经破旧（苏智良1995年拍摄）

民都已逃亡。日本陆军便将一些较为坚固、宽敞的房屋拨给日侨妓院老板，以合作开设慰安所。1938年初春时节，有70名朝鲜女子被送达上海，以后又有大批朝鲜女子到达。于是，江湾镇上一下子出现了十余家日侨经营的慰安所。

慰安所最为集中的是当时江湾最重要的街道之一的万安路。据史料记载，江湾镇的万安路上有来自长崎的日侨松下芳松开设的みよし（一二三）陆军慰安所，该处也可叫作一二三慰安所，当时的地址为万安路777号；来自香川的泷田良助开设的朝日楼慰安所，地址为万安路761号；原籍香川的泷端良介，他在万安路759号开设平和庄陆军慰安所。

据上海市卢湾区地方志办公室研究员许洪新先生的调查，万安路769号是一家日本浪人开设的慰安所。这幢石库门房屋至今犹存。房主为张葆荪，据其女婿毕礼明（1922年生）告知：日军入侵时，其岳父举家逃到上海租界内，直到抗战胜利后才返回。当时有一个日本浪人，胁迫一些中国妇女充当“慰安女”。原来的厢房与正屋均被用三夹板隔成一间间小间，地上铺着榻榻米，直到抗战胜利后，我们收回这幢房屋时，地上仍铺着榻榻米。李阿婆（1997年78岁）回忆说，769号的“慰安妇”全部是中国妇女，这里接待日本士兵，而军官则都是去万安路745号的。吴阿五（1997年79岁）老人说，日本兵是整日整夜地来，星期六、星期日最多，吃饱酒的日本兵还要打人，因此，中国人走过这里都不敢停。

769号对面的万安路774号的居民吴宝初老人（1919年生）、万安路720

号的李阿珠老人（女，1920年生）等提供，对门769号慰安所名为“陆军慰安所”，老板确是个日本浪人，约30岁左右，有一妻室，但没有子女，中国话说得相当流利。所内的“慰安妇”有10多个，都是中国人。日军川流不息，但基本是士兵。一次，日军因酗酒而争斗起来，最后有名日军被刺死在里面。“慰安妇”有时会出来坐在门口与邻居交谈。新中国成立后这里还有一个“慰安妇”留了下来，她住在779号，名叫根娣，是苏北籍的女子，根据她的房东杜佩华（1997年72岁）回忆，根娣所租的是后面一间小屋，里面也没有什么家具，她战后才30岁左右，与一个比她大20多岁的阿宝结婚，阿宝这个男人只有一只眼睛。1948年春天，根娣已有身孕，结果在生产时，因难产而亡，就这样结束了苦难的一生。

万安路769号慰安所示意图

万安路769号的布局见示意图。其二楼略有不同，门洞之上为过街楼，前后客堂之上分别是前楼和后楼。

笔者案头有一张旧照，这是当年日侨在江湾经营的一家慰安所。门首贴

被日军称为江湾最大的慰安所，门口贴着日语对联（麻生徹男拍摄）

现在这里是江湾派出所，大门的景象早已面目全非（苏智良1994年拍摄）

有一副对联，上面用日语写着：热烈欢迎圣战大胜的勇士，请接受大和女子奉献身心的服务。大门两边有精致的铁窗花，入内是个大院子，两层建筑，一排落地红漆大门，显示出那个时代地方富绅的气派。近些年来，由于它被世界各国的新闻媒介广泛刊载，而成为知名度最高的日军慰安所的代表照片。

两楼晒台的铁窗花与旧照片上的窗花完全一致（苏智良1996年拍摄）

据记载，这是当时江湾地区规模最大、人数最多的慰安所。这幢旧屋还在吗？笔者带着疑问和旧照，来到江湾镇寻觅查访。

今日的江湾镇，早已失去了田野芳菲、小桥流水的景致，而融入上海的大都市，喧闹的商街、高耸的大厦四面相围，但高楼下面的镇中心，仍然残存着一大片负载着历史的旧屋。在万安路上，笔者从世居此地的缪树勋老人（1994年74岁）那里了解到，万安路745号曾是江湾镇的首富严泉秋之寓，严宅建于抗战前，战时曾被日本人作为慰安所。

严泉秋为江湾镇大户人家，祖上曾出过举人，子孙比较富庶，在镇上有几幢洋房。

笔者遂来到镇西的万安路745号，然而昔日绅商豪宅今日已是江湾镇的公安派出所，对比旧照，入口处无一点相似之处。但当笔者怀着一丝失望的心情往里走，则不禁眼睛一亮。大门内是个深宅大院的格局，宽敞的庭院的两侧各有一棵挺拔的古树，以及二三假山石装饰的角落，庭院的后面是一幢老屋。站在楼房的入口处，取出旧照片相对照，其格局基本一致，只是落地的木门下面已改建为半墙，但那一长排红漆的天窗则面貌依旧，连中间的落水管也保持

这里曾经是江湾最大的慰安所（苏智良1998年拍摄）

着原貌。

当笔者入内与该所民警交谈时，不少民警均知道这里原是严姓的富绅之寓，战时曾是日军的慰安所。一位50多岁的女民警指着旧照片说："当年我来这里工作时还是个小姑娘，门口就是这样的一排木门，后来为了安全起见，就把两旁的木门改成了半墙。窗格上的铁窗花也是这样的。"

至此，这里就是当年江湾最大的日军慰安所已是确认无疑。但是，历史学工作者追求考证的科学性，经历了半个世纪的风雨后，还能不能找到与旧照上相同的遗留物呢？

笔者在征得所长同意后，又入内查看。这幢两层木结构的房屋，进门现在是接待室，地上仍是当年铺就的花砖，两侧是厢房，有木梯通往二楼。二楼正中的朝南房间，阳光明媚，外面有一个很大的晒台。往左右观察，只见西面的晒台已经改建了，而东侧的晒台却仍是陈旧模样。突然，笔者看见东晒台的铁窗花似曾相识，急忙取出旧照相对，它与旧照上的铁窗花竟完全相同。这样，完全可以肯定这里就是照片上的慰安所遗址了。

据调查，日侨开设的这个慰安所成立于1938年春，其入口处是个接待室，同样贴有日本华中方面军东兵站司令部颁布的“慰安所规定”。只有日本陆军官兵和军夫才能入内，取乐时也必须领取避孕套，而且，日本军医负责定期给慰安女检查身体。据负责这项工作的军医麻生彻男回忆，由于这家慰安所是由中国民居改建的，消毒设备均不健全，因此，日军对其卫生方面并不满意。开设时，这里的“慰安妇”主要由从朝鲜运来的女子担任，也有少量日本女子。后来来源不畅，便征用与强逼中国女子充当。严宅上下房间仅17间，所以规模比“杨家宅娱乐所”要小得多。

在1层有10间房间，2层有7间房间，东西阳台供“慰安妇”晒衣物，对“慰安妇”的体检则在1楼进行。但与陆军经营的慰安所仍有区别，它由日侨管理，所得由业者支配，因此，为了招来客人，入场费用略为调低，分为3个等级，日籍“慰安妇”为2日元，朝鲜籍的“慰安妇”为1.5日元，而中国的“慰安妇”只需1日元。另外，在这里可以喝酒，营业时间也常常突破规定而至深夜，因此，麻生彻男称其风格如自由的妓院，而与有宪兵站岗的杨家宅娱乐所迥然不同，颇受日军官兵的欢迎。

据当地老人反映，这个慰安所存在的时间不短。严泉秋在“八·一三”战争爆发后已举家逃亡，直到战后才从重庆返回江湾。严泉秋一家因与国民党有瓜葛，这里曾作为国民党军队的仓库。严氏全家于1949年前迁往美国定居。新中国成立后，这幢房屋被人民政府没收而设立公安派出所。前些年，严家第二代曾重返故里，参观祖居，不胜感慨。

1993年，曾有一位年迈的韩国老太来到万安路745号，她一边拍照，一边用不流利的中国话讲述，40多年前，她曾在这个慰安所里度过人生最屈辱的苦难日子，现在正在搜集史料，以控告日本政府，要求赔偿。回忆那不堪回首的岁月，老人不禁老泪纵横，泣不成声……

这些年我每年都要去江湾作调查。万安路745号也在变化中。1998年江湾派出所改造，先是准备将这幢楼房拆毁，据说中途因为施工人员感到房屋质量相当好，于是最后决定保留建筑结构，而重新装饰。

一条小小的万安路上，还有好几家慰安所，简直可说是上海的“花街”了。

进门后原来是红漆的木门，一长排，现在有所改变（苏智良1995年拍摄）

万安路的588号至594号，曾是江湾镇上规模较大的慰安所。这排房子原属严泉秋所有。原先这里是严家开设的酱园，已有200多年的历史。淞沪之战时，酱园全部毁于战火。1934年，严家出资重建新屋，由严家的管家沈介逊负责筹划和督造。前面的新屋为四上四下的楼房，广漆地板和门窗，很有气派。后面有4间平房，再后面是一方空地，濒临市河，筑有石驳岸和水桥。严家新屋曾开设过茶馆。“八·一三”会战后，严家避难外逃，日军占此新楼房开设慰安所，管理者是个日本浪人。首先日军进行了一番改建，将其全部改为日式小房间，一式拉门拉窗，室内铺榻榻米，共有30间。后边的平房则改作厨房、仓库和下人居住之处。中间的夹弄改为卫生间，安装日式抽水马桶和洗澡设备，天井里挖了防空洞。慰安所开张后，“慰安妇”多

江湾镇的河流，还有几分田园风光，战争时，这个宁静的小镇成了日军著名的“花街”（苏智良1996年拍摄）

数是日本人，少数为朝鲜人，均穿和服、木屐。还有少量中国姑娘做“女招待”。这家慰安所只接待军官，少数日军特工则穿着便衣混杂其间。入夜后，华灯通明，各种车辆充塞道路。里面不时传出日本音乐。直到日军战败后，慰安所才关闭，“慰安妇”等人员有的撤回日本，有的不知去向。

位于保宁路和万寿街之间的万安路，有一段被称为“春生街”。日军占领时期，来自新潟的江口シン在春生街73号开设了天狗慰安所。

除此之外，来自大分县的立胁辰雄在江湾的花园路设立“立花楼”陆军慰安所；泷田武浩在江湾镇内设立“常盘”慰安所。此外，江湾这个当年上海市市中心区还有京屋、敷岛楼、第二加茂川、日东俱乐部、闸北庄、陆军军人俱乐部等陆军慰安所（见表1）。

还有一则记载，1939年，日本人材川善美在五角场邯郸路末段，租地19 350平方米，建造了36开间日本样式的房屋，两层砖木结构，共4幢。定名为“旭街”，开设慰安所。这应该是规模非常大的慰安所了。这里不远处就是日本华中派遣军司令部，江湾一带日本驻军非常多，这个

20世纪90年代，万安路588号至594号是江湾的新华书店（苏智良1995年拍摄）

万安路588号至594号里的楼梯（侯桂芳2000年拍摄）

今春生街北端为万安路（姚霏2005年拍摄）

春生街73号天狗慰安所（姚霏2005年拍摄）

表1　位于江湾市中心区的部分慰安所概况

名　称	所　属	开办者姓名	开办者原籍	地　址
京屋	慰安所（下士官俱乐部）	船津屋政次郎	长崎	市中心区昭和路
敷岛楼	慰安所	西井コヨネ	冈山	市中心区杨家宅
第二加茂川	慰安所	中村忠信	长崎	市中心区樱花园内
日东俱乐部	军慰安所	中谷三保松	滋贺	市中心区五角场九州旅馆
闸北庄		须本ワメ		江湾市中心区二条路
陆军军人俱乐部		藤原勉		江湾市中心区南八条路政益路357号

资料来源：《支那在留邦人人名录·上海》32版、33版，上海北四川路金风社1942、1943年。

江湾城市化加速后，这样的慰安所建筑已经消失（苏智良1997年拍摄）

旭街慰安所，就是为这些日军服务的。

可以说江湾是二战时期日军慰安所最集中的地区之一了。而且，由于日军与民间合作的展开，导致了日军慰安所数量和规模的迅速扩大。

（苏智良　1995年至2004年调查，姚霏　2005年3月补充。）

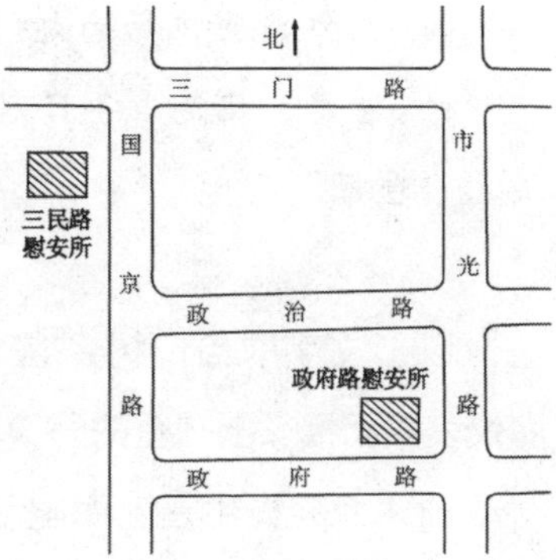

112—113

政府路、三民路的慰安所

1932年11月，我出生在淞沪路桥西北侧的小康农家唐家宅。十岁时我跟母亲抬土挣米，曾被鬼子在头顶上打过一板子，当时我两眼直闪“金星”，别人事后拣起木板看到，顶端还有三个钉子。第二次挨打是1945年日寇投降后的三天。那天下午同附近几个村的人，一道去找回原被日寇抢走的东西，不想遇到了五六个骑兵鬼子，手持指挥刀打人，为了保护远亲老太，我挨了一刀背，腿上先是发白，以后泛红、发麻、酸痛。

江湾五角场一带很早就被称为“新上海”了，许多马路也是以国字头起名的，建有全国最大的江湾运动场。1939年，日寇为侵华需要，修建飞机场，强令方圆6公里左右及其边沿的村民拆迁，断了人民赖以生存的农田，毁了祖辈留下的家园，从此生活在水深火热的战乱之中。

江湾飞机场南大门东侧国京路附近，有几幢大小不等的老式洋房，就是当年日寇凌辱妇女的慰安所。当地百姓称呼它是“堂子”。

以上文字取自俞树乡在1997年8月17日、9月17日、10月17日的《上海仪表集团报》上刊登的一篇名为《沧桑后的江湾又将辉煌了》的文章。

俞树乡老先生是上海电度表厂（现为上海金陵智能电表有限公司）的离休干部，今年实足年龄为69岁。俞老先生从小就生活在淞沪路桥西北侧的唐家宅（此处现为上海钢窗厂），当时淞沪路沿路的住家很少，只有五户，其中一户为俞树乡老人奶奶的侄孙。“八·一三”会战前夕，俞老先生当时只有五六岁，就随家人一起逃难到了哈同花园（今上海展览中心）难民区，几个月后回到老家，不久因日军要建用于战争需要的飞机场，而被强令搬迁到了三里之外的沈家宅，1947年底至1948年初又来到江湾镇。俞老先生直到1948年才离开江湾镇，因而，对于抗战时期，日军在江湾五角场地区的所作所为了解的较为清楚。据俞老先生的回忆，日军在入侵江湾地区后，在政府路和三民路上建立了两处慰安所。

日军在政府路上的慰安所是设在二层楼的洋房中的。政府路是一条东西走向的小马路，它东起国京路，西至国和路，中间还有一条南北走向的国光路。此处当年用作慰安所的洋房已不存在，据俞树乡老先生的辨认其大致位置在今政府路181弄富民花园靠近国光路的一侧，而在富民花园靠近国京路的一侧当时是一片水草地，据俞树乡老先生的回忆，这里有几排小洋房，洋房周围有围墙，慰安所的门是朝南开的，俞老先生小时候曾在西墙角看到避孕套等脏物，由此判断出这里是一处慰安所。进出慰安所的日本人都是日本军官，据俞老先生的判断其级别为校官，人数不多，慰安所的门前还有日本兵把守。在慰安所的东面隔开一段距离是日军的兵营。虽然此处当年用作慰安所的房屋已经不在，但与此结构相同的洋房还有，就是今国京路17号上海市公安局法医检验所的房子。俞树乡老先生回忆说，当年政府路上用作慰安所的洋房结构与其相同，但比它更大。

日军的另一处慰安所设在三民路（今三门路）附近，是木头土平房。三民路也是一条东西走向的马路，被江湾机场从中间截为两段。在实地调查的过程当中俞树乡老先生告诉我们，与国京路相连的一段三民路当时还有一条东南往西北方向斜向的路与之相通，如今已不存在，而此处的慰安所就位于这条斜向的路上。慰安所的门是朝南开的。俞老先生小时候曾经被日本兵抓进去过，所以对这一处慰安所的内部结构有所了解。据俞老先生的回忆，从慰安所大门进去，东边是食堂和洗澡间，西边是晾晒衣服的地方，大门进去有一条长长的弄堂，弄堂尽头有几排房子，其中的妇女都穿着和服。据俞老先生的判断，此处的慰安所较洋房里的档次低些，出入慰安所的也是日本军官，人数也不多，级别相当于尉官。俞老先生还告诉我们，当时在淞沪路沿路居住的五户人家中有一户人家，其父是在这所慰安所烧饭的，后不知什么原因被人劈死，这户人家的后代现居住何处俞老先生不知晓，因而我们也无从了解慰安所的内部情况以及其中“慰安妇”的情况。

与淞沪路相交有一条东西走向的道路现名政立路（昔名政同路），是当时日军在该地一条主要的交通线。俞树乡老先生曾看见日军投降后，他们驾着马车经政立路往军工路方向撤走。以淞沪路为界，政立路以西的部分北岸有日军开挖的河道，并建有三个碉堡，中间有铁丝网连接。而政立路的以东部分则很少有人居住。在淞沪路的尽头，政立路的北岸就是当年日军建造的江湾机场的所在地。在江湾机场的西南面天溶寺村前往西至大江边、江湾跑马厅前沿（现江湾机械厂等），直至叶家花园（今上海市第一结核病院）西门前的几十顷农田，日军还建了一个高尔夫球场，供日本军官享乐。后来，随着战事的紧迫，这个高尔夫球场又被用作日军新兵的训练场。那时，日本军官最高级军官抽炮台烟，尉官吸的是旭光烟，小兵则吸一种名叫“起卡拉”（日语音译，大约是“力牌香烟”——苏智良注）的烟。在淞沪路上的江湾体育场在当时也被用作日军的弹药库。现在的长海医院所在地，本是江湾的一个图书馆和卫生研究所，日军后来将其改作收治伤兵的医院。日军投降后，在这里活埋了带不走或不想带的病兵，俞老先生当时可以在远处看见。

（张虹、李雯　2001年11月）

附记：2001年10月，上海图书馆历史文献中心的黄国荣先生给我写来一封信，说："兹有老俞树乡，称在江湾，今三门路一带之'慰安妇'场所颇有了解，欲与专家联系，提供材料。特绍介予先生。若觉需要，请径与该读者接洽，通讯址附后。滋扰先生，望勿见。"（2001年9月25日）接到来信后，我即拜托两位研究生李雯和张虹，请她俩与俞先生联系，经过一个多月的调查，三门路慰安所的秘幕由此揭开。

谨对俞树乡先生、上海图书馆的黄国荣先生以及两位研究生表示衷心的谢意。

（苏智良　2002年1月13日）

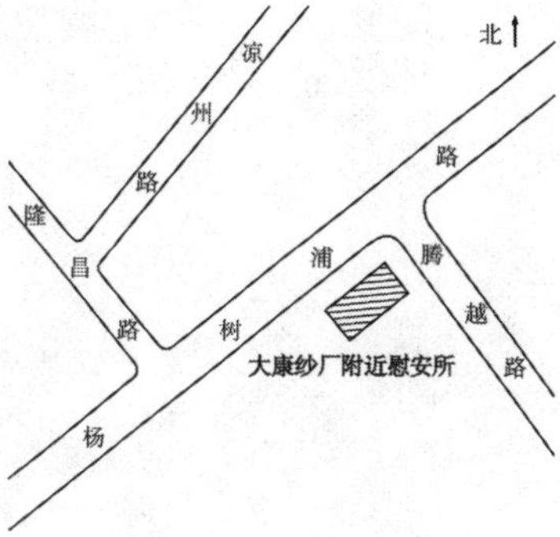

114

大康纱厂附近的慰安所

蔡醒麒老人童年生活在杨浦区。据他回忆，在格兰路（今隆昌路）有日商大康纱厂（现在改为上海第十二棉纺厂），大康纱厂对面的一条弄堂里有一家慰安所。去斯高学校上学的蔡醒麒，每天看到成群结队的日军士兵乘着8路电车到隆昌路站下车，然后步行到慰安所，每当这时，弄堂口总是有几个穿和服的女人和穿着军便服的男人。蔡醒麒与他的同学还常常看到离弄堂西边约百米远的马路垃圾堆里经常有很多白色的避孕套。

有时学校组织到江湾足球场进行体育比赛，路上看到在叶家花园、殷翔港等地，也有好几个慰安所。

（《蔡醒麒致苏智良的信》，1997年7月7日）

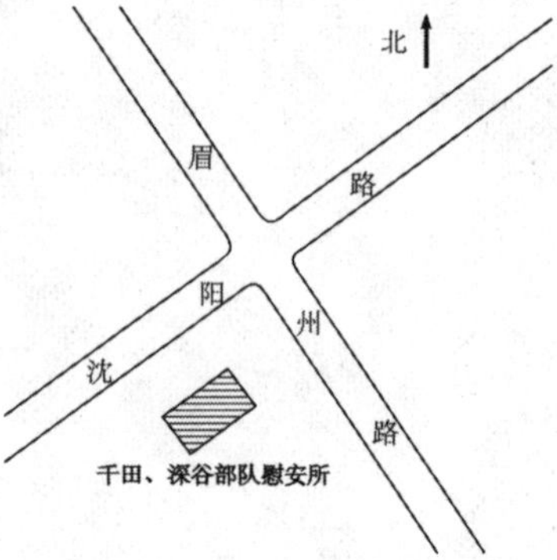

115

千田、深谷部队慰安所

1997年7月8日，笔者与上海人民广播电台的左安龙先生合作，在990频道的“市民与社会”节目讲述日军实行“慰安妇”制度的暴行。有一位不愿透露姓名的老人（1927年生）打来电话称，他幼时住在杭州路、眉州路。“八·一三”会战以后，日军占领了这一带作为军营，最初驻扎的是千田部队。在现在的跃龙化工厂门口的位置，挂有木牌，上面写着“千田部队慰安所”。后来深谷部队入住于此，于是，木牌又换成了“深谷部队慰安所”。慰安所的位置在今该厂的汽车库，当年的房子已荡然无存。

（苏智良　1997年7月25日）

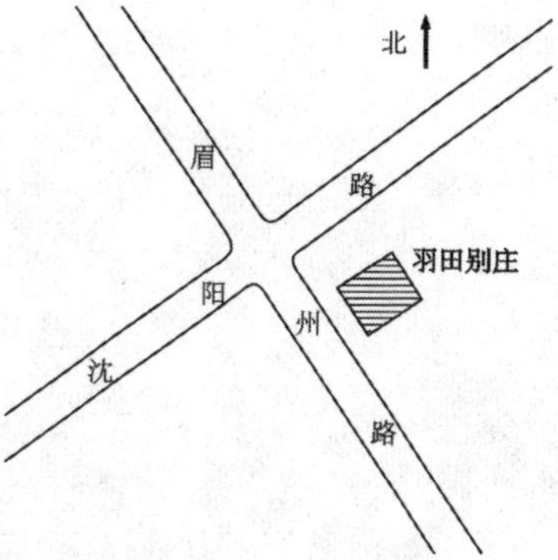

116

羽田别庄

根据原日军第39师团通讯队黄陂会的老兵回忆，1942年他们在上海驻扎时，上海有个慰安所名为“羽田别庄”，当时还有人拍了照片。[1]笔者确实在1943年的《支那在留邦人人名录·上海》33版上找到了“羽田别庄”，它是由手岛吾吉经营的，书上冠以特殊饮食店，实际是日军慰安所，这种情况在当时十分常见，该慰安所位于眉州路272号。

（苏智良、姚霏）

[1] 三十九DTL黄陂会：《湖北　第三十九师团通讯队小史》，1972年8月版，转引自《战争责任研究》，第3辑，第64页。

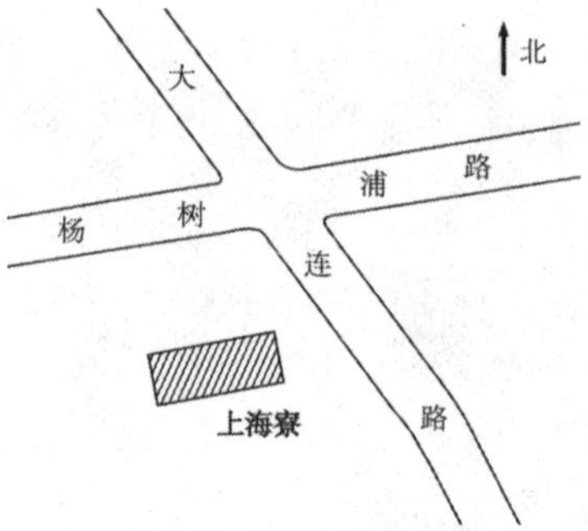

117

上海寮

日军占领上海后，部队番号系统繁杂，相当多的联队纷纷设立隶属于本部队的慰安所，这些慰安所名称不一，散见于上海各处。一名日本兵回忆道，1937年底“杨树浦大街、大连码头附近的野战邮局一带，在11月中旬，见繁华。我在邮局附近的横路上看见有趣的标语：‘上海寮，皇军官兵慰安所’‘啤酒、汽水、美人多数’，二层楼里面房间的窗口蒙着空袭用的黑布，大白天听见女人富有金属性的声音，这里是由朝鲜人营业的。”[1]

[1] 佐佐木元胜：《野战邮便旗》，现代史出版社1973年版。

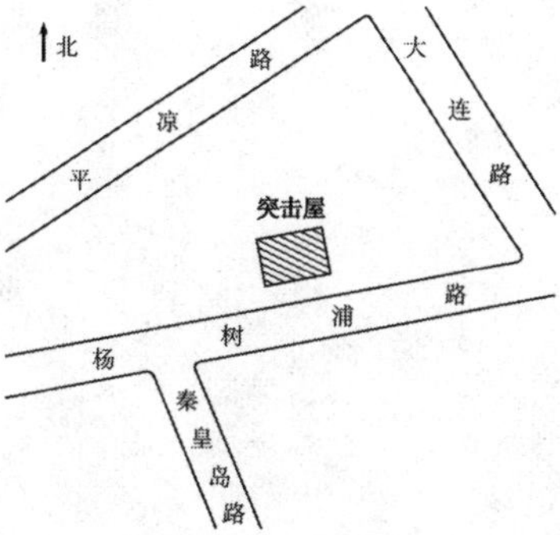

118

突击屋

1943年第33版的《支那在留邦人人名录·上海》上，出现了“突击屋”的名字。这家特殊饮食店位于当时的杨树浦路321号，由来自京都的田村中三郎经营，实际上是一家以其他名义出现的慰安所。而且，突击屋的名称也带有战时的硝烟味。

119

恭兴路军人俱乐部

军人俱乐部，由日侨村上荣经营，1943年存在，地址在恭兴路上。由于缺乏资料，无法找到恭兴路对应的今天的路名。笔者只在《支那在留邦人人名录》中找到1943年的该条记录，关于这个军人俱乐部何时兴建，何时结束，无法获知。

（姚霏　2004年）

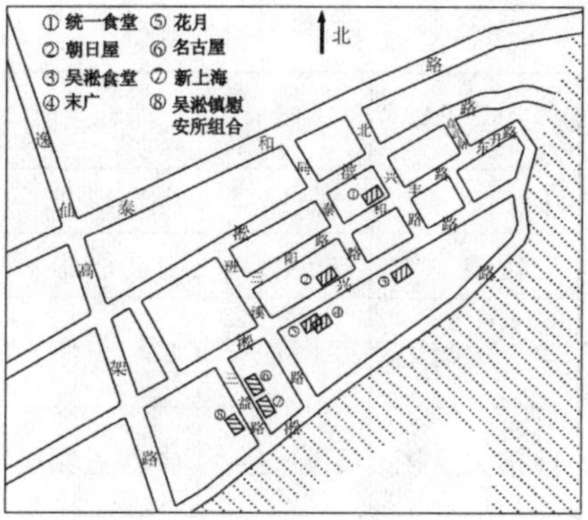

120–136

吴淞的慰安所

大林清的《玉の井挽歌》上记载着："据玉井铭酒屋的组合长国井茂的回忆，1938年初，他们曾奉日军之命，带了53个日本'慰安妇'达到上海，然后在吴淞、南翔和南市开设了3家慰安所。"[1]事实上，位于吴淞地区的慰安所至少有16家。

据1940年日方的记录，当时有案可查的日本陆军所属的部分慰安所有以下10家（见表1）。

表1　1940年上海的日本陆军部分慰安所

名　称	所　属	开办者姓名	开办者原籍	地　址	电　话
みよし	慰安所	松下芳松	长崎县	万安路777号	

[1] 大林清：《玉の井挽歌》，第31页。转引自吉见义明、林博史主编：《共同研究　日本军"慰安妇"》，第77页。

（续表）

名　称	所　属	开办者姓名	开办者原籍	地　址	电　话
平和庄	慰安所	泷端良介	香川县	万安路759号	02-2218
立花楼	慰安所	立胁辰雄	大分县	花园路	
第二加茂川	军慰安所	中村忠信	长崎县	市中心区樱花园	02-5052
日东グラブ	军慰安所	中谷三保松	滋贺县	市中心区樱花园内	
京屋	军慰安所	船津屋政次郎	长崎县	市中心区昭和路	02-5048
敷岛楼	军慰安所	西井コヨネ	冈山县	市中心区杨家宅	02-5051
花月	军慰安所	花村镰吉	岐阜县	淞兴路232号	
玉乃家	军慰安所	藤野哲二郎	广岛县	火田路通	
新月	军慰安所	金顺礼	朝鲜	三益路71路	

资料来源：《支那在留邦人人名录》30版，上海北四川路日本金风社，昭和15年（1940年）。

其中，位于吴淞地区的就有花月、玉乃家、新月三家。1941年到1944年间，又先后出现了日之丸、朝日屋、新上海、末广等慰安所，更明目张胆地出现了吴淞镇慰安所组合（见表2）。

表2　1941年~1944年吴淞地区新增日军慰安所

名　称	所　属	开办者姓名	开办者原籍	地　址	开办年代
日の丸	慰安所	大桥兼雄	长崎县	苕市路228号	1941年
朝日屋	慰安所	井上良寿	兵库县	淞兴路	1942年
新上海	慰安所	祢津通夫	长野县	三益路71号	1942年
吴淞镇慰安所组合		组长 祢津通夫	长野县	三益路72号	1942年
末广	慰安所	福田ムメ		淞兴路232号	1944年

资料来源：《支那在留邦人人名录》31版—34版。

吴淞镇“花街”探访

上海的吴淞镇扼长江之口，每日从吴淞港起运的集装箱不计其数，短途客船穿梭于崇明、上海之间。昔日的吴淞也是如此繁华，商贾往来，渔市、菜市热闹非凡。可这一切在日本侵略军的铁蹄践踏下全部消失了。民风淳朴的吴淞，在日军控制下已经变成日本兵肆意蹂躏妇女、为所欲为的地方。吴淞镇纵横有20多条马路和小街，却有“慰安所”“食堂”十余家，常常是没走几步就有一家，可谓名副其实的“花街”。笔者有幸采访了几位抗战时期居住在吴淞镇以及对吴淞地区“慰安所”进行了多年调查的老人，并对现存旧址进行了走访。

1937年9月，日军向吴淞炮台发起攻击（转引自《我们的联队》第184页）

历史见证人何醒元（左）和陈百川（右）（李雯2000年拍摄）

1932年1月28日，日本侵略军悍然向上海发动进攻，掀起了一轮新的侵略战争。吴淞镇由于位于长江出海口，又是长江与黄浦江的交汇处，内河水网密布，因此也成为日军重点争夺的地区。据傅家驹先生调查，日本占领吴淞后，在当年的同济大学（现上钢五厂）驻扎的军营里，就曾开设过“慰安所”。约有4～5名身穿和服的女子在里面供日军娱乐，但由于人数不多，不太为外人所知。

1937年全面侵华战争爆发后，战火再次在上海燃起。日军在上海一路烧、杀、抢、掠，罪行累累。9月6日，吴淞失守，吴淞镇居民纷纷绕道罗泾、罗店等郊区地带逃入上海市区或外地。日本侵略军曾叫嚣“三个月内灭亡中国”，所以一路采取的是灭绝式的杀戮，但随着进攻的不断受挫又改用一种怀柔的政策。1938、1939年左右，吴淞镇居民从各地陆续返回，1940年前后市面才开始活跃。据85岁的何醒元老人（1915年生，现住宝山一村）和77岁的陈百川老人（1923年生，现住海江新村）回忆，当他们从上海市区返回吴淞后，不久就发现吴淞镇上陆续出现了各类“慰安所”“食堂”。

吴淞镇的“慰安所”可分两类：一类是以各种名字冠名的“慰安所”，一类是“食堂”。这种“慰安所”，有的挂牌，有的不挂牌。即使挂牌的也只是在木板上用毛笔写几个字；有的简陋的只是在墙上贴一张纸，写几个字。这些“慰安所”的名字有的中日文混杂，由于年日已久，已渐渐被人们淡忘。据傅家驹先生调查和两位老人证实，吴淞地区的“慰安所”、“食堂”大致有以下几家：

慰安所：朝日屋　（淞兴路同江路口）
花月　（淞兴路平原弄口）
名古屋　（三益路77号）
慰安所　（锦泰路62号）　*这两家不知其名
慰安所　（逸仙路长江路口）

食　堂：吴淞食堂（淞兴路近商会路）
统一食堂（同江路）
大陆食堂（苔市路）
旭食堂　（淞兴路）
江华食堂（同江路）
*还有日之丸食堂、上海食堂等已不知其址

笔者调查到这些“慰安所”“食堂”建筑物的情况，它们大多是被占的中国商人的房子改建而成。“花月”原是吴淞镇上一家造纸厂厂主、吴淞商会会长、富商张磬石的私人住宅。建筑为洋房，有两层楼，楼顶有花园，两间门面大小。锦泰路62号的“慰安所”是两层楼的石库门房子。该房主孙（沈）

立三，原是码头上的搬运工人，后来成了上海人所谓的“白相人”。“吴淞食堂”“统一食堂”都是平房，有两间门面大小。“大陆食堂”较小，“名古屋”地方也不大但是很精巧。这些房屋进深都很深，面积不小。

据老人们回忆，所有这些“慰安所”和“食堂”前厅都设有酒吧，供应日本酒、香烟、花生、罐头等吃喝。中国人也可以进去喝酒，但都是一些“白相人”，实际就是协助日军的帮凶。至于后面的“慰安妇”房间则是中国人的禁地。每间房间很小，铺有榻榻米，日式的拉门。“慰安所”与“食堂”都是全天营业，下午、晚上人较多，早上也有人。由于吴淞还是一个军港，日本军舰常在此登陆，还有一批批来自日本本土的新兵，因此吴淞镇日本士兵的流动性很大。来光顾“慰安所”“食堂”的人数因此大增。“花月”的设施较好，所使用的招待也全是日本妇女，有十余名，因此主要供日本军官娱乐，一天到晚不停营业。相对而言，位于锦泰路62号的“慰安所”则是供士兵娱乐。由于语言不通，陈百川老人认为只能从里面妇女的穿着和她们的口音得知台湾、朝

吴淞同江路45号吴淞街道医院原为“统一食堂”（李雯2000年拍摄）

鲜妇女较多，日本妇女较少，她们都以日本妇女的装束装扮。锦泰路62号里也有中国妇女，年龄在20～30岁左右，多是从外地拐来的，听口音像是扬州一带人。各个“食堂”也用女招待，一般年龄在30岁以下，都是外地女子。“慰安所”和“食堂”也雇佣一些杂工，多为男性，年龄在30～40岁之间。“花月”和锦泰路62号的“慰安所”是当时吴淞两家最大的“慰安所”，里面的“慰安妇”人数也最多。

何醒元老人1937年以后在淞兴路上的大昌刻字店工作，与“花月”隔街相望，他经常看到日本军官出入于此，整个吴淞镇也被弄得乌烟瘴气。“吴淞食堂”也在淞兴路上，据老人回忆这家“食堂”由一个台湾妇女开设，她有一女一子。女儿已嫁给中国人，不知去向。“吴淞食堂”起先生意很好，台湾女人死后，她的瘸脚儿子经营不善，“吴淞食堂”随着日本的节节败退也关闭了。前几年他还一直在吴淞淞兴路做小生意。其他“慰安所”与“食堂”的经营模式也是如此，多为日侨或台湾人经营，以家庭经营为主。即使如此，这些场所也都是中国人惹不起的地方。因为它们都在日本领事馆（位于淞浦路，原外马路）登记注册过，受到日本军队的庇护。日本有一支宪兵队就驻扎在离领事馆不远的地方（现吴淞第一小学），在吴淞镇上作威作福，居民们都敢怒不敢言，看见就远远避开。“慰安所”和“食堂”每日的食物都由领事馆派专人采购、派发。由此可见，这些肆意蹂躏妇女的罪恶场所完全是日本政府、军方一手操控的。

吴淞淞兴路60号原为“吴淞食堂”（李雯2000年拍摄）

淞兴路38号原为日军吴淞宪兵司令部，其旧址现为小学（李雯2000年拍摄）

“慰安所”和“食堂”有的由于经营不善，出现转让和停业的情况，但主要与日本在这场自己发动的非正义战争中的节节失利有关。两位老人回忆，到1945年前夕，由于整个抗战氛围的高涨，这些“慰安所”和“食堂”都消失殆尽了。它们大多只有3～5年寿命。“慰安所”和“食堂”关闭后，日本、朝鲜、韩国妇女由船运回日本，中国大陆、台湾地区妇女则各自流落各地。

笔者在何醒元老人的带领下走访了一些“慰安所”与“食堂”旧址。何醒元老人生长、求学、工作于吴淞，对吴淞镇的大小街道了然于心。他告诉笔者，由于旧城区改造大部分房子都拆掉了，有的造起了百货商场，有的造起了居民新村，有的被夷为平地。吴淞镇同江路45号吴淞镇街道医院所在地就是原来的“统一食堂”，当年的建筑已不复存在。顺街角拐过去不到一百米就是当年的“吴淞食堂”，现为一个个体水果摊，只剩下一间店面还是原来的建筑结构，约有12、13平方米。这也是吴淞镇仅存的原“慰安所”的原建筑了。

吴淞镇的“慰安所”集中在淞兴路、同江路、苔市路一带（现吴淞大桥东侧，蕴藻浜以北），占尽吴淞镇中心地带，使昔日的吴淞镇成为日军专用色情场所云集的“花街”。

（李雯　1999年）

137

上海郊外的慰安所

以下是两则“慰安妇”的经历，从她们的叙述中可以得知在上海的郊外还存在着不少慰安所。“慰安妇”A回忆，这个郊外的慰安所里，有朝鲜、日本“慰安妇”50多名，门口似乎挂着“慰安所”的牌子。她们要时常体检，体检时也遇见中国“慰安妇”。“在慰安所当差的人说，如果日本军人抓中国妇女来当‘慰安妇’，她们之中逃跑或自杀的人就很多。”“慰安妇”B是李贤淑，她是朝鲜女子，被以招工的名义诱骗，从汉城到上海，被强制送入慰安所，在慰安所她的名字叫作“文子”。

朝鲜“慰安妇”A某自述：

我17岁那年（1937年）的阴历正月5日左右或是二月初，我听消息说，正在募集姑娘，然后给安排工作。在这以前，也听说从我们过去住的坪村里带走了几个姑娘，于是我就想“我也要去。”正在这样想的时候，我听说一个男子又到坪村里募集去工厂干活的姑娘。于是，我就到了坪村见到了那个人，并且约定了去的事，定好出发的地点和时间后，我回到三嘉面家里做走的准备。当时我不像现在这样的懂事，特别是因为没有上过学，什么也不懂。我只想去工厂赚钱，做梦也没有想过，到那还有什么危险。

出发那天，我到了约定的地点——公共汽车站。在坪村里募集姑娘的那个人也来了。他把我们带领过去。出发那天共有姑娘30名。年龄有的比我小，也有比我大的，还有结婚生过孩子的女人。我和这些妇女一直在一起，直到后来返回为止。那天，站上有一辆空车只载我们一行人。过定桥时，我们互相拥抱着哭喊："定岩村呀，祝你保重，一定要等到我们赚钱回来，好好保重！"我们之间，很快就相互一起叫姐姐、妹妹，关系也渐渐亲密起来。我属于妹妹之列，有一个比我大3岁的姑娘，她说自己是孤儿，寄居在别人家里生活。

我们一行到了郡北站从公共汽车上下来，换乘火车。然后开到了港口。在港口换乘船时，带领者换了人，换为新的男女两人。这两人说家在上海。在港口看到的船非常大。因为是一般联络船，普通人也坐了很多。船上有好几层，我们一行人下了好长一段台阶进了船底的房间。船员拿来面包和水分给乘客。

我们坐这艘船到了长崎，一到长崎，就有一辆车，似乎是公共汽车，载我们一行人到一家旅馆去。从我们进入这家旅馆那天起，就由军人们看守着我们。我问其中一个人："为什么把我们拘留在这里，以后我们干什么？"那人只回答："命令下来才知道。"第一夜里，我被强行拉到一个高级军官那里，遭到了他的强奸。那个军人带着手枪。因为出了血，我感到很害怕。我想要逃跑，那个军人就拍拍我的背哄着说，要知道这一天总会来的，不要怕，忍耐几次就会好些的。我们一行女人，每天晚上都被拉到高级军官住的各个房间去遭强奸。大约到了第5天，我向一个军人质问："为什么把我们送到各个男人住的房间去？我们今后到底干什么？难道是光跟男人睡觉的事吗？"他回答说："命令下来才知道到哪儿去。至于以后你们干什么，到目的地去了才知道。"这样，在长崎过了一周后离开了那个地方。

我们跟随带领者坐船到了上海。去上海时坐的船非常大，简直就像一座山。起初坐的是小船，出海以后换乘了这艘大船。我们扶着铁栏杆上船，船上已坐有军人，也有民间人士。我们下台阶过一个走廊进到地面，就看见如旷野似的大房间。我躺下去往旁边一望，看到是无边无际地躺着的人。这艘船走了好几天，下船以后，问这是什么地方，有人回答说这里是上海。

我们在上海码头一下船，卡车就来接我们，路上看不见铁路、公共汽车和出租汽车，通过陌生的上海街道，到了似乎是郊外的一个什么地方，我们住进了陆军部队营房外面的一栋大房子里，房子破烂不堪，内有许多小房间。

房内已经住有日本女子2名，朝鲜女人20来名，和我们30名加在一起，女子共计有50名左右。起初，我们只是在一起来的人们之间互相来往。我在这里被叫作"兰儿"。我们50余名姑娘中，除去有病的、有情况的人，平均每天有35名接待军人。

在这栋大房内，用木板间壁成许多只能一人躺下的小房间。房间内有一张床，我们就在那里起居生活。食堂设在别处。这栋房是我们单层建筑，正面挂牌匾，上面好像写着"慰安所"的字样。带领我们一起来的人大概就是慰安所的老板。但军人们有时来检查食物、房子清洁卫生等事项。在上海，我们跟随部队从一个前线到另一个前线，多次移动，最后在南京住了一段时间归国了。慰安所并不是隶属于特定的部队，但部队移动后，也紧跟着移动。慰安所移动，有时坐船，有时坐卡车，但一次也没有和部队同时移动过。慰安所一般不在城市中心，而是设在较偏僻的地方。并且无论移动到哪里慰安所的状况几乎全是一样。由于处于战争环境，慰安所周围的情形相当悲惨。每天听到枪声，到处都有尸体，狗咬着尸体乱跑。我们穿衣服，是人们那时常穿的裙子和上衣，冬天则穿比较厚些的衣服。

我们在早晨7点起床洗脸，然后轮流去吃饭。从上午9点左右开始。军人们排着队过来。从晚上6点钟以后，级别高的军官们来了，也有住一宿以后走的。平均一天要接待30—40个军人，弄得我们很疲倦，连困了也睡不了。有战斗的时候，军人来得少，每个房间都有一个箱子，那里放了很多避孕套，军人们进房间来，随便拿起来就用。间或也有不愿意使用避孕套的军人，但一半以上都用了。如果你不想传染上疾病就得使用避孕套。尽管这样，还有好多军人却说随时要死去，得病还有什么了不起，不管三七二十一就扑过来。每当这时，我就害怕，怕得要死。避孕套用一次就扔掉了，因为经常充足地预备着。

我们隔一两个月接受一次军医的健康检查，检查时到医院去。如果发现有病，就下令休息几天。在上海检查时，还看见过从别的慰安所来的妇女，妇女很多。那时还看见不少中国妇女也接受检查。中国妇女都戴着一串串稀奇古怪的耳环，穿衣服也和朝鲜人、日本人不同。在慰安所当差的人说，如果日本军人抓中国妇女来当“慰安妇”，她们之中逃跑或自杀的人就很多。在医院设有检查台，女人上台躺下叉开双腿，军医就把像喇叭又像嘴的器物插进阴道进行检查。如果发现有病就打针606号，但我没有打过这个针。我虽然未得过性病，但得了阴道出血小便很困难的病（估计是膀胱炎）常常上医院接受治疗。在别的女人中，有许多人阴部肿得整个阴道都翻过来，连插针的孔眼都没有，还出血。纯贞的姑娘被逼天天接待军人。有的女人生过孩子，但听说过有的怀孕以后打针吃药打胎了。我没得过性病，但最近去医院看病，医生说我由于年轻时被用得太多，子宫变歪了。

我患病感到痛苦时，曾经想要自杀，而且试过几次，但都没能死去。我曾经还想过要跳河，要从高处跳下去，要撞车等等，但都没有下决心那样做。每当想要自杀时，我就想起妈妈，想得心都碎了。试图逃跑也因为根本不知道东南西北，没法跑。因此，我就灰心，也没怎么反抗。我胆小怕事，总是一副吓得要死的样子。也许是因为这样，军人们也没有怎么残暴地对待我。但在别的房间里发生过种种事情，诸如有互相撕打起来的；有丢了东西引起骚动的；有女人逃跑抓回来的；也有女人被军人踢得叫喊的，等等。但是，我却没有记得自己怎么挨过打嘴巴或挨过骂。

战斗结束回来的军人相当凶暴，他们常常拒绝使用避孕套。他们的脸、衣冠、鞋子等全都是灰尘。即将上前线打仗的军人，有的倒是多少温和一些，说现在自己不需要钱了，给我们留下剩余的钱才走。其中有些军人怕死怕得哭起来，我就表示欢迎和高兴。在这样做的过程中，有不少军人来求爱，说“我爱你”，“咱们结婚吧！”

军人们来时，每次都给我一种小型票子（样子似最近用的敬老优待证），我把这些票集中起来交给那个老板，老板就每天在册上做记录。老板说过一旦日本战胜了，就让你们翻翻身，但是从没给过什么工钱。我以为只有日本战胜才能得到钱，于是有时还祈祷日本能够战胜。老板时常发给我们衣服、化妆品和一些吃的东西，并说最后决算发钱时再扣除这部分钱。妇女们有时要求老板从市场上买东西来，老板买回来就说，最后你拿到的金额就会减少。我们日常吃的东西有米饭、汤和两三种菜。

有时为了接待级别高的军官，老板选择漂亮而伶俐的女孩坐车去部队内部。其中，我也被叫去和叫“和泉”的军官见面，我心想，“和泉”看起来有50岁了，一定级别很高吧？为了会见“和泉”进入部队营房。“和泉”的房间很宽敞，里边有一张床，还有闪闪发亮的手枪和军服。他的肩上佩戴有闪亮的军衔章。一到战斗结束平静下来时，他就派士兵叫我到他的房间过上两三天。有战斗时，几个月也见不到他，没有任何消息，一旦平静下来，他就频繁地叫我。部队先移动而远离慰安所时，他就派人带我坐船过去。有一天为了和他见面，我坐船过江时，看见江水被血染红，一大批尸体流起来，几乎要塞满江面，流到我们船跟前时分成两堆从两旁流走。

（般岸：《战争暴行——随军妇女回忆录》，第33—38页）

朝鲜“慰安妇”李贤淑的遭遇：

李贤淑出生在汉城市东大门区一个靠打短工维持生计的家庭。她是家里的唯一的女儿，直到18岁也没上过一天学，终日为生活而奔波。即使这样，最后也不得不将唯一的弟弟送给别人家做养子。

为了生存，她四处寻找工作，1940年秋天的某一天，村子里来了一个人，到处散布他可以给别人介绍工作。当他找到李贤淑时，对她进行百般利诱，在她犹豫不决之时，那人便强行把李贤淑带到了釜山。当时那里已经聚集了数百名20岁左右的朝鲜姑娘。说是要把她们送到日本去做工。

不久，李贤淑她们乘船到达日本的大阪，在那里停留两天，她们被规定使用新的日本名字，李贤淑被叫作“文子”。随后，她们被带上船又出发了。

经过几天的航行，她们被安置在上海的一个郊区，然后等待她们的并非什么工厂，而是日军的“从军慰安所”。当她们发觉受骗上当后，不由痛哭挣扎起来，一致要求日本人送她们回家。日本军人欺骗她们说，暂时要听他们的话，如果干得好的话，便给她们找工作。李贤淑顿时感觉眼前一片漆黑，知道自己落入不幸的深渊。这样，她的倍受侮辱的生活就此开始了。

李贤淑在中国过了两年多从军“慰安妇”的生活后，有一天清晨，日军突然命令她们带上行李集中到码头上去，当时聚集了约有1 000多名不知从哪里来的朝鲜女性。稍后，便跟大炮、坦克混在一起被日军赶上了大型货船。李贤淑去了新加坡。

这一控诉刊登在1992年7月1日的朝鲜《劳动新闻》。

（苏智良）

138–142

嘉定的慰安所

据玉井铭酒屋的组合长国井茂回忆，1938年初，他们曾奉日军之命，带了53个日本“慰安妇”到达上海，然后在吴淞、南翔和南市开设了3家慰安所。这些慰安所设在西洋式的建筑内，采用日侨民间经营的方式进行管理。[1]

事实上，日本人在嘉定地区开设的慰安所远不止一家。风景幽雅的近郊小镇南翔就有一家慰安所。

金家园的建筑在南翔镇上可以说是特别引人注目的。因为这几幢房子都是民国时期有钱人造的小洋房，是富贵的象征。抗战爆发后这里却成了侵略者寻欢作乐的场所。据当地人说，这几幢两三层的小洋房刚刚造好，东家还没有来得及搬进去，就爆发了中日战争，很快，战火就烧到了上海。于是，镇上的大户们纷纷逃难而去，这几幢小洋楼也空置了下来。日本军队到了南翔镇后，到

1　大林清：《玉の井挽歌》，第31页。转引自吉见义明、林博史主编：《共同研究　日本军“慰安妇”》，第77页。

金家园慰安所全景（苏律健、张敏霞 1998 年拍摄）

金家园慰安所一角（苏律健、张敏霞 1998 年拍摄）

处追逐当地的年轻女子，对她们实施暴行。渐渐地，镇上的妇女或是藏匿起来，或逃往他处，即使留下的也都是七老八十了。但侵略军并不罢休，仍千方百计地想办法发泄其兽欲，于是，他们看中了金家园的房子。

金家园的小洋房有几幢，日军便找来两个汉奸先在平房里开设酒保店。何谓酒保店？即让日军官兵喝酒、消遣娱乐的地方，之后便在洋楼里开设了“东洋堂了”，也就是慰安所。

当地有一位86岁高龄的石老妈妈，她从小就住在金家园附近。据她回忆，金家园慰安所的“慰安妇”人数并不多，充当“慰安妇”

苏律健、张敏霞与历史见证人石老妈妈的合影

的有相当部分是原来的妓女或者舞女。当时兵荒马乱的，这些靠卖笑活命的人很难找到“工作”，于是在汉奸的诱逼之下，反正“破罐子破摔”，总可以弄口饭吃。还有些身世清白的女性则多是为生活所逼，实出无奈。个别的妇女还要养育自己的孩子，在百般挣扎无望的情况下，在血泪中终于被迫选择了一条屈辱至极的道路。

金家园慰安所的房间里，铺着榻榻米，上面躺着的都是中国的年轻女子。她们有时一天要遭受数名日本军人的蹂躏，卫生条件也很不好。总之，日军官兵根本没把她们当人来看待，只是作为性奴隶，一种泄欲的工具，她们生活得十分悲惨。在这家慰安所里，有一点与其他的慰安所不同，就是这里的“慰安妇”们可以比较自由地出入，尽管有人逃走，但也有人进来。这是因为“没饭吃，只能进去待在那里”。生存是人性中最基本的要求，处于战火中的妇女，失去了亲人，失去了活路，软弱无力的她们只能出卖自己的肉体和尊严。她们也是那场罪恶的侵华战争的受害者。对此，难道日本政府不应担负全部责任吗？

（苏律健、张敏霞）

根据笔者的调查，除了金家园慰安所，日本人在南翔和整个嘉定开设的慰安所至少还有以下几处：

嘉定南翔大德寺慰安所。地址在嘉定南翔大德寺西首一座石库门房子，沦陷时设立。有倪家姐妹被迫为性奴隶，为火车站的日军服务。几个月后并入金家园慰安所。

嘉定人民街朱家洋房慰安所。地址：嘉定镇人民街，两层建筑，沦陷后成了“东洋堂子”，由嘉定汉奸商会出资建立，为日军免费服务，还提供3餐。

嘉定中下塘街慰安所。地址：嘉定镇中下塘街，老式平房，20多个妇女，由汉奸政权征集。

嘉定金家洋房慰安所。地址：嘉定镇西门外香火桥南堍的西下塘街49号，妇女都穿日本和服，开设时间不太长。

（苏智良、赵胜土　2000年）

在日伪档案中也有一则关于嘉定慰安所的文献，是担任伪上海特别市警察局局长的卢英，于1939年12月26日呈送伪市长傅筱庵的公文。内称：

呈为呈报事，案据侦缉总队长郭绍仪呈称，案据第十二分队长黄炎报称，窃奉特务机关嘉定班池田班长面谕，即日召集年轻女子四名组织军人慰安所，即咸肉庄之变相。每月池田班长补助每名女子洋十五元，以资津贴等语。经职再三声明困难情形，未蒙允许，万不得已派陈班长玉山赴沪招得赵道昌为领首人，带同翻译张志云暨女子三名，于本月十日成立慰安所。诚恐将来发生枝节，报请备案等情。据此，除指令外，理合据情备文呈报。仰祈鉴核备查。

谨呈　市长傅

这个慰安所是秉承日军旨意，经过嘉定日酋池田亲自“面谕”，设立的“军人慰安所”。将中国妇女控制在慰安所内，遭受日军蹂躏，连卢英这个伪上海市警察局局长也感到难受，“再三声明困难情形，”但日军意志坚决，“万不得已”才派人实施，此事报伪市政府后，伪府也觉得难以接受，在其给警察局的指令中称：“该侦缉分队承办妓女，实有不合。嗣后如再有此种情事，须加考虑……”

也许该慰安所与前面哪个慰安所重合，也许是另一个，还需仔细调查。

（苏智良　2007年7月）

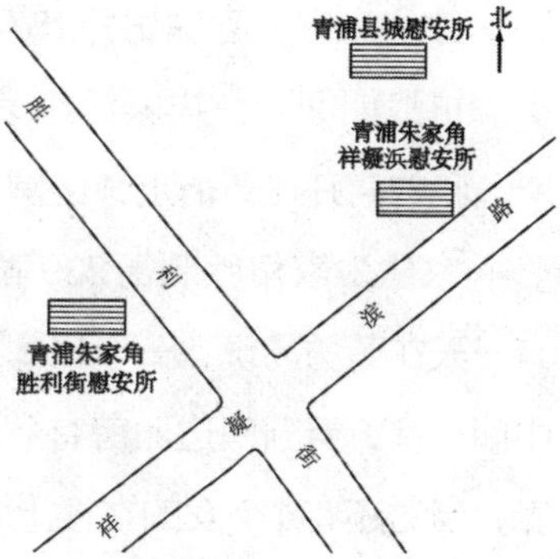

143-145

青浦的 3 个慰安所

根据《上海军事志》记载，日军在青浦县城设有慰安所，地址不详。可能与下面的城厢镇县前街张桂联老宅慰安所重合。

在2005年开展的“抗日战争时期上海市人口伤亡和财产损失”课题调研中，据亲历者提供线索，并经多方考证，确认侵华日军在青浦地区曾设立3处慰安所：一处在城厢镇（今青浦区盈浦街道）县前街张桂联老宅；一处在朱家角镇胜利街磨坊弄内杨瑞龙小洋房内；一处在朱家角镇祥凝浜纽家桥（后更名为凝和桥）埝汪超中宅。

家住盈浦街道青城苑4号楼303室的陆梧冈，男，94岁。长期住在青浦县城。他在证词中说：日本人司令部（办公地）是留美学生张桂联新宅，日本人慰安所在县前街西段，朝北开门，是张桂联家老宅。

家住青浦教苑新村4号楼103室的马孝遂，男，89岁。他说：抗战期间青浦有个慰安所在县前街。

家住朱家角回珠坊弄15号的苏德裕，男，87岁。他在课题组人员采访时讲：抗战期间，在祥凝浜纽家桥（凝和桥）塊汪超中家，日本人开设过慰安所，我的店开在新街上，经常看到“慰安妇”在街上走过。

家住朱家角胜利街239弄7号的仲豫辉，男，72岁。他说：我在7岁时，有一天在蓝坊场玩，一个日本兵把我抱到磨坊弄小洋房里的楼上，我在楼上的中间一室，看到两边厢房有七八个日本兵，室内有一张床，床上有一个女的躺着，当时还有4个女的在楼上、楼下各个房间里，大门口有日本兵站岗。

课题组对上述证词进行了考证。侵华日军驻青浦守备司令部在码头街张桂联新宅，离县前街慰安所不足200米距离，设在五库浜的日军特务机关驻地离慰安所不足100米。张桂联老宅是幢深院大宅，四周围墙高筑，宅门前，抗战期间一直防守严密。侵华日军在这里开设慰安所，便于驻青浦日军司令部、日军特务机关军官前来寻欢作乐。

在朱家角磨坊弄底，课题组在采访中发现，在日军设立慰安所的杨瑞龙宅附近，日军建起两座碉堡，用来保护到慰安所里蹂躏“慰安妇”的日本侵略者。据亲历者仲豫辉讲，他见到杨瑞龙小洋房周围筑起铁丝网，严防老百姓进入。杨瑞龙小洋房距日军驻朱家角守备队不足150米。纽家桥（凝和桥）塊汪超中宅距日军福晋宪兵司令部不足100米。

从上述考证分析，亲历者陆梧冈、马孝遂、苏德裕、仲豫辉的证词是可信的，抗战期间日军确实在青浦地区设立过3处慰安所。

（中共上海市青浦区委党史研究室：《抗战期间侵华日军在青浦地区开设慰安所的调查材料》，《中国青年报》2014年11月27日）

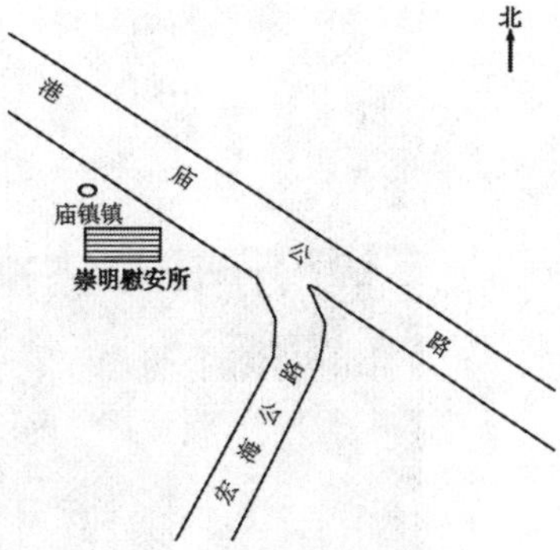

146

崇明庙镇慰安所

崇明是上海的门户，地理位置十分重要。1938年3月18日，日军从新开河，也就是崇明县的中部沿江海处的海桥港登陆。登陆时，有两艘兵舰运载士兵和武器，五架飞机进行掩护。当时崇明有庙、城、堡、浜四个重镇，日军根据地形，在各镇分别驻扎了一定的兵力。一个月后，日本帝国主义又从上海与宁波两地调集约300人到崇明。1943年后，当时所谓的新亚军调走，但仍有一定的兵力驻扎在崇明，且从上海再调来汪伪政府的保安团。1942年，太平洋战争爆发后，原驻扎在崇明的日军开赴缅甸和新加坡战场，之后也曾调来军队，但战斗力不及以前的军队。这支军队由台湾地区民众、朝鲜人、做生意的日本人和中国东北三省的一些人组成。直到1945年，日本投降后，日本势力才撤离崇明。

日本帝国主义在占领崇明的庙镇期间，为了发泄兽行，设立起了慰安所。对当地的中国女性犯下了滔天罪行。

日军的庙镇据点早已拆除，这里现在是镇政府的一排平房（苏智良1999年拍摄）

陆秀珍饱经风霜，2005年11月24日去世（苏智良1999年拍摄）

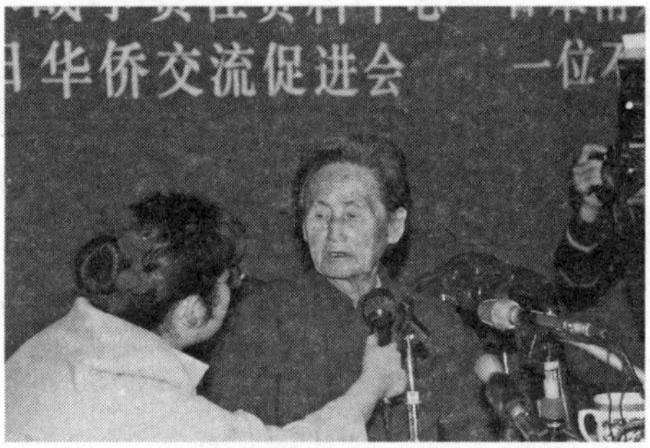

在首届中国“慰安妇”问题国际学术研讨会上，陆秀珍在揭露日军暴行（秦维宪2000年拍摄）

1938年日军占领崇明庙镇，在那里设置了据点，约有一个中队的日军长年驻扎。他们的上级并没有给他们派来性奴隶，于是，日军自己寻找性奴隶。根据调查，有两种形式，一种是建立了慰安所。我们找到了曾被日军抓到慰安所的受害者陆秀珍。她回忆：

1938年我21岁时，日本人占领了崇明。当时日本人有放假，当官的一个星期，士兵三天。每到放假时，他们就从驻地跑到乡下，见鸡抓鸡，见粮抢粮，花姑娘更是见一个捉一个。姑娘们都来不及逃；逃不掉的就被捉去，我就是这样被金翻译和日本兵捉去的。娘见我被抓了去，就央求日本人不要捉我去，日本人哪里会同意，他们威胁我娘说，不去就烧房子。

那时是1938年阴历2月份。我被捉到崇明庙镇的日军的慰安所里，那房子是两层楼房，大约共有十几个女的，这些人中，我只记得一个叫讨饭珍郎，一个叫王桂香。我住在下层，每人一个房间，但很小，只有一张床，没有其他东西。部队的营房离我们所住的慰安所很近，有小兵站岗，但是不严格，队长命令小兵看着我们。那里有个身上带着军刀的军官，日本兵叫他队长，这个人比我大，有30多岁，名字记不清了。队长总是白天到我房间来坏我。隔两三天来一次，有时带几个罐头来。日本兵在崇明都是吃罐头的，他们怕中国人下毒，烧了菜总是先要中国人尝过之后才肯吃。我从来没有向这个队长要过钱，日本人也从来不给钱，有时给点吃的东西。实际上，我是被队长一个人控制的，他规定其他日本兵不准来弄我。因此一般的日本兵就非常恨我。队长出去开会办事时，日本兵就把我的衣服都挑到房顶上去，我没有办法换洗衣服，只好晚上洗，白天穿。那个队长知道小兵欺侮我，就叫全体集合训话，我也跑去听了，队长训斥小兵，不准他们碰我。

在慰安所里，吃饭有人烧，吃米饭，盛一盆菜，有时是盒子里面一碟碟小菜。有一个徐其构，是个汉奸，他的娘子也要为日本兵洗衣、端饭，她人很坏。有时给我只吃一点点饭。当时，日本兵并不戴避孕套，但有中国医生来检查身体，都是检查下部，大概检查过两三次，记不太清楚了。

就这样到了收麦子的季节了，大概是5月份吧，一天白天，我偷偷地从慰安所里逃了出去。当时房子边有一条公路，我是住在庙镇的，在公路的南边，我从小路逃，逃到了上海，找我的过房娘，躲在上海住了些日子。后来听说这一支日本兵已经调防了，我回去了。

我被日本兵坏掉以后，村子里一直说我是跟日本兵睡觉的，流言蜚语不断，我在这种环境下无法再找对象。直到33岁，村子里有一个在上海淮海中学做校工的王姓男人死了妻子，还留了两个孩子，经人家介绍，我才跟他结婚了。我是连种田地都种不好，因为坏了名誉，种田也没有风水。结婚以后也一直没有生养孩子。我因为不懂妇女病，也不知到底有没有，只是现在老了，双腿不太能走路了，头晕，记性也不好。我恨日本人，因为他们坏了我的名誉，我这一生没有过过好日子。这些事都是日本人的错，这侵略的事情，不管他们承认还是不承认都是要承认的。日本人不承认他们做过这样的坏事，我们现在还活着，可以跟他们辩；我们也有军队，有刀有枪，大家可以参军，可以跟他们打！

另一种形式，是逼使受害者到炮楼里来，“使用”完后再放回家。这样的形式，日军没有任何“成本”，连看管和提供饭菜都不需要了。现在所知，至少有7名妇女被逼成这类性奴隶。受害者郭亚英回忆：

陈丽菲在向郭亚英夫妇调查受害细节（苏智良2001年拍摄）

1938年至1939年，日军在庙镇驻扎了大约一个中队的兵力，至少有20多人。当时日军在庙镇镇中心修建了营地及“慰安所”，地点在现

郭亚英老人（右）（陈丽菲2000年拍摄）

郭亚英的家在江口镇丰华村907号（苏智良2000年拍摄）

在的镇政府，那幢房屋原来是家医院，现在房屋已经折毁了。日军抓当地的妇女关入其中充当性奴隶，除此之外，又长期、固定地对镇周围村庄中的七位妇女实施性暴力，这七位女子因此被人们称为“七个姐”，“七个姐”中，除“阿巧”朱巧妹外，我也是的。

当时，我与丈夫一起开了一个小点心铺，已育有二子。日军和汉奸威吓我，如不服从命令，就要砸光我的铺子，关押我的丈夫和孩子。1937年至1939年中，日军每周都有数次或到我家中，或带我到营地，对我实施性暴力，有时会将我关闭一天一夜充当三四个日军的性奴隶，不准回家。这种状况一直持续到1939年，前后有一年时间。在此期间，我的丈夫郁病而死。

2001年8月27日晚上，我们从云南调查返回上海，接到郭亚英的孙子来电，他悲凉地通知我们，他的奶奶已在24日去世，26日，家中已举行了大殓。他希望我们能帮助找到他奶奶新中国成立后遭受迫害的法院卷宗，以揭开真相。我们为没能参加郭亚英的葬礼而深感遗憾。

另一位受害者是朱巧妹老人，她与郭亚英可以互相印证受害的经历。1910年出生于松江小昆山的朱巧妹曾是商务印书馆的工人，“一·二八”事变中，日军炸毁了工厂，她只能跟着丈夫周守文来到崇明，在庙镇开了个小饭店

郭亚英老人于2001年8月24日在崇明去世（苏智良2000年拍摄）

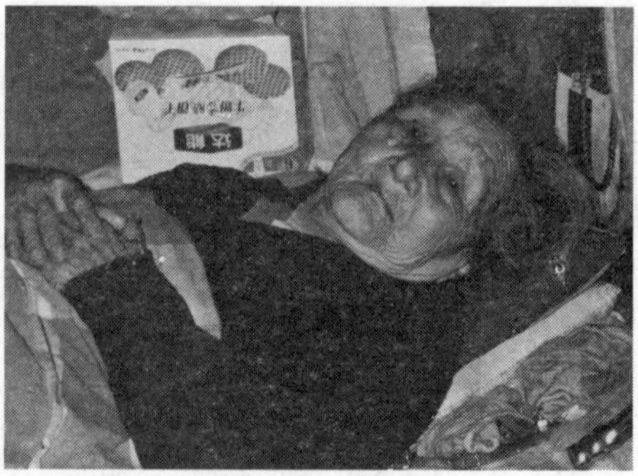

朱巧妹老人患病中（苏智良2003年拍摄）

朱巧妹的家在庙镇镇剧场路22弄5号（苏智良2000年拍摄）

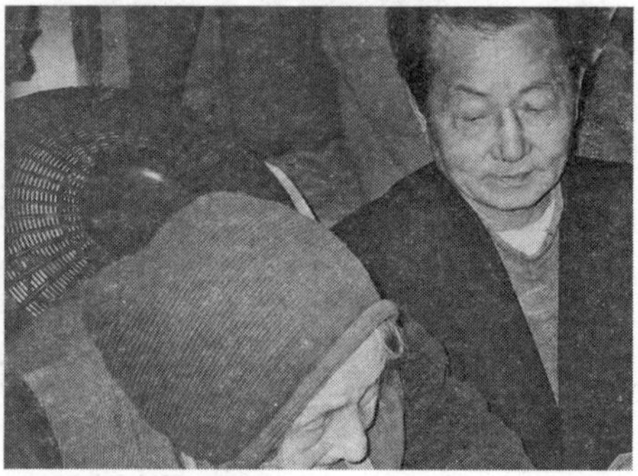

2001年上海市静安区公证处主任赶到崇明，为朱巧妹作受害事实公证（苏智良2001年）

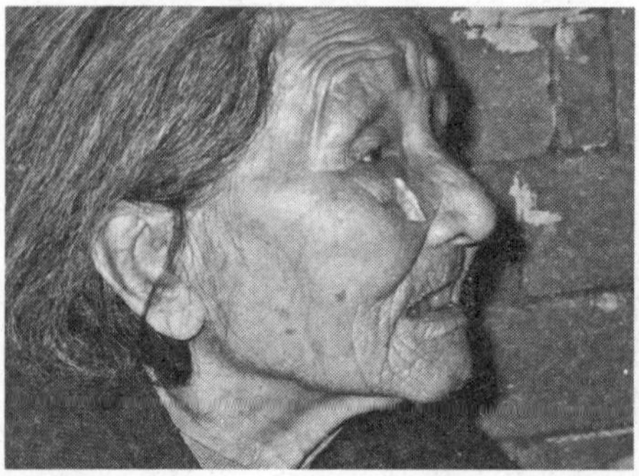

朱巧妹期待能讨回公道（苏智良2001年）

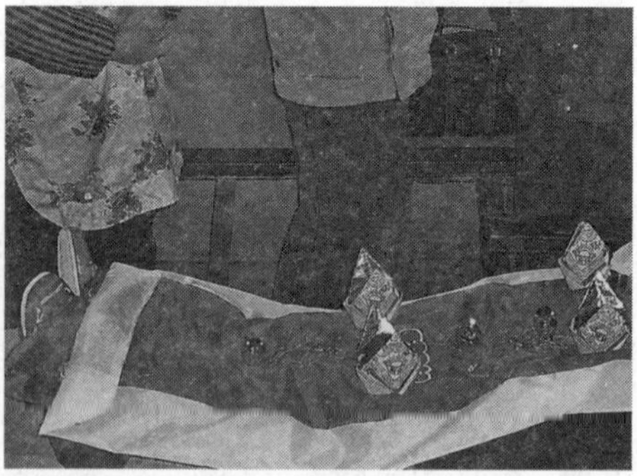

朱巧妹老人的遗体（苏智良2005年2月12日拍摄）

“永兴馆”，有了儿子，过着非常舒心的小康生活，哪知日军占领庙镇后，朱巧妹开始了苦难。她回忆道：

1938年春天，日本人占领了崇明。日军在崇明庙镇建造了炮楼，驻扎有一个中队的鬼子兵，经常出来骚扰村民。那些房子前些年都拆掉了。我们也没有地方可逃，就在小饭店里。有一天，几个穿黄军装的日本兵手拿长枪冲了进来，他们把客人全部赶走，把我关进房间强奸了。我当时已怀孕两三个月，后来生了周鑫。

日军的中队（大约六七十个日本兵），好像名叫“松井中队”，住在一个两三层的楼房里（这间楼房已被拆毁，地址在今庙镇镇政府）。我还记得中队长叫“森格”（音译），小队长叫“黑联”（音译，据说后来战死），还有一名日军专职翻译黄春生（后来换为金盛生，金可能是朝鲜人，但当地人认为是华侨）。他们到各处来搜寻、强令有姿容、比较体面的女子专为日军军官“慰安”，为满足日军官兵的兽欲，日军和翻译威逼镇上七名女子组成“慰安组”，这“七个姐”是周海梅（梅姐）、陆凤郎（凤姐）、杨七姐（七姐）、周大郎（大姐）、金玉（玉姐）、郭亚英（英姐）和我（人家叫我巧姐）。我们都成为鬼子兵的性奴隶，我们都是被日本军官凌辱，一般的日本兵不能强暴我们，他们还要糟蹋镇上其他的小女孩。

我们七位女子平时住家，由金翻译官临时指派，或被叫去据点，或由日军军官闯入家中施暴。如果我们有不从，日本兵立即砸家砸店，拔出刺刀威胁“死拉，死拉。”我们真是苦透了。

刚被抓去时我已怀孕，日本军官根本就不管你肚子里有小囡。我生孩子后仅两个月后，又经常被日本兵拉去。当时，我奶水很足，森格和黑联每次都要先吸干我的奶水，然后再强奸我。我怕死，都一直忍受日军的暴行。日军炮楼里的那间房屋，不大，是专门为强奸我们而设立的，里面有一个浴缸，一张床。我们进去后要先洗澡，洗了澡后日本兵就在浴缸边的小床上强奸我们。除此之外，日本军队的官兵从未采取过任何卫生措施，连命也差一点丢掉，哪里还有什么报酬。

这种情况持续到1939年底，每周至少有五次，有时更多，现在已过去这么多年了，具体我已记不清楚了。记得有时被抓进去后要关上一天一夜，才被放回来。我告诉你一个秘密，我上面讲的“七个姐”里，梅姐是我的婆婆，那时已经50岁了，日本鬼子真是罪孽啊！凤姐是我婆婆的妹妹，也有40来岁了，而大姐周大郎也是我的亲戚，是我的远房姐姐，我们一家四个人遭难，真是苦啊！

我的丈夫周守文因看我遭受日军的折磨，愤而参加了当地的抗日游击队，但后来不幸被日军抓住，活活打死。

至1939年日军撤出庙镇，我才得解脱，但已患了严重的妇女病，至今遭受肾病困扰，并在精神上留下深重创伤。我的精神压力很大，我是规规矩矩做人的。我最痛恨的是，我的丈夫被日本兵打死。丈夫死后，我守了一辈子寡，过去我从来不提起自己被日本兵糟蹋的事，太难为情了。

一家四人做了日军性奴隶，这是世界上十分罕见的事例。2005年2月20日上午10时15分，世界上最年长的“慰安妇”受害者朱巧妹老人在庙镇家中病逝，终年95岁。当年，中国“慰安妇”问题研究中心为老人树立了墓碑。

（苏智良、陈丽菲记录）

（苏智良、陈丽菲采访。第一次：2000年5月，崇明庙镇朱巧妹家；
第二次：2000年9月，崇明庙镇朱巧妹家；
第三次：2001年2月14日，崇明庙镇朱巧妹家；
第四次：2001年3月15日，崇明庙镇朱巧妹家；
第五次：2001年12月；第六次：2004年9月）

147

崇明城桥镇慰安所

刘建民给笔者的《揭露日寇在1938年3月18日占领崇明岛后的“慰安妇”的遭遇》信函中这样写道：

> 回忆日寇在上世纪30年代的1938年3月18日占领崇明之后直至1945年8月日寇投降，在崇明建立慰安所的情景，真记忆犹新。

2007年5月14日上午，笔者在刘建民老人的带领下前往慰安所遗址探个究竟。

老人信中所指称慰安所，位于当时崇明县治所在地城桥镇人民路与新崇西路交叉口。这里现在是一幢四层楼，已是商业用房，主要作崇明泉凌宾馆客房之用。若不是刘建民老人告知，谁能知道此处曾是慰安所原址？

日本侵略者1938年3月18日占领崇明，时年刘建民13周岁，他1925年

崇明城内慰安所原址（陈克涛2007年拍摄）

生于崇明城内西转河沿（今新崇西路，门牌号码已有变化）14号。他出生的这幢房子由刘建民祖父所建，当时为石库门房子，五开间，上下两层，楼下两侧间，共六七百平方米。南北皆有门，平日仅开南门通行。

据刘建民老人回忆，1938年5月间，日寇“宣抚班”的桥本、石桥、白宾等人带领一批汉奸，强行霸占刘宅。不久，有日本浪人龟田夫妇带来十几名妇女和勤杂人员办起了慰安所。李伴鹤《崇明沦陷记》（1947年铅印本）上云：“于城内兴贤街钱应清、西转河沿刘楠堂、南转河沿徐泮芹等宅，设立妓院，名曰慰安所，诱致本地青年妇女，以供日寇之销魂，开历史未有之纪录，贻吾崇莫大之耻辱，言之痛心！思之可憎！”

日本人在刘宅所设慰安所，有10多位“慰安妇”，最小者16～17岁，最大也不超过30岁。她们有的是从浙江被抓骗而来，有的是上海的，崇明只有1～2人。据调查，来此慰安所发泄兽欲的日本兵腰挎长刀的不多。以此推测，此慰安所受众多为士兵。特别是在星期天，光顾者更多，他们酒醉之后，往往会大闹慰安所，殴打“慰安妇”，无恶不作。“老板龟田，我们一群孩子叫他乌龟老板，心狠手毒，时常强迫一些有病的‘慰安妇’接待，如有不从，夜间便遭毒打，还不给饭吃，处境悲惨。有病情严重的，后来就不知去向了。”刘建民对笔者回忆道。

此外，《崇明沦陷记》中所提城内兴贤街钱应清和南转河沿（今新崇南路）徐泮芹等宅的慰安所，实乃刘宅慰安所转移了不同地方而已。

由于房子被霸占用作慰安所，刘建民一家离开崇明赴上海。1940年，回到崇明，住进与刘宅紧邻的叔母家。幸运的是，两年后，即1942年，经多方

徐泮芹宅所处之位置（2007年陈克涛拍摄）

刘建民老人向笔者描述当时钱应清宅的位置（2007年陈克涛拍摄）

努力，日本人让出刘宅，慰安所相继转移至兴贤街钱应清宅，后又搬至徐宅继续开办，直至1945年日军无条件投降。

据老人介绍，钱宅和徐宅慰安所内大约有“慰安妇”6至7名。抗战胜利后，慰安所取消，但这些“慰安妇”的去向，皆无从知晓。

（陈克涛、徐兵　2007年）

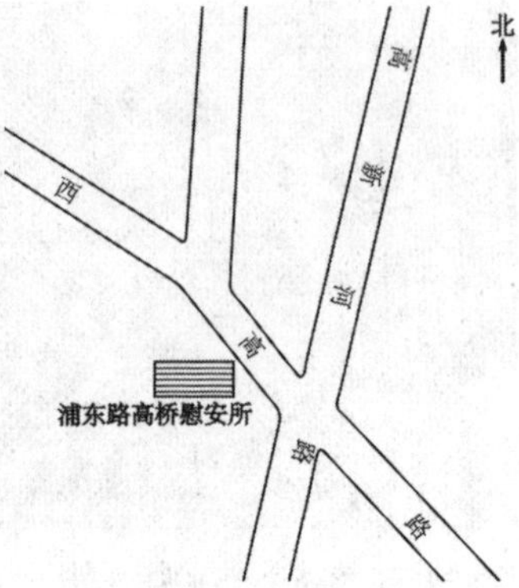

148

浦东高桥慰安所

上海市档案局编著的《日本帝国主义侵略上海罪行史料汇编》，由上海人民出版社在1997年出版。这本书中收录了多则有关慰安所的档案，根据档案，杨水长在浦东草镇设立慰安所。呈文如下：

伪上海特别市警察局呈文（1939年10月12日）

呈为呈报事，窃据职属高桥警察署署长魏洁忱呈称：窃据职属天灯口分驻所巡官董雨铎呈称：辖境内南塘宅三十七号内现有宁波人杨水长在该处开设慰安所，计有账房一名、通译一名、妓女五名、女佣一名。其性质纯系供给友军方面，其他概不招待。业经服部班长准许开业等情前来。经查属实，理合绘具草图备文报请鉴核等情。据此，查该慰安所之开设专为供应友军娱乐，既经该管服部班长许可，自应准予营业。除指令该署饬属严密保护

外，理合据情呈报。仰祈鉴赐备查。谨呈　市长傅

上海特别市警察局局长　卢英

中华民国二十八年十月十二日

这个汉奸杨水长在日军指使下，多处开设慰安所。这个慰安所就有5名“慰安妇”，根据文字，应都是中国受害者。此后该慰安所并不景气，于是杨水长又将慰安所迁至草镇，那已经是1940年年底的事情了。

伪上海特别市警察局呈文（1940年12月26日）

案据高桥警察署呈称：案于本月十五日下午一时许，据江心沙分驻所巡官徐涛呈称：窃据户籍警长张化民报称：境内草镇七十一号，有杨水长开设慰安所，询据该主人声称，前设天灯口南塘宅，因营业不振，故移来斯处。共有妓女五人，男女佣工三人，并有浦东北部队联络官事务所暨浦东宪兵分遣队及高桥警备队先村队部营业许可证各一纸。经警长查阅属实，报请核转。等情前来。理合绘具该慰安所略图备文呈请鉴核备查。等情。据此。除指令外，理合抄绘略图一纸，备文转报，仰祈鉴核备查。谨呈

市长陈

附呈抄绘原略图一纸

上海市警察局局长　　卢英（印）

中华民国二十九年十二月二十六日

该文件是伪上海市警察局局长卢英于1940年12月26日呈送伪市长陈公博的函件，根据高桥警察署的调查，在1940年12月15日，境内的草镇71号，出现了一个慰安所，开设者是杨水长。该慰安所原来设在天灯口南塘宅，因“营业不振”而申请移至此处。

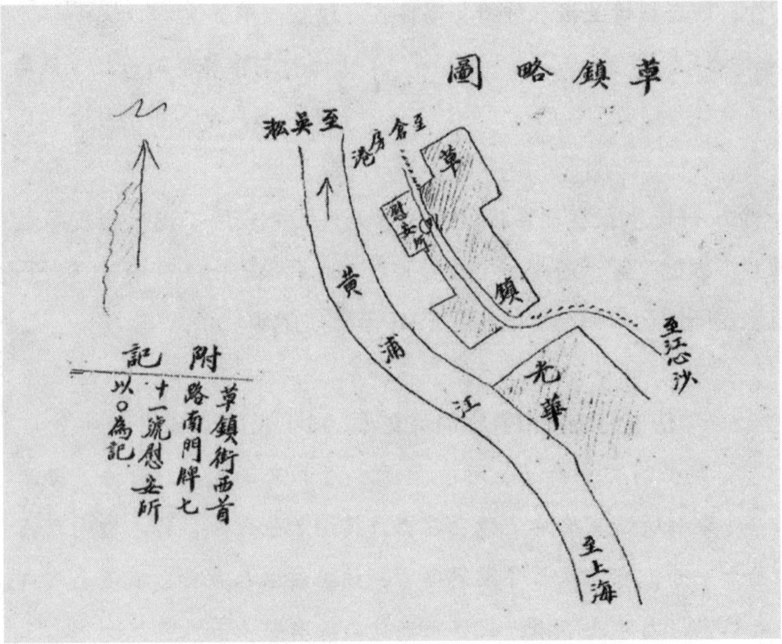

上海市档案馆至今保存着这张草镇慰安所的位置示意图

改革开放后，高桥镇的变化翻天覆地，几次调查均毫无收获，但在草镇设立过慰安所是铁的事实。

（苏智良　2006年）

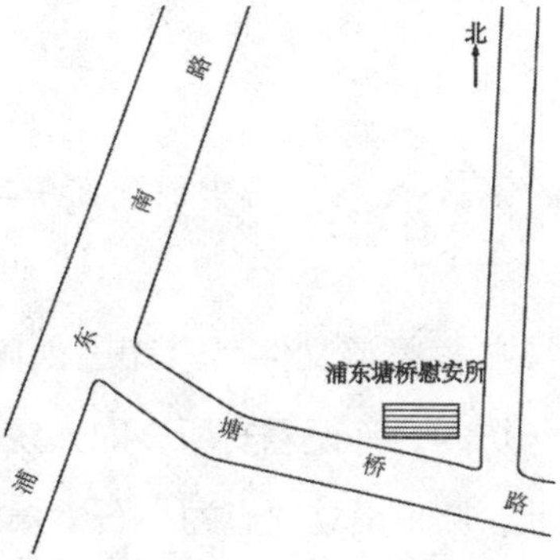

149

浦东塘桥慰安所

以下是一则摘录自上海市档案馆所藏的档案，1938年伪政权警察局的呈文中，清楚地表明：在塘桥路大年坊内曾有日本人开设的“东洋妓院”慰安所。

伪上海大道政府警察局呈文（1938年3月18日）

呈为呈报事，案据浦东东区分局呈称：为呈报事案。据塘桥分驻所巡官李松山呈称：窃于二、三月十二、三日下午三时许，有日人河村率妓女多人，来往塘桥路大年坊内，开设东洋妓院，闻系由小石桥张家祠堂搬来。经派巡长牛明哲前往调查，据复称巡长当往该院询据翻译盛和庆称：院内有中国妓女十一口，东洋妓女二口，老板系日人河村等语，报请核查。等待前来。理合据情呈报鉴核。等情。据此。事关社会情况，理合备文呈报，鉴核备查。等情。据此。除鉴核备查。谨呈报

市长苏

上海大道政府警察局局长　　朱玉轸（印）

中国戊寅年二、三月十七、八日（上海市警察局之印）

根据该文件可以知道，1938年2月，日本人河村来到浦东塘桥路，在大年坊内，开设慰安所，时人统称为“东洋妓院”。该慰安所也是从他处迁移至此，原来设立地点为小石桥张家祠堂。日本人经营者河村还聘请了翻译。内有中国人“慰安妇”11人，日本人“慰安妇”2人。而且这些慰安所的开设均经过行政当局的确认。

在实地调查时，因年代相隔，现在已较难找到证人。

（苏智良　2006年）

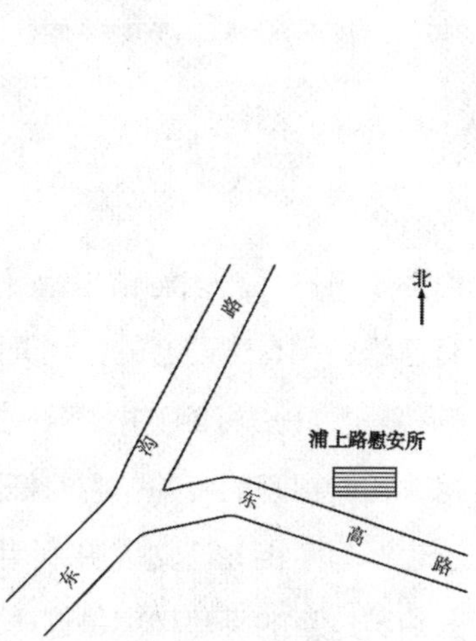

150

浦上路 6 号慰安所

因紧靠东沟港而得名的东沟镇，地处上海黄浦江下游、复兴岛对岸，东沟镇南毗邻直通浦东腹地的水道，地理位置十分重要。抗日战争期间，日本海军舰队入侵黄浦江示威，之后海军陆战队在浦东登陆，随着战事的发展，浦东

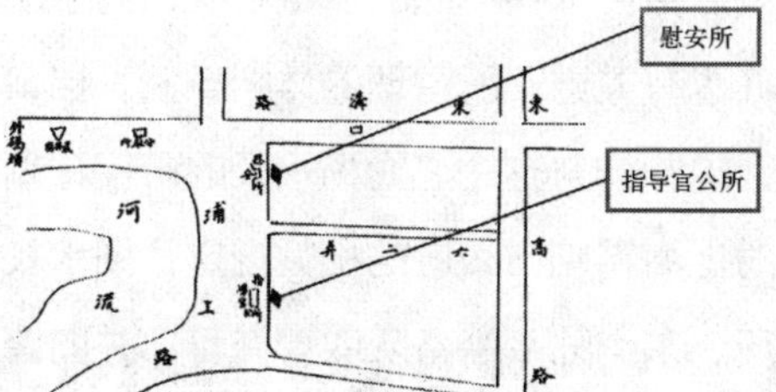

日军占领时期东沟浦上路六号慰安所（资料来源：R-3-134“为据高桥区分局呈报市民杨水长在东沟浦上路六号开设慰安所情形祈鉴核备查由”，1939年2月25日，上海特别市警察局，上海档案馆藏，转自韩惠仁：《中日战争时期在上海地区建立的慰安所以及相关管理制度的变化》）

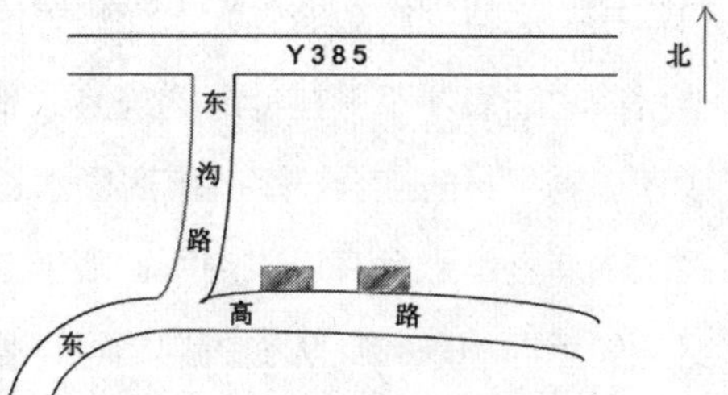

今浦上路六号与指导官公所（图中灰色部分）示意图

沦为了日占区。东沟镇也饱受着日本侵略者的摧残，无奈逃难和无奈留下的，有意躲避和有意迎合的，都同时出现在了历史的舞台上。近年，一份尘封已久的档号为R-3-134的档案在上海市档案馆中被中方研究人员发现；2014年2月，在沪召开的有关“慰安妇”问题学术会议上，韩国成均馆大学的韩惠仁女士也撰写了相关论文[1]，并利用到了这份档案，这份由时任上海特别市警察局局长卢英过目的手写档案是这样的：

> 为呈报事案据高桥区分局呈称窃据职局东沟分驻所巡官戎汉卿呈称窃于本月十日有市民杨水长领得浦东宪兵队、东沟指导官公所、东沟陆军警备队等机关之许可证在本镇浦上路六号开设慰安所，雇用账房通译男女仆役十二名口，业已照章登记户口，其所接待之客人仅为陆海友军，对于华人概不招待等，请速同该所男女仆役姓名年籍呈报前来，据此除饬该巡官替属严加注意以免发生事故外，理合将该慰安所开设情形并所雇男女仆役姓名年籍及草图一份具文呈报，仰祈鉴核备查等情，附呈草图名单各一份，据此除指令外，理合抄同原附件备文呈报，仰祈鉴核备查谨呈。

落款为时任上海特别市市长傅筱庵和警察局局长卢英。根据该份档案，可以得知上海特别市政府作为上海华界沦陷后由日本扶植起的傀儡政权，为了配合所谓“陆海友军”在上海的统治，制订了有关慰安所管理的详细条例。档案中还提到了当时迎合日军的市民杨水长。1939年，这个名为杨水长的市民计划在东沟浦上路六号开设慰安所，限于当时上海特别市政府的相关规定，杨水长必须先后向浦东宪兵队、东沟指导官公所、东沟陆军警备队取得许可，并向警察局登记员工信息和备案后，方才获得开设慰安所的资格，档案显示该慰安所

[1] 韩惠仁：《中日战争时期在上海地区建立的慰安所以及相关管理制度的变化》，2014年2月。

还雇用了包括账房、通译、男女仆役在内的12人，慰安所的服务对象仅为日本陆海军，华人一概不予招待。斯人已逝，然而建筑是否依然保留？笔者根据这份《为据高桥区分局呈报市民杨水长在东沟浦上路六号开设慰安所情形祈鉴核备查由》对今日东沟东高路（原浦上路）进行了实地走访。

今东高路（原浦上路）（李君益2014年拍摄）

东高路西起东葛路，东至杨高北路，全长约3公里。改革开放后，东高路东段兴建起了新村，只有东高路中段依然保留着一小片瓦房，依稀让人看出昔日的村落痕迹。这些瓦房有些已经进行了加盖和翻新，有些由于属于公家房屋，在新中国成立后被分配给了军属，至今仅翻新而未予以加盖，保留了最原始的当地风貌。东沟地区的道路名称也经过了变更，浦上路为今天东高路中段部分，而1949年前的东高

未经加盖、保存完好的军属住宅（李君益2014年拍摄）

民国时期的东高路（浦上路东侧）今已成为东高路185弄的一条小巷（李君益2014年拍摄）

原浦上路六号（李君益2014年拍摄）

路今已湮没在老宅中，成了无名的小道，浦上路南面毗邻的河流在新中国成立后经过了填埋，今天已经在河流上建起了熙熙攘攘的菜场。当地的住户大多年事已高，不少是生于斯，长于斯的本地人。据这些老人回忆，日军登陆浦东时，他们都举家逃难，其中有一位90岁高龄的老妇，当时与家人逃至北京数年。年轻时经历抗战的老人，对于东沟曾存有慰安所的情况并不十分清楚，只有一些零星关于日军对当地人暴行的传闻，根据一位家住东沟六村的98岁高龄的徐家阿婆回忆，抗日战争爆发时，他们连夜逃出东沟，事后听说一位留守东沟的当地人曾经在婚礼进行时，不知何故，日本人突然将酒席掀翻，并且将他踹死在门槛上。

根据当时杨水长开设浦上路六号慰安所的档案及所附略图可知，1939年2月开设的慰安所在浦上路六号（今东高路）距离东沟指导官公所仅一巷之隔。在高行镇东沟居民委员会工作人员姚晓春热情帮助下，笔者找到了一位老人，根据他的指认，浦上路六号位置为今东高路西首南鹏鞋业处，该幢房屋未经过加盖，大致保持了最

原日军指导官公所（李君益2014年拍摄）

初的外貌，今已成为沿街店铺，同一屋檐下被分隔成了五家店铺（香烛店、烤鸭店、鞋店、饼店、童装店）对外经营。而指导官公所很有可能是在今东高路157号，建筑外形、占地面积与慰安所相同，今天已经成了蔬菜超市和肉铺。

对于这两处房屋，目前尚需当地公安部门提供更多的地契、户籍档案，方可最终确定。有鉴于此，笔者建议当地有关部门应先保留该处遗址，留待日后认定。

（李君益　2014年写，苏智良　2014年修订）

日伪关于建立浦上路慰安所的文件（上海市档案馆藏）

151

松江第一慰安所

《支那在留邦人人名录·上海》第33版，由上海北四川路日本金风社于1943年出版，内收录了一处新的军慰安所，名为松江第一慰安所。这一慰安所由来自日本高知县的滨口义龟设立，地点在松江城内中山路1528号。其详细情况不能知晓。

笔者猜测，既然有松江第一慰安所，很可能还有松江第二慰安所。

（苏智良　2003年6月）

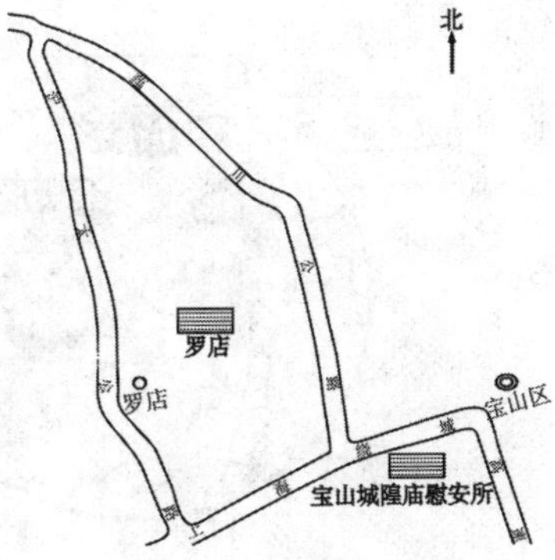

152–153

宝山城隍庙、罗店慰安所

陈存仁是近代上海名医，晚年在香港写下多种上海生活的回忆，在《抗战时代生活史》中他记录了日军指使汉奸歹徒成立的两个慰安所。一个在宝山县城隍庙，成立的时间非常早，是宝山沦陷的第三天。日军以9月5日为占领宝山城的日子，这样推算，这个慰安所在9月10日前已建立。另一个在罗店。

下面是陈存仁的回忆。

> 到（宝山）沦陷的第三天，地方维持会也出现了，成员多是地痞流氓，加上几个当地的歹徒，居然惶惶然贴出安民告示。他们成立一个“慰安所”，要拉二百个妇女，供日军泄欲。这班汉奸奉命连日到处拉适龄的妇女，不少良家妇女被用绳捆绑起来，送到城隍庙去，就成立了一个慰安所。一时妇女们哭声震天，在汉奸们的看守下，受尽了日本兵的蹂躏。最初有十几个妇女，把

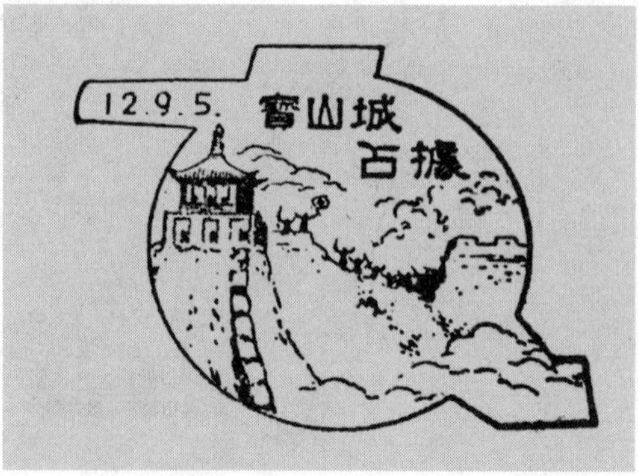

这是日军占领宝山县城所刻制的纪念邮戳。上面刻着昭和12年9月5日，其实之后在宝山城仍有战斗

衣衫脱下来撕成布条，悬梁自尽。后来日军下令所有妇女全部一丝不挂，脱得精光，以免再有自杀事件发生。其中许多妇女，在日军的淫威之下，活活地被摧残致死。有时因军务紧急，日军调出去的很多，毫无人道的汉奸，也穿上日军的军服，乱来一通，这种暴行，当然片刻之间就轰动全城。许多妇女想尽办法，逃出虎口，可是有许多地方早已架设了通电的铁丝网，触上了铁网便惨叫一声而死，有衣服穿得多的人，竟烧成一个焦炭人，因此不少人都绕道小径逃出。

在日军的暴行下，宝山城几乎变成死市，日军感觉到要是每占一城都这样，也不是办法，过了十多天，居然贴出告示说："奸淫掳掠行为，尽是不法歹徒所谓，与日军无关。"除下令禁止之外，而且还作出一幕戏剧性的手法，枪毙了十几人，其实这十几个人之中，有三个还是效忠于日军的汉奸，因为他们抢的财物实在太多，日军对汉奸本来有一种不成文的办法，先让他们抢一个饱，等到抢饱了之后，日军就坐享其成地把财务接收过来，所以借此弄死几个小汉奸，作为掩饰。这在初期的宝山已经如此，后来在各省各县也脱不了这一套。

又据说，罗店的汉奸鉴于宝山如此情况，所谓地方维持会的人，就改变了一个办法，早就预备了大批土娼，等日军一到，就欢迎他们进入慰安所。

（陈存仁：《抗战时代生活史》，上海人民出版社2001年版，第24—25页）

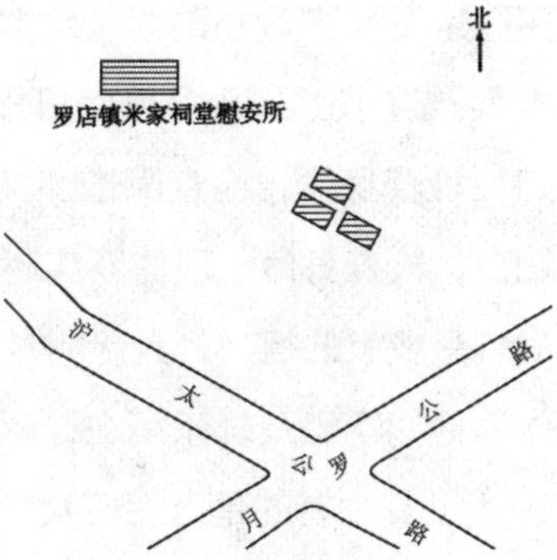

154

罗店镇米家祠堂慰安所

宝山区罗店镇是一个有600多年历史的古镇。元代至正年间，罗升在此开店，商贸逐步发展起来，渐成市镇，遂有罗店之称。明万历年间，镇上棉布贸易兴旺，居当时嘉定七镇五市之首，“金罗店”的称号不胫而走。志书称“比闾殷富”“徽商辏集”。镇有了一定规模，街路纵横，东西长3里，南北宽2里，有“三湾九街十八弄”，商家店铺近800家。清雍正二年，嘉定分出东部四个乡，分立新县。次年，建宝山县，罗店为宝山之首镇。

1937年“八·一三”淞沪抗战后，日军占领罗店。占领军指挥机构及日军官兵驻于新村，初时人员众多，后有所减少。新村为罗店商人所建，战前刚落成，未曾入住，5幢崭新的两层楼房住满日军，附近一带还住有不少日本军官。邱家弄杨姓小洋房住过一位日军少将，有一排卫兵警卫。新村不仅房屋新，而且地理环境好，四面环水，仅有一条路架以小桥出入，地形有利守卫。

1940年后，日军在此设立慰安所，当地老百姓称“日本堂子”。镇上居

民张家发说 :“我小时候（约13岁）和小朋友陈秋泉（已故）一起，为新村日本兵做过小工，亲眼见到日本卫生室（医生有7～8人）中，医生为‘慰安妇’检查身体，检查阴道。”居民王琦在1944年时，也曾亲见来了两军车的妇女，检查身体。现住罗店赵巷西街98弄1号居民刘义珍（77岁）说 :“米家祠堂是我家的祖产，大厅叫‘同义堂’，日本人占领期间开过日本堂子，大厅作为他们吃酒及玩乐所在，两边厢房改为小间，共8间小屋，‘慰安妇’大约10人，其中有的是上海妇女，会搓麻将。‘慰安妇’专门接待军官（有指挥刀的），对士兵不开放。设有铁丝网和住户隔开，不准往来。所以，外边人不大知道情况。但这一带的老人都知道这里是日本堂子。这个堂子大约开了三年多时间，以后不知到哪里去了。”

（傅家驹　2001年）

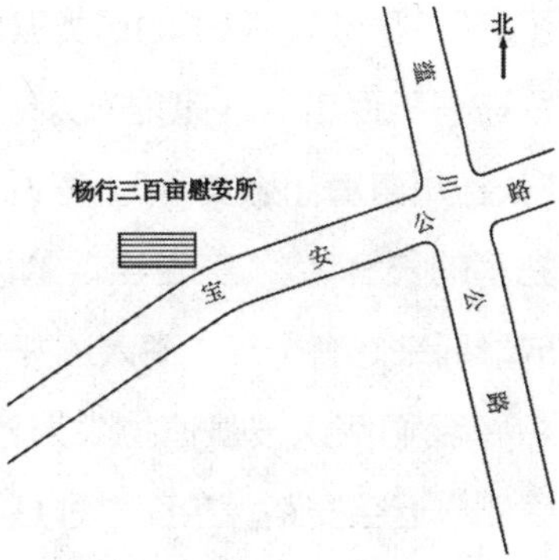

155

杨行“长谷川青海川慰安所”

1938年，日军在上海杨行镇靠近宝安路的“三百亩”处设立慰安所，挂牌为“长谷川青海川慰安所”。“慰安妇”有中国妇女和日本妇女，“忙得整夜接客”，为驻扎在此的日军部队服务，直到1941年该部队开拔，慰安所才结束。知情者刘士兴、刘文德回忆了这个慰安所。

过杨行镇西街，穿越蕴川路，再向西几百米，便是宝山殡仪馆，俗称“火葬场”。它的前身是一座占地300亩的墓地，正式名称“保安公墓”，百姓俗称“三百亩”。提起过去的“三百亩”，上了岁数的人们眼前就会浮现出荆棘遍地、坟茔累累、荒漠凄凉、鬼蜮哀鸣的可怕景象。就是在这个鬼哭狼嚎的地方，曾经有一个日本侵略者建立了见不得人的“活动场所”——慰安所。

1937年，日军占领杨行后无恶不作，尤其是驻军常四处找“花姑娘”，搞得六村不安。有一次，有个叫铃木荣的日本兵，见北面来了三个摘红梗菜（马兰头）的小姑娘，就伙同另外两个日本鬼子，大白天将姑娘拖到马棚里强奸了。日复一日，鬼子的这类丑闻，越来越多。于是，1939年至1940年间，日军在“三百亩”这鬼地方办起了一个慰安所，专供鬼子发泄兽行用，挂牌为“长谷川青海川慰安所”。据说“长谷川”是日本一地方名，“青海川”是这里驻军的长官名。“三百亩”的慰安所牌子一挂，日本鬼子如苍蝇闻到了臭肉，成群而来。有个日本商人还开了一爿小店，卖啤酒、香烟、罐头、糖果。

我们两人被强迫拉来为他们烧水，后来买菜做饭。慰安所在“三百亩”南侧靠近宝安路。东面一排是“慰安妇”的住所，用木板分隔成8个小间，每间仅七八个平方米，日本式拉门，门上挂有木牌，上面写着“慰安妇”的姓名。房内陈设简单，一床一椅，墙上贴了一些美女和日本图片。西边一排房子是售票间、医务室和日本管理人员的住所。售票间墙上挂有每个“慰安妇”的放大照片，下有姓名、年龄。到这里的日本军官、士兵可以随意挑选“慰安妇”，点名买票。管理人员共3人，1男2女。开始还有一个日本姑娘，年仅16岁，只管烧饭不接客。后面有一间较大的房间，称之为“北厅”。那里是专门放电影、唱歌、跳舞、举行活动的场所。

“慰安妇”共10人，都在20岁上下，一律穿戴日本服饰，脚蹬木屐，有的说日本话，有的说中国话。其中一人对我们说，她父母曾在虹口北四川路开一家电器店。

“慰安妇”一般上午休息，下午和晚上接客。嫖客人数不定，有多有少，忙时整夜接客，每个来玩的人限定时间。一星期由军医检查一次身体，常常能听到从医务室传出凄惨的哭叫声和粗暴的训斥声。这些姑娘接客时粉黛浓妆，卸妆后面色憔悴苍白，天天遭受凌辱，还要时时赔笑脸。小房间之间只隔了下半墙，上半墙相通，污言秽语，间间相闻。房间的纸篓里丢满了擦拭下身的手纸。可怜的“慰安妇”身体已经患病也得“服务”，稍有怨言，即遭一个膀圆腰粗的女管理人员一顿鞭笞。

初期，慰安所的一切伙食物品均从日军军需部领来，有罐头、鱼干、脱水卷心菜、白菜、萝卜等，就是水也从外面装来。后来给养供不上了，就由我们就地购买。

来慰安所的日本兵，也常流露出厌战思乡情绪，有的拿出一家妻儿老小的照片看，思念隔海的亲人。1941年，这支部队调出杨行，“慰安妇”们随行，杨行“三百亩”慰安所就此结束。

（刘士兴、刘文德，载《20世纪上海文史资料文库》（1），上海书店出版社1999年版，第418—419页）

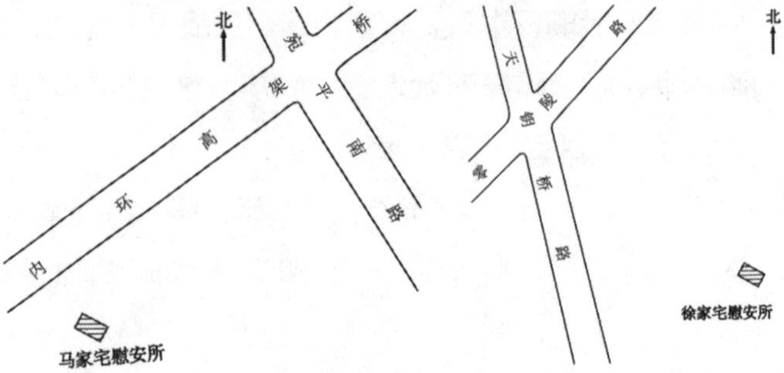

156–157

马家宅、徐家宅慰安所

马家宅，乃现今徐汇区宛平南路、双峰路以及双峰北路之间的区域（见示意图）。马家宅10号，位于双峰路和宛平南路之间，大约在图中内环高架桥与宛平南路之间的位置。这个陌生的门牌号，现在对我们来讲是弥足珍贵的，因为，在日军侵占上海期间，这里曾是众多慰安所中的一个。

马家宅10号，是一幢二进式的江南民居，前厢房有18间，后厢房有9间，建筑面积有几百平方米，是当地为数不多的一幢“豪宅”，属于浦东电力公司工程师马耀兴和弟弟马耀祥（民族资本家）。这幢房子一半是马家祖传下来的，另外一半由马耀兴所建。由于是居家，因此所用建筑材料均属上乘，马头墙的装饰也是极为华丽，此房可以说是马家宅地区居住条件最好的住宅。可惜的是，这一见证“慰安妇”屈辱的建筑物，已被拆除，不见了踪影。

据马耀兴的外孙81岁的谈谦礼老人回忆，战争爆发后，舅舅一家都逃难到“法租界”，该处“豪宅”被日军霸占为慰安所。日本侵略者是驾着马车蜂拥而来的（究其原因，可能是因为此地为上海的农村，交通不甚方便，不易汽车通行的缘故），日军一到此处便拆除了周围的民居，只留下外公的房子，辟为“东洋堂子”，即慰安所。据谈谦礼回忆，当时他已13岁了，经常和伙伴们到舅舅家旁边留有的一块田地去捡拾青菜，他发现该房子的周围都被铁丝网“圈住”了，时常看到身穿黄色军装，脚蹬镶着铁钉的军靴的日本军人进出本来属于外祖父的房子，从所着服装上看，皆为陆军，就此我们可以断言，位于马家宅的慰安所是由日本陆军开设。

慰安所的门前没有任何标志，但其规模很大，门口也重新装修了一番，还有两个士兵放哨。据谈谦礼老人推测，房子大约一共住有40名左右的“慰安妇”，大多为朝鲜以及中国人，他还经常看见日军拿着蓝色的“东洋瓶”肆意取乐，场面不堪入目。

从1941年底开设至1943年，慰安所随着日军的撤离而销声匿迹，这个慰安所大约存在了一年半多的时间。老人回忆说，日军撤离后，他到外公家一看，房子已经破坏得不成样子了，地板上有许多军靴戳的窟窿；原先的18间房屋都被一分为二，改成了日式的“榻榻米”，这样一来，每个房间有一名“慰安妇”的话，就有36名之多，依次看来，老人的估算是很准确的。

令人惋惜的是，此地早已变成了徐汇区龙山小区的一部分，另一部分也被中山南二路从中隔断了，马家宅慰安所的具体位置也就无从考证了。

据谈谦礼回忆，在马家宅不远处的徐家宅，有另一处慰安所。“这两处间隔不远，当年我在舅舅家附近就经常能看见，当时人们都称呼是‘日本人的堂子’。”由于该处已经发生了天翻地覆的变化，谈谦礼只记得它位于今天的中山南二路一带。

（陈克涛　2005年9月）

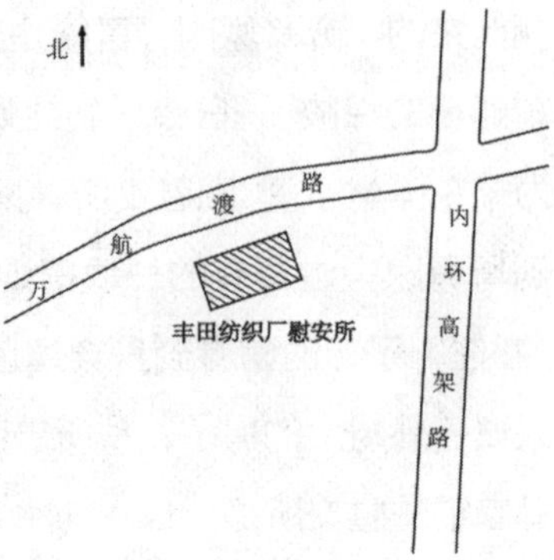

158

丰田纺织厂慰安所

荻岛静夫是日本第一师团上海派遣军伊东部队的上等兵，27岁，在1937年8月23日应征入伍，派往上海，隶属于加纳部队的卯野部队本部。他在日记中记录了上海丰田纺织株式会社的慰安所。

1938年1月8日　　阴　　丰田纺织厂

早上冷，下午有很多重要的事情，一直工作到晚上一点钟。

上午去第六中队，受到了煮甜小豆粥的款待。

晚上，听队长说开设慰安所的事，高兴的人很多。

1938年1月9日　　晴　　丰田纺织厂

今天，首次来了3名中国妓女。听说在本部附近要开设随军小卖部，古谷伍长和田中上等兵两个人去做小卖部的工作人员。

（附　两张中国“慰安妇”照片）

荻岛静夫拍摄的中国“慰安妇”

荻岛静夫拍摄的中国“慰安妇”

1938年1月13日　　阴　　丰田纺织厂

今天我突然被任命为随军小卖部的工作人员，因此去了小卖部。在战地军队里，有乐趣的地方大概只是有女招待的随军小卖部吧。再说，店里出售的东西都是上等的，买者云集。从下午到深夜我们都很忙，直到寒冷的半夜才得还家，在警戒状态下休息。

（四川建川博物馆收藏：《荻岛静夫日记》，
人民文学出版社2005年版，第50—52页）

从日记中可以分析，丰田纺织厂慰安所是日军第一师团设立的，在1938年1月初已经筹备。这一时间与杨家宅慰安所建立同步，由此可见，日军全面侵略中国以后，慰安所自上而下、自下而上已纷纷设立。

荻岛静夫在卯野部队的本部，因此他的消息比较多。1月9日，来了3个中国“慰安妇”，他没有透露更多的细节。1月13日时，荻岛静夫突然到小卖部工作，他记载“有女招待的随军小卖部”，可见这个慰安所是设在丰田纺织厂日军小卖部里了。

从荻岛静夫拍摄的两张中国“慰安妇”照片来看，该慰安所约有8名中国“慰安妇”。一张合影前排坐着一对男女，可以肯定是这个慰安所的老板夫妇，那男子还抱着一头狼狗；但究竟是日本人还是中国人从照片上并不能分辨，考虑到是这对夫妇带中国“慰安妇”进入日本军部的，很有可能是中国人吧。

顺便指出，丰田纺织1943年与从丰田自动织机制作所（现丰田自动织机）中独立出来的丰田汽车工业合并，也就是著名的丰田汽车公司。

（苏智良　2010年）

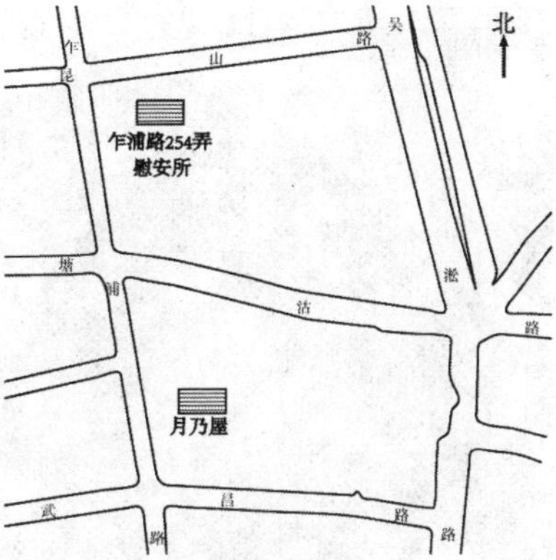

159–160

乍浦路的两个慰安所

2004年8月加入苏智良先生主持的上海慰安所调查工作，由于地缘的关系，笔者把主要精力投向了虹口、杨浦两大区域的慰安所遗址，对著名商业街四川北路周围的日军慰安所做过不下十次的实地走访和调查。鉴于资料的局限和调查的相对集中原则，笔者的考察重点在海宁路以北的四川北路，特别是横浜桥和虬江路、衡水路（原虬江支路一段）一带，而对海宁路以南的四川北路、吴淞路之间的慰安所涉及不多。从紧张的书稿校对工作中抬头，笔者乘着闲余、揣着侥幸，集中走访了乍浦路吴淞路间的塘沽路、武昌路一带。仅以以下调查所得，为《实录》做一补充。

伫立在昆山路乍浦路口的乍浦路260号，是一幢风格独特的欧式砖结构建筑，形似塔楼的主楼、阶梯状起伏的立面，是乍浦路一道独特的景观。260号向内是254弄，环境幽静、绿化优美，映衬着红灰相间的砖结构房屋，即使在今天看来，也算得上“高档住宅区”。1923年，美国教会团体卫理公会（原

乍浦路254弄弄口全景（姚霏2005年拍摄）

名监理公会）为纪念已故传教士林乐知，在254弄内建筑了“景林庐”（意为“景仰林乐知”），后习称“景林公寓”。这一完工于1924年的5层建筑，东邻昆山中学，南靠塘沽路，西接乍浦路，北与景灵堂相望，占地1 000余平方米，建筑面积5 943平方米，建成初期主要由英美侨民居住。就是这样一处寄托友好与纪念的建筑，太平洋战争爆发后，竟被摘下“景林庐”的牌子代之以“大日本管理”五字，连带遭殃的还有整个254弄。《上海军事志》中记录有长年生活在乍浦路的一位老太太提供的信息，据她回忆，乍浦路254弄内，有着战时日军的慰安所。[1]

乍浦路180号（姚霏2005年拍摄）

[1] 《上海军事志》，上海社会科学院出版社1994年版，第600页。

仍是通过这位老太，笔者得知不远处的乍浦路180号也曾是日军侵沪时的慰安所。

180号位于乍浦路东侧近武昌路处，白色的外墙很好地掩饰着岁月的刻痕，然而从旁边的180弄进入，就会发现这幢东西长、南北窄的建筑早已破败。芳香酒店是它现在的名字，弄堂里处处可见的烟囱、油污和专门化的格局也在提醒路人这里恐怕有着多年餐饮业的经历。从木之内诚的《上海历史指南》中可见，这里当年有一处名为“月迺屋”的风俗营业，虽然没有标上门牌，但根据建筑平面的形似度，180号应该就是“月迺屋”。《虹口历史上的日本人》一文提到:“虹口仍留有‘月迺屋’[1]之类的色情场所,似乎是专为日侨和日军驻守部队开设的。”[2]从居住在180号对面的蟠龙街的几位老人处，笔者也证实了芳香酒店所在的180号在日军占领期间确为慰安所，原先建筑在弄内，规模稍小，有“天桥”相连，内外装潢均为日式。

180弄位于180号北侧，乍看之下只有乍浦路一处弄口，其实，有心的居民告诉笔者，弄底的房屋可以通往东侧的一条狭窄的小路——鲁关路（南起武昌路，北迄塘沽路）。笔者从拆迁的房屋中走入，这一通道显然是当时就有的，转过几个弯，竟然走到了鲁关路31弄。回首看去，那幢沟通乍浦路180弄和鲁关路31弄的建筑，是鲁关路29号。于笔者而言，鲁关路不是个陌生的路名，在《上海日军慰安所实录》中，笔者就揭露了一处位于武昌路鲁关路口的慰安所。

（姚霏　2005年8月）

1　原文写“月迺家”，可能为作者误记。

2　唐应光：《虹口历史上的日本人》，《虹口史苑》，中国人民政治协商会议上海市虹口区委员会2001年编，第511页。

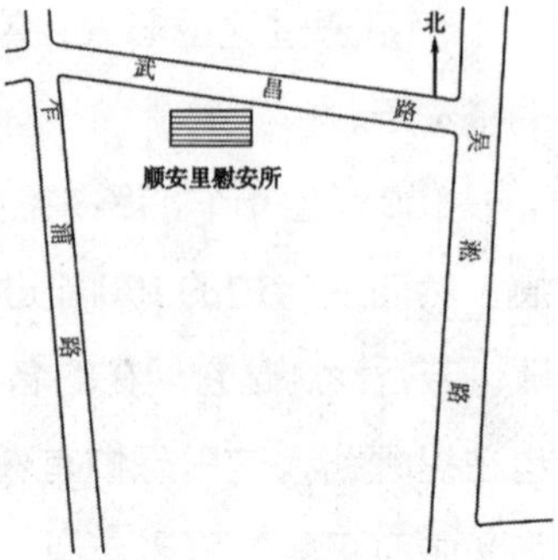

161

顺安里慰安所

位于今武昌路近吴淞路处的武昌路326弄，名为“顺安里”。这个里坊仅由3幢砖木结构的石库门建筑组成，占地面积却有730平方米，在武昌路和鲁关路上各有一弄口。

《上海市虹口区地名志》记载：抗日战争时期，汉奸及日人曾在此（鲁关路）开设名为“文艺小憩”的妓院，50号曾作马棚，故又称该路为马棚弄。据当地居民回忆，武昌路鲁关路一带的“日本堂子”[1]只有“顺安里”一处。原属“顺安里”的322号，楼内的住户都知道该楼是“堂子”，叫“文艺总汇”。当笔者问及是不是“文艺小憩”，他们表示确是这个名字，只是太文绉绉，没记住。

“顺安里”对面烟杂店的老伯（居住此地40余年）告诉笔者，附近有点

[1] 沪地俗称“妓院”为“堂子”，为了便于被访者理解，笔者在采访过程中一律将“慰安所”称为“日本堂子”。

“顺安里”弄口（姚霏2005年拍摄）

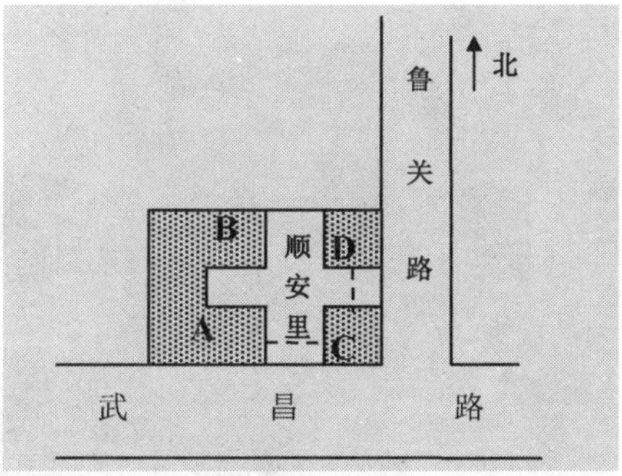

“顺安里”平面示意图

岁数的老人都知道这里曾经是日本人的“堂子”。“顺安里”的建筑平面布局如上图，A楼的门牌号现为322号。据老伯说，A楼和其后的B楼原为大陆饭店，慰安所主要就位于这两幢楼内。抗战胜利后，他也曾入内，里面房间很多面积较小，C楼则是大陆饭店的大厅兼舞厅。而一位出生于此、现年80多岁的老太太告诉笔者，C楼是这一“堂子”的仓库。这家“堂子”里的妓女多为东洋人，以弹弹唱唱为主，不是那种低级的地方。来这里的都是一些日军军官，常常坐着小车来，有时整个路边都被轿车占满。而他们带来的各类珍贵的物品就堆放在C楼中。

笔者来到“顺安里”时，C楼已被全部拆除。在弄口设摊的马先生告诉笔者，“顺安里”很快就要被全部拆除，据说是吴淞路武昌路口的恒升半岛酒店将这块地皮买了去。搬迁和拆除过程中的建筑方便了笔者的实地调查。D楼4号底楼的住户向笔者展示了房屋内部的情况。建筑楼层很高，墙是隔音效果好的十寸墙，地面上还铺着老式花纹地砖，与笔者在四川北路诸多洋房中看到的相似。据说原幢房屋还有一个公共卫浴间，拨给居民居住后改建成一般住屋。谈话之中，屋主流露出对房屋的不舍：“这样的房子虽然老式，但结构坚固，住起来很舒适，这么好的房子拆掉太可惜了。”

房屋中保留着日式移门滑槽（姚霏2005年拍摄）

向南的日式移窗（姚霏2005年拍摄）

“顺安里”建于1910年，是典型的西洋风格的红砖石库门。抗战时期为了招待日本军人，慰安所的经营者对建筑做了改建。由于时过境迁，那些改动只有极少数留存下来。经热心的居民们指点，笔者发现，A幢建筑三楼仍普遍保留着经改造的日式移窗。而在三楼西南角的房间地板上，笔者不经意地看到日式移门的滑槽，算是最后的一点“历史遗迹”了。

就在结束调查时，弄口摊主马先生告诉笔者：大约在2004年底，有两男一女曾来此地拍摄，当时C楼已经拆毁。他们并没有向住户询问什么，只能从他们的互相交谈中得知他们是日本人，而他们已经不是第一批来到“顺安里”的日本人了。

（姚霏　2005年8月）

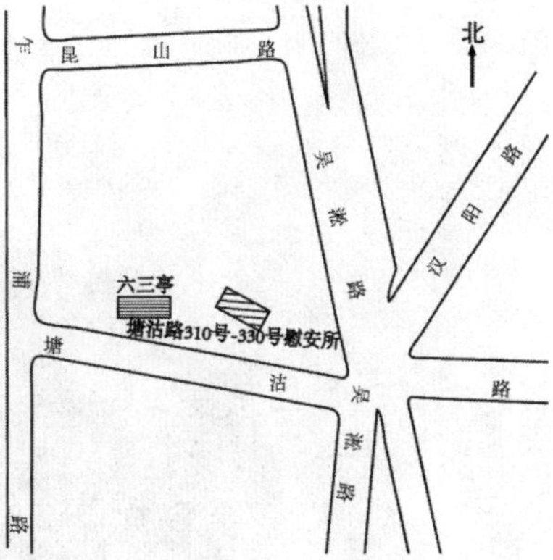

162—163

塘沽路慰安所

在《上海日军慰安所实录》(2005年版)中，笔者提到位于文路(今塘沽路)278号的“花月”。1938—1941年，来自日本滋贺县的池田一家(池田四郎、池田キミ、池田弥三郎、池田宇三郎)相继经营着这家对外声称“料理业”的慰安所。1942年，来自日本兵库县的浅井嘉德入主“花月”，次年成了唯一的经营者。[1]

在寻访“花月”的过程中，塘沽路346弄的日式房屋引起了笔者的好奇，确切地说，最先引起笔者注意的是塘沽路310—330号这幢形似轮船、外立面别致的4层楼房。在四川北路慰安所的调查过程中，笔者常常穿行于租界时期的西式建筑间，对于这类建制、材质、风格的建筑有着类似直觉的反应——这一楼房建成于抗战前。从乍浦路地段医院旁的308弄进入，令

1 资料源于《支那在留邦人人名录》，上海北四川路日本金风社1938～1943年版。

塘沽路310～330号全景（姚霏2005年拍摄）

346弄的两条支弄之一，精致的格局颇有些日式庭院的韵味（姚霏2005年拍摄）

人惊讶的是这幢4层楼房竟是“双船楼”中的一幢。有着相同结构的308弄1—10号，与之南北对峙，这样规模和精心设计的楼房显然不是用作民居的。笔者还注意到，两幢楼的间距很宽，可以一眼看见西首的一幢两层日式改建

塘沽路346弄原“六三亭”房屋（姚霏2005年拍摄）

房屋。笔者尝试着询问在屋前读报的一位老伯，附近在抗战时期是否有“日本堂子”，得到的答案居然是，此处便是。尽管在过去数月的查访中有过不少“无心插柳”的故事，但如此好运着实不多。老伯接着告诉笔者，不仅这两幢大楼中有几处“堂子”，隔壁的346弄更是一个大“堂子”。原来，“双船楼”西首的日式房屋由3幢连排的日式2层建筑连接而成，门牌号是塘沽路346弄。

从346弄的结构来看，与其说它是一个迷你里弄，不如说是一户“大家庭”。三连排的房屋有着相同的格局，两条支弄的入口是简单的石质门楣门柱，地上则由四方的青石板铺成。户与户之间的间隔很小，向内望去却十分精致，偶尔一两支青竹和一两条蔓藤的装点，竟有种日式庭院的错觉。据一位1946年左右搬入346弄的老伯说：“346弄原为346号，是日本人的‘堂子’，旁边的两幢大楼（308弄1—10号、310—330号）也是，只不过是高档妓院。我抗战时期住在346弄对面的楼房中，常看到不远处北四川路大桥大楼宪兵司令部的日军来此寻欢作乐。”

木之内诚的《上海历史指南》显示：“双船楼”是当时的汉口银行，其侧的今塘沽路346号是日占时期的“六三亭”。“六三亭”对外称“日本料理店”兼上海料理业组合所在地，由来自长崎的白石六三郎创立，“六三亭”的店名也源于经营者的名字，当时的地址为文路264号。[1]木之内先生在书中提到，“六三亭”是“月迺屋”在塘沽路上的老店，拥有数十名来自长崎的艺妓。虽

1　资料源于《支那在留邦人人名录》，上海北四川路日本金风社。

然没有确切的证据表明这里是挂牌的慰安所，但无论是与“月迺屋”的关联还是知情者的话语中都可见，在战时，“六三亭”这类料理店实际充当着日军慰安所的角色，或者至少是日军慰安服务的掩护所。

每一次实地调查，最让笔者感动的是一位位知情者的热心回应。正如调查的最后一天，笔者与一位老伯站在原“六三亭”对面的小巷口，聊着笔者的调查和日本侨民的故事，亲切的气氛让双方有着说不完的话题。送走老伯，笔者在老伯站立良久的地方看到了一块路牌——鲁关路，不禁失笑。沿鲁关路向南踱步，雨后的小巷湿滑而安静，两侧的房屋大都只剩下一个空空的壳子，人去楼空。不足百米的鲁关路竟然连接着三处慰安所，是笔者调查之幸，却是多少无辜妇女的不幸。路过31弄，前方就是武昌路，“顺安里”红色的建筑已近在眼前，而我们的搜集调查工作，任重道远！

附记：

2005年8月底，笔者最近一次到武昌路、乍浦路、塘沽路一带走访，原就陆续拆迁的房屋，又多了几处断垣残壁。鲁关路塘沽路口的乍浦路121地块拆迁处时常有工作人员和居民们进出，询问之下得知，这里所谓的乍浦路121地块是指乍浦路东塘沽路南15 000平方米的地界，正包括文中提到乍浦路180号和顺安里两处慰安所。笔者寻思，下次路过这里，或许只能拨开瓦砾碎砖，拾起“鲁关路”的路牌了吧。

（姚霏　2005年8月）

164

昆山路慰安所

战时日军在上海拍摄过这样一张照片，一个穿旗袍的女子正在与3个日本兵说话。上面写着“皇军休憩所”。

这幅照片源于秦风编著的《梦迴沪江》(文汇报出版社2005年版)第127页，照片说明道:“1938年7月，日军在昆山路设立的‘皇军休憩所’，提供日军休闲服务。随着日军

昆山路上的慰安所旧照

现在的昆山路172弄的建筑与旧照上弄堂很相似（陈斌2016年摄）

昆山路172弄的建筑（陈斌2016年摄）

大量涌入中国，日军司令部开始有计划地设置‘慰安所’（即随军妓院），强迫无辜的朝鲜、中国女子给日军士兵提供性服务。”

从照片来看，这是一家开设在昆山路弄堂里的慰安所，名称已清楚写明是“皇军休憩所”，并没有使用“随军妓院”这个词。这里用“皇军”一词，多半是伪政权或汉奸设立的。从日本兵的装束来分析，这应该是一家接待日本士兵的慰安所。

显然《梦迴沪江》并不是最早刊登该幅照片的书籍。照片的原始信息还需要继续调查。

研究生陈斌去实地进行了调查，在昆山路172弄，他发现弄堂建筑风格与老照片一致，询问老年居民，他们回忆起当年此处住着日本人，战后搬进来时也曾发现日式用具、移门等。但是否是日军慰安所不清楚。

（苏智良　2014年1月，2016年11月补充）

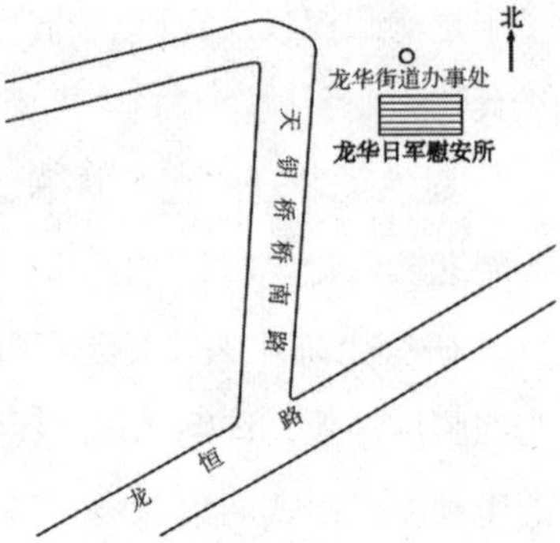

165

龙华慰安所

荻岛静夫是日本第一师团上海派遣军尹东部队加纳部队卯野部队本部的上等兵，27岁，在1937年8月23日应征入伍，派往上海。他在日记中记录了上海龙华镇的日军慰安所，时间是1938年的2月，慰安所里面有中国“慰安妇”和日本“慰安妇”，而且还“非常热闹，令人吃惊”。

> 1938年2月23日　　　　晴　　　　龙华镇
>
> 春天已经来了，就像日本国内三月下旬的气候。我和桑野两个人去龙华镇的慰安所游览，这里日本人和中国人都有，非常热闹，令人吃惊。
>
> 晚上，和联队本部的松本上等兵聊天，不知不觉地就聊到了深夜。
>
> （四川建川博物馆收藏：《荻岛静夫日记》，人民文学出版社2005年版，第63页）

（苏智良　2015年）

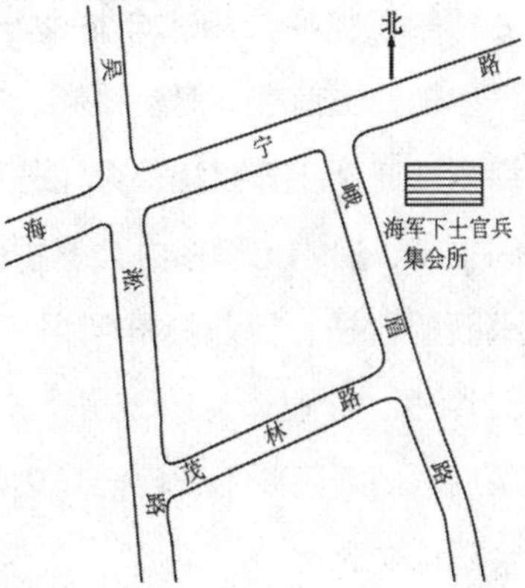

166

峨眉路日本海军直营慰安所

峨眉路日本海军慰安所的发现，得益于上海退休工程师周新民的不懈努力。

2012年，周新民以在上海档案馆偶然发现的60多年前的手写档案资料为线索，对虹口区峨眉路400号的凹形建筑沿革进行了长达一年多的细致寻踪调查，并在日本历史著作里所引用的1937年日本旧刊资料中得到完全一致的印证，再经中国"慰安妇"问题研究中心接力调查，可以认定，日本侵华战争时期，峨眉路400号名为日本海军陆战队的"海军下士官兵集会所"，实是鲜为人知的日本海军直营慰安所。

一、在找寻母校的过程中产生疑问

周新民先生生于1945年2月，祖籍苏州，世居南通市栟茶镇东郊周家园，为船舶工程师。1966年毕业于上海船舶工业学校船体制造专业，赴渤海造船厂参加我国首艘核潜艇试制。1972年12月调回母校（1970年学校奉军令由上海全部迁至江苏镇江，今江苏科技大学）工作。先后任生产实习指导教师、车间主任、船舶工程系办公室主任、教材科科长和科技信息中心工程师，长期从事舰船科技、行业标准情报研究工作。在专业期刊上曾发表舰船专业文章约50余篇，专业译文约20篇。曾为上海市、江苏省档案学会会员。退休回沪定居后，周新民致力于自己身边的城市记忆拾遗。自喻草根史学，已公开发表十余篇论文。

周新民的求学时代是在上海峨眉路的大公职业学校度过的。退休后，他萌生了了解一下母校的心愿。

峨眉路，是上海市虹口区的一条街道，南北走向。峨眉路南起天潼路，北至海宁路，全长814米。峨眉路前身是20世纪初以英国商人名字命名的密勒路，系工部局填浜筑路，后至1943年改为现名。

2012年9月，周新民在上海档案馆查阅半个多世纪以前的私立大公职业学校的历史档案时，在一份档案编号为“B105-5-43-3”《关于私立大公职业学校概况的报告》中的“大公职校学校简史”材料中，约手写于1949年8月。以下这样一段记录，引起了他的注意。

大公职校　校址　虹口峨嵋路四百号

学校简史：

该校创办于民国二十二年，系CC派分子林美衍等创办，林为校长。校址在江南造船厂后面，规模甚大。抗战开始，迁往重庆。林仍为校长。许恒为总务主任。后来林美衍（注：1942年）死于重庆，校务由林妻、许恒负责。迨抗战胜利，内部发生纠纷，许恒与林妻不睦，遂偕教员廖若平离校来沪，藉吴开先及南京律师邵国雄之助，取得伪教育部四亿复员费，实行复校。但原有校舍已为伪海军占领，吴开先帮他接收到现在的日本海军俱乐部为校舍。

（以上材料根据许耐朔同志和校长许恒的谈话及原有地下的资料……）

该材料结尾部分虽然没有签名，也没有日期，但根据卷宗中有此材料的草稿来看，很可能是1949年8月以后，新任“奉命接主大公职业学校”的孔另境校长（1904～1972年，茅盾的妻弟）或许海涛副校长与原大公校长许恒等教职人员谈话的记录，后由许海涛副校长或相关人员综合整理的正式材料。

孔另境在该卷宗中的另一份个人简历材料中说：“1948年入江湾中学，一年后，上海解放，本人奉命接主大公职业学校。”

据孔另境长女孔海珠2013年6月给周新民的邮件中，确认其父亲是1949年8月奉命任大公职业学校校长的。

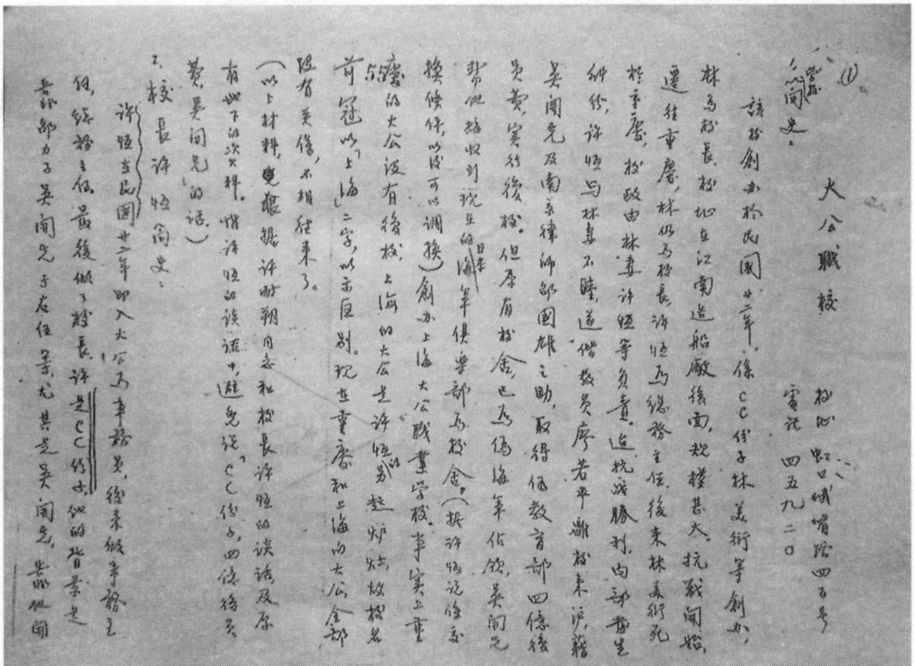
大公職校　校址 虹口城增路四百号　電話 四五九二〇
⑴ 簡史。
該校創办於民國廿二年，係CC份子林美衍等創办，林為校長，校址在江南造船廠後面，校舍甚大。抗戰開始，遷往重慶，林仍為校長，許恒為總務主任。後來林美衍死於重慶，校政由林妻、許恒等負責。迨抗戰勝利，由部遣生[illegible]紛紛，許恒與林妻不睦，遂偕教員廖若平離校來滬，藉吳開先及南京律師鄧國雄之助，取得偽教育部四億復員費，實行復校。但原有校舍已為偽海軍作[illegible]，吳開先幫他接收到現在的日本海軍俱樂部為校舍。（據許恒說係交換條件，以後可以調換）創办上海大公職業學校。事實上重慶的大公沒有復校，上海的大公是許恒另起爐灶，故校名前冠以「上海」二字，以示區別。現在重慶和上海兩大公全部組有關係，不相往來了。
（以上材料，是根據許耐朔同志和校長許恒的談話及原有地下的資料。據許恒的談話中，避免說CC份子，四億復員費，吳開先的話。）
2. 校長許恒簡史：
許恒在民國廿二年即入大公為事務員，後来做事務主任，總務主任，最後做了校長。許是CC份子，他的背景是[illegible]吳開先，于右任等，尤其是吳開先，[illegible]

周新民找到的大公职校的档案

峨眉路四百号——“日本海军俱乐部”？闻所未闻！

周新民在数十年前，就知道峨眉路四百号曾是大公职业学校的校舍。但他熟识的老大公的老师、毕业留校任教一辈子的老师中，从来也没听他们说起过，抗日战争胜利之前，峨眉路四百号是“日本海军俱乐部”。这时，他恰见2013年6月15日《江苏科技大学报》的“校史口述史”专栏中，报道了1950年入学大公、1953年毕业留校任教的沙启善老师的“口述史”，他指出，校舍“是日本人留下来的老房子”。于是，是年的7月3日，周新民与沙老师电话联系，沙老师回复说，他也不知道校舍曾是“日本海军俱乐部”，真的是一段鲜为人知的历史！于是，周新民下决心进一步调查。

作为新文化运动的著名作家、出版家、文史学家孔另境，时任大公校长，对大公职业学校简史中介绍峨眉路400号校舍曾是日本海军俱乐部应该是知情的，这是没有疑问的，是有根有据的史实。

周新民一直想找到“峨眉路四百号——日本海军俱乐部”的更有力的佐证材料，将近一年时间中，他无数次在中文网站、日文网站搜索，数十次到上海档案馆、上海图书馆、徐家汇藏书楼等地调查，连著名的《字林西报》出版社在1949年以前不同年代的“上海行名录”都查过，密勒路上只列到365号（1943年后改称峨眉路），也无“日本海军俱乐部”单位之名，即无“Japanese Navy Club”“Entertainment by”等字样。个中原因，确很蹊跷，可能因时局关系，出版方避免不必要的麻烦，例如日军的机关、设施均不列入书中。

1948年上海福利营业有限公司出版的“上海市行号路图录”中，峨眉路400号确实是大公职业学校，地图上凹形建筑布置与今日卫星地图完全一致，但遗憾的是该书中并无该处1945年以前的情况。

2013年5月，在上海历史博物馆网站上，周新民阅读到该馆胡宝芳写的“日本海军俱乐部铜牌小考”一文，据胡的考证，“上海日本海军俱乐部”地址有新旧2处。即：

（1）旧址，1914—1928年，“上海日本海军俱乐部”地址在贝开尔路53

号（即现在惠民路保定路口）。

（2）新址，1934年后，"上海日本海军俱乐部"搬迁到北四川路底（今四川北路、东江湾路、多伦路三条马路交界处）。

峨眉路上并没有"日本海军俱乐部"。

二、日本史料的发现

再查《虹口区志》，其中的"侵沪日军驻虹口机构和部队情况表"内，同样也没有这方面记载（如表1）。

表1　侵沪日军驻虹口机构和部队情况表

机　构（番　号）	驻　地
日海军中国方面舰队司令部	扬子江码头
日海军第一设施部	百老汇路（今大名路）
日海军航路部	舟山路
日海军第二事务所	窦乐安路（今多伦路）
日海军军法处	老靶子路（今武进路）
日第一送信局	奎山路（今奎照路）俞泾路间
日海军医院	老靶子路
日海军俱乐部	北四川路
日军司令部	临潼路（今上海感光胶片厂内）
日海军陆战队装备部	海南路10号

周新民通过不断地在网上用不同的关键词搜索，在庞大的网页中，如同大海捞针。功夫不负有心人，总算在日文搜索网站，他用日文"海军クラブ"+"慰安"主题词搜索中，逐页查找，有了重大突破，获得关键性结果"峨眉路400号"是"娱乐慰安机关"性质的"海军下士集会所"。全文截屏图片截屏于http://historicalmap2010shanghai.com/。

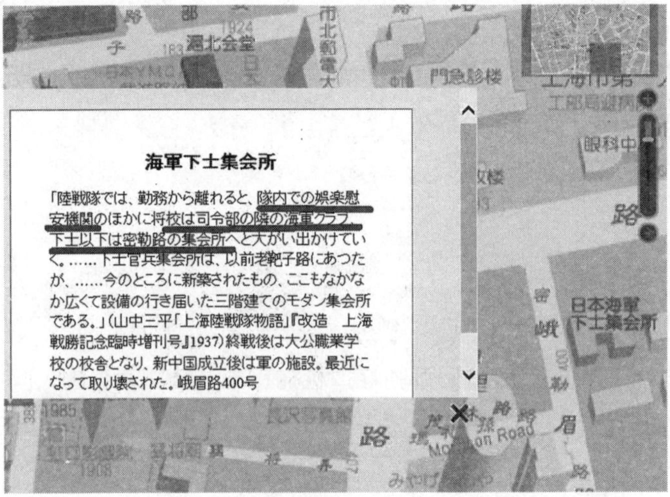

周新民检索到的资料

周新民通过截屏的图、文得知，原文作者对峨眉路400号建筑作了相当完整的符合历史的真实诠释。

周新民认为，1945年抗日战争胜利之前，日本海军陆战队在上海拥有两处专用“娱乐慰安机构”。一处为四川北路多伦路路口的日本海军陆战队司令部对面的军官专用的“海军俱乐部”（今东江湾路、多伦路路口）。另一处在峨眉路400号，是日本海军陆战队的“海军下士官兵集会所”。该“集会所”系从老靶子路（今武进路）搬到这所新建的三层凹形砖混结构楼房，它是拥有宽敞的良好设施的现代“会所”。

根据文中的披露和周新民的查证，相关史料引自山中三平撰稿的“上海陆战队物语”，该文刊载于1937年出版的日文杂志《改造》（11月，上海战胜纪念临时增刊号）。

但令人遗憾的是，周新民无法阅读到山中三平先生的原文。经咨询，上海图书馆、复旦大学图书馆等并没有收藏当时的日本《改造》杂志。上海图书馆目前也无法帮助读者复制到原文。

这时，我已与周新民经常邮件往来，所以，我从日本复印了《改造》杂志，并请日文教授王军彦翻译了这段“上海陆战队物语”：

在陆战队，下班后除了去队内娱乐慰安机构外，军官们还去司令部旁的海军俱乐部，下士以下的士兵们大多都去密勒路的集会所。……下士官兵集会所以前在老靶子路，……但如今又有新建的地方，这里也是相当宽敞又设备俱全的三层楼摩登集会所。

经过周新民的不懈努力，数周后，“上海历史地图”网站主角的面纱终于被揭开。先是检索到日文“上海历史文化地图”研究课题的成果报告书，报告书为我们揭示了“上海历史文化地图的改订制作及其应用”课题概况，也披露了课题研究者是日本首都大学东京人文科学研究系的木之内诚教授。这些信息，为周新民查找到木之内诚先生的原作“上海·历史ガイドマップ增补改订版”（上海历史指南地图增补改订版，大修馆书店2011年12月出版），提供了极大的方便。

在这本书中，木之内诚用彩色地图的方式诠释了上海主要街道的过去和现在。除了现在的道路、商店等以外，还印有旧时代的路名、楼名及文化遗址等。甚至我们的《“慰安妇”研究》（上海书店出版社1999年版）一书中提到的一些主要日军慰安所，木之内诚都标注得一清二楚。如江湾慰安所和

峨眉路400号原来的建筑只有3层，4—5层是1949年后加上去的（周新民2013年摄）

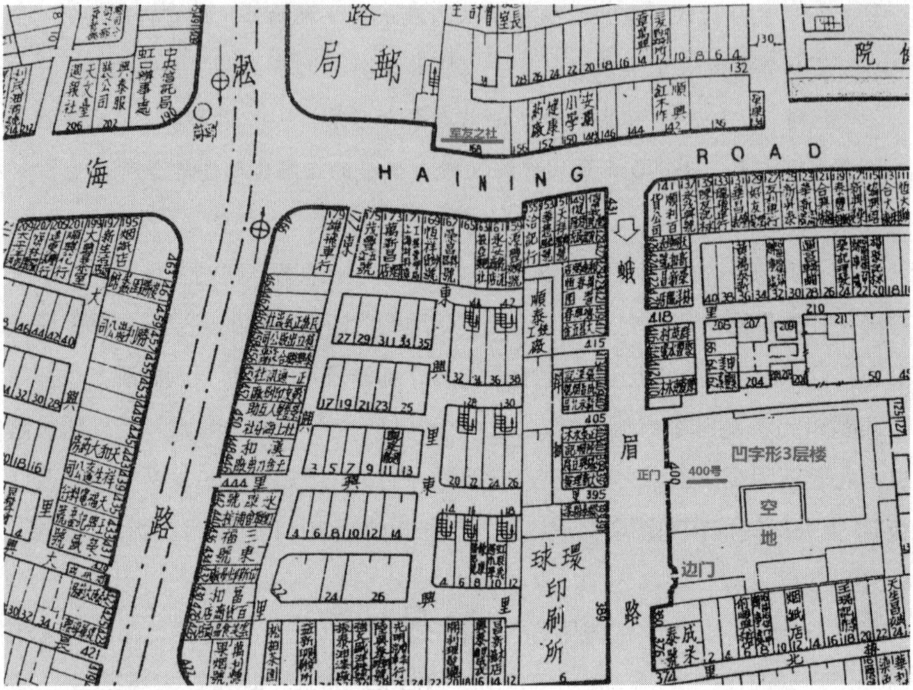

从1948年上海行号路名录中可以看到这幢凹形建筑（周新民制作）

杨家宅慰安所。

据周新民的调查，抗日战争结束后，1946年，峨眉路400号成为私立大公职业学校校舍。1953年大公职业学校并入在浦东庆宁寺新组建的上海船舶工业学校。约在1954年以后，大楼归中国人民解放军海军东海舰队某部机关使用，后成为海军91287部队家属宿舍。

该建筑与“海军下士官兵集会所”的诠释是一致。

此外，在木之内诚的书中，我们可以很清楚地了解到，在特定的中日战争时期，“日本海军俱乐部”是日本海军陆战队军直营的校官慰安所，“海军下士集会所”则是日本海军陆战队军直营的海军下士官、士兵共享的慰安所。诚如，“海军下士集会所”中的诠释：无论是“俱乐部”还是“集会所”，它们的性质都是日本海军陆战队的军直营“娱乐慰安机构”。所谓军直营，不论是在经营方式还是在运用上，一切均由日本军方来主导。由木之内诚书中所标注的

“江湾慰安所”和“杨家宅娱乐所”可知，二战时日本军人“俱乐部”（Club）或“娱乐所”均可译成“慰安所”，已成日本史学专家的共识。

更有日本学者在相关著作中明确指出，“上海に‘陆军娯楽所’、つまり慰安所を开设した”，中文可译为“上海的‘陆军娱乐所’，即为慰安所”。

2013年6月5日，周新民在峨眉路400号实地查访了在该楼居住了几十年的多名老住户，确认，现在的第四五层楼系20世纪80年代，在三楼的顶上加上去的，加层后成为真正的居民楼。从所拍摄的照片也可以看出三楼窗户顶是带半圆形，明显与第四五层楼的窗户不同。地址、3层楼建筑，都与木之内诚引用的史料相一致。1948年出版的地图上反映的凹形建筑，与目前的形状或卫星地图也相一致。

当然，对木之内诚所述：该建筑“最近になって取り壊された”（最近被拆毁）一事，与事实不符，可能与他并没有找到旧址查访或引用资料不当有关。需要更正为“20世纪80年代左右，在建筑楼顶上加盖了两层，成为5层楼的凹形建筑”。

三、实地调查发现遗址

峨眉路400号，是当年日军特地新建的凹形建筑，平面布置也比较蹊跷，凹形之口不像一般建筑朝向马路的大门，而是朝向南边的黄浦江日舰码头。凹形的西侧面才是大门，开在峨眉路上。从整个建筑和隶属的院子类似正方形的地形上来说，若作为正规的军人俱乐部完全没有必要这样布置。是不是当时设计者有意隐喻凹凸、阴阳之意，今人已无法考证。虽叫大门，门却不大，进门有个10平方米左右的门厅，类似旧时的娱乐场所的“售票窗口”至今仍旧存在。对比了门厅两面的墙砖，南、北两面墙体彩色砖完全一致，特别仔细注意了下“售票口”窗口周围的墙砖情况，几乎是建造时的原始状态，不像是后改的。此外，极其稀疏、简单结构的铁窗栅，不像常规形式的铁窗栅。这符合战争时期钢材紧张，首先需满足日军制造枪炮使用之社会背景。

门厅内保存完好的当年慰安所售票的铁窗（苏智良2015年摄）

从内部房型布置来看，非常类似旧时中等规模的“旅馆”。此“窗口”是不是1946年以前就存在？尚待查证。虽然目前上海还有健在的大公职校教师和毕业生，但已是八九十岁左右的高龄老人，他们还能记住这样的小窗口吗？不到实地观察，单凭电话联系，可能是无法勾起他们的回忆。7月3日，与沙启善老师电话联系时，他说，记不起传达室是否开有小“窗口”。若1946年以前就存在这个“窗口”，则可以判断是与杨家宅等一样性质的大型慰安所“售票窗口”（明码标价，“购买入场券者进入指定的房间”）。

鉴于当年日军有意销毁资料以及当今的日本政府仍不愿公开资料等原因，因年代久远、证人消失，未被披露的上海慰安所的查找，特别是军直营慰安所的史料查证，是相当困难的。从周新民对大公职校旧址觅踪中偶然发现的“海军俱乐部”线索开始，到“海军下士集会所”的最后揭开史实真相，也有一年多时间。其中，我们请教过相关史学专家、相关部门，都没有得到实质性帮助。

这一“秘闻”史实，虽然已被隐藏了六七十年，鲜为人知，但在上海档案馆、日本新书旧刊中，还是露出峨眉路400号曾是“军直营慰安所”的蛛丝马迹，白纸黑字毋庸置疑。

周新民通过调查和研究初步认定，在中日战争时期，虹口区峨眉路400号这一砖混3层楼凹形建筑，名为日本海军陆战队“海军下士官集会所”，实为日本海军陆战队下士官的“军直营慰安所”。

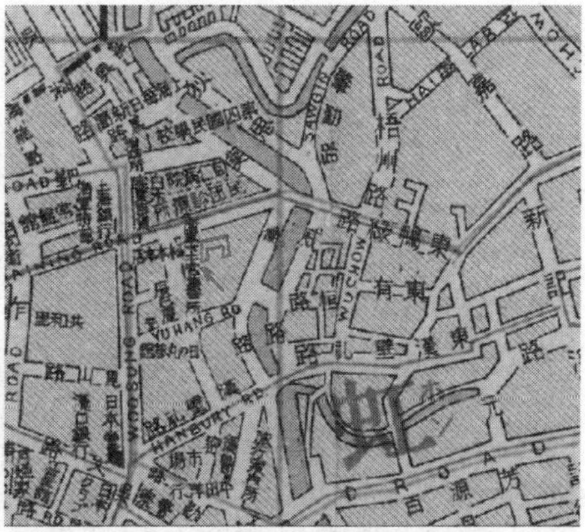

1943年《大上海地图》中标有“海军下士官集会所”

经过周新民的努力，他又找到了《大上海地图》，该图是1943年由日本堂书店发行（制图：森武久），上面清晰地在峨眉路处标有“海军下士官集会所”。

此后，我们在战时日本人制作的虹口地图中，也发现这个慰安所的标识。这张图是由设在吴淞路昆山路口的宇野商店绘制发行的，在密勒路上标出了

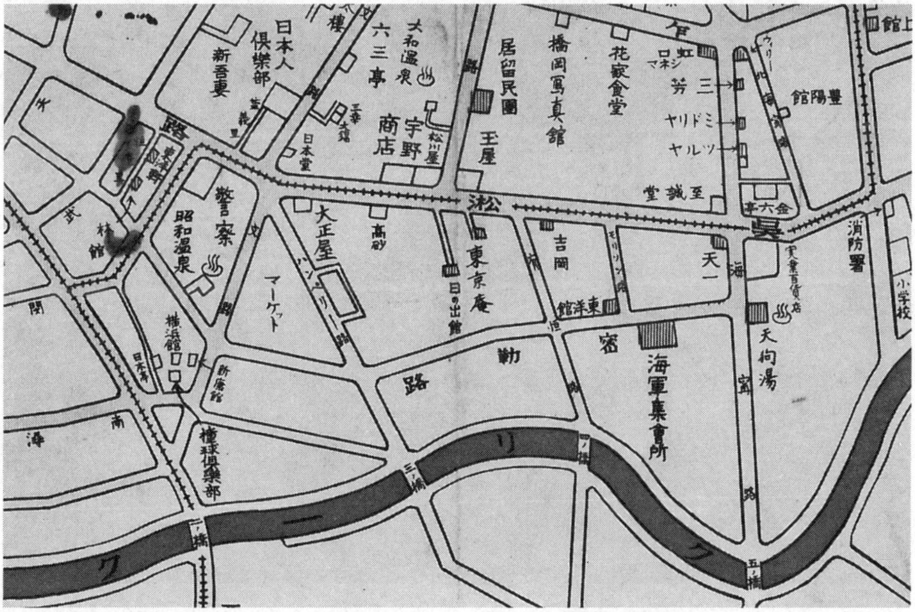

宇野商店制作的《虹口地图》中，在密勒路标有“海军集会所”（录自《上海城市地图集成》）

当地居民组成研究会，研究这个慰安所的历史，并绘图复原当时场景

2015年5月，笔者邀请日本吉见义明教授、林博史教授来沪、宁作“慰安妇”问题演讲，在周新民（左二）的引导下，参观了峨眉路400号（陈健行2015年摄）

"海军集会所"。

周新民的实地调查，激发起当地市民对这段历史和所住建筑过去的兴趣，也投入到口述历史的探求之中。

周新民作为一名退休多年的工程师，并没有接触过史学，对史料考证完全是门外汉。但是，在他看来，当知道某些鲜为人知的史料线索，如果不去刨根究底，让历史真相水落石出，是对历史不负责任的表现。据此，才写出并非严格意义上的考证，只能算寻觅"始末"经过。只是期待这一日本海军"军直营慰安所"旧址能得到关注和重视。

因多方面原因，虹口区峨眉路400号日本海军陆战队"军直营慰安所"旧址，半个多世纪以来，这一日本侵华罪证、"慰安妇"罪证场所，未被人们察觉，未被上海市、区相关部门认识、重视、保护、利用。我们期待上海的知情老人能提供相关佐证，共同为揭开"神秘"面纱而尽我们的历史责任。

周新民以为，这样完整的日军"军直营慰安所"旧址楼顶竟在20世纪80年代被加盖两层。"沦"为杂乱无章的"72家房客"，不得不说是令人遗憾的事情。

这些年来，越来越多的日本游客来上海旅游，不少人不忘到虹口四川北路、海宁路、吴淞路、峨眉路等当年日本聚居的主要街道觅旧，纷纷在网络博客上撰文，晒晒今日街景。

周新民呼吁有关方面，手下留情，保留旧址，恢复峨眉路400号3层原貌，开办史料馆，使子孙后代永远勿忘国耻，建立青少年爱国主义教育基地，让来沪日本青少年也了解了解这段不堪回首的日军侵华史、"慰安妇"史！

（苏智良　2016年记）

167

张堰油车村的日军慰安所

1941年秋至1945年夏季，金山张堰日军在油车村姜德辉家第二排房最西面四间，设立慰安所，有四名妇女成为日军“慰安妇”。

[《抗战时期全国重大惨案》(二)，
中共党史出版社2014年版，第732页]

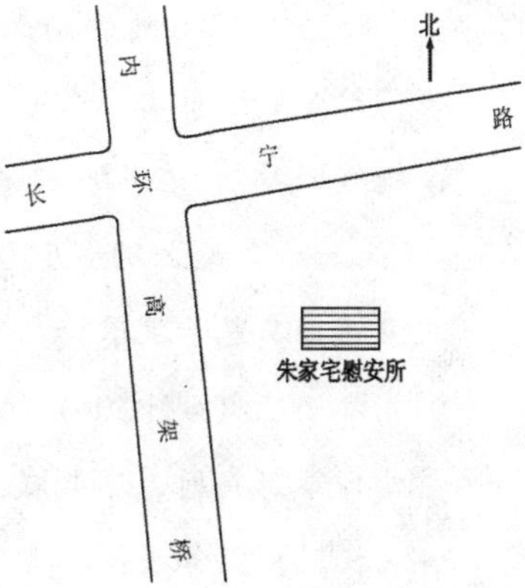

168

朱家宅慰安所

2015年7月中旬，我收到一位上海老人的来信，内容如下：

尊敬的苏教授：

您好！

我生于1930年，出生地在长宁区三泾北宅（长宁路1135弄）紧邻圣玛利亚女中，小学就读于范巷小学（现为长宁中学）。从圣玛利亚女中向西约500米之间有幢两层楼房，过去为朱家宅，新中国成立后为周家桥地段医院所在地，已拆，现为中山公寓。在日伪时期有一家慰安所（门口有块长条形牌子日军慰安所）。我每天上下学从这里到马路（长宁路）对面学校上学必经之地，常见有日本鬼子进出，还见从里面倒出垃圾中有大量安全套等物品（那时不懂这是何物）。

在我家所处的南面有家药厂，即现在中山西路近武夷路处，药厂变成了日本军营；东北边即现在地铁三、四号线站（从前沪杭线西站），在现在凯旋路汇川路龙之梦地铁，驻扎日军宪兵队（此处后来为上钢十厂冷带车间）。这家慰安所，为这些驻扎在这里的日本鬼子玩乐！

昨天（6月30日）见《新民晚报》上苏教授公布上海有166处日军慰安所，不知我上述这处慰安所是否也列入其中？以上点滴状况，供苏教授参考。

您为还原、揭露日本军国主义侵略犯下的滔天大罪，做了大量艰苦工作，辛苦了，谢谢您！

长宁区玉屏南路113弄某号某室居民

张秋庭提供

2015.7.1

T：6259××××

2015年8月4日上午，笔者打电话给张秋庭老先生，张老年过75，但说话中气很足，记忆清晰。他是本地人，一直住在圣玛利亚女校边上。读小学时，已是抗战时期，大约20世纪40年代初，他上学时，会路过朱家宅，该房屋2层，很大，有好几百平方米，甚至更大。当中有天井，二楼有回廊。房间有数十间。门口有某某慰安所，竖的木牌，不大。周边的垃圾堆里，经常有安全套，孩子们不知道，就会捡起当洋泡泡吹。这个慰安所规模应该不小，因为该房屋新中国成立后成为周家桥地段医院，看病吃药，张老去过很多次。

朱家宅慰安所主要为周边的日本兵服务，日本兵的营房在今中山西路武夷路口，过去似乎是五洲药房，战时便成了日军的兵营。另一个兵营在今凯旋路汇川路龙之梦地铁处，驻扎的是日本宪兵队。兵营门口均有日本兵站岗，中国人走过去时都是低着头，不敢张望。

在长宁路铁路口，也有日本兵站岗，过往的中国人必须鞠躬，否则会遭

朱家宅慰安所旧址现在已是中山公寓了（陈斌2015年摄）

到殴打。日本兵对孩子有时尚可，还会给一两颗糖吃。

铁路边有防止人员自由进出的铁丝网，贩米的人经常钻铁丝网进来，被抓住后，就被日本兵毒打。冬天时会将被抓的人脱光衣服，用冷水浇。张秋庭先生说我亲眼见过。

（苏智良 2015年8月4日）

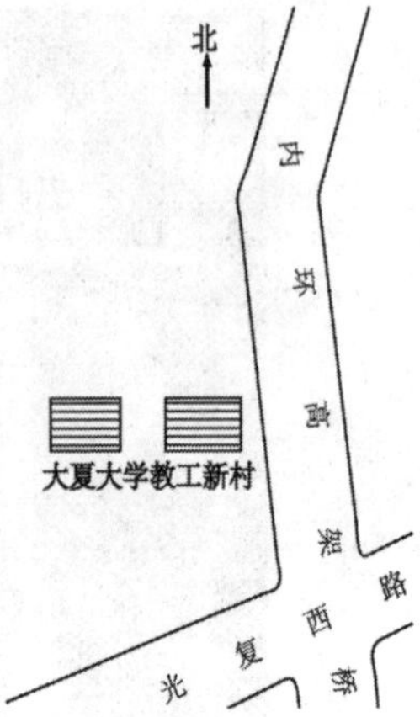

169

大夏大学慰安所

《新民晚报》记者王蔚2014年曾发表《华东师大寻找400多份文凭主人》一文（《新民晚报》2014年9月17日），里面写到大夏大学时期日军占领的情况，此后华东师大档案馆朱小怡馆长也曾在《大夏大学里的侨民集中营》一文中也有所披露，战时日军在大夏大学的教职工宿舍设立过多个慰安所。

华东师大公布了一批尘封已久的抗战史料。1937年10月24日，日军轰炸大夏大学；10月29日，日军占领校舍；昔日弦歌不断的校园成为侵略军的养马场。日军占领大夏大学校园后（今华东师大中山北路校区），将其改为伪沪西高等法院，将群贤堂等处用于关押欧美侨民，成为侨民集中营。大夏新村里刚落成的尚未使用的教职员单身宿舍夫子楼（今华东师大一村东西大楼）被据为日军卫生队和诊所，且不止一处。老人回忆这里零星地散落着几处慰安所。此外，整个抗战期间，大夏大学、光华大学还涌现出了许多可歌可泣的英雄事迹，许多学生投笔从戎，奔赴抗战前线。

华东师范大学一村的东西大楼，是著名的教师宿舍，当年是日军诊所（陈斌2016年摄）

大夏大学校长欧元怀于1946年元旦飞回上海接收学校，他后来回忆，学校到处是颓垣残瓦，荒草没胫，满目疮痍。除驻防的国军外，罕见人影。但走到群贤堂和群策斋时，却看到另一番景象：三三两两的外籍侨民正在户外晒太阳，有儿童在嬉戏，空地上则晾晒着五颜六色的衣物卧具。原来这里还滞留着曾被囚于此的570名英籍公民，正等待英国政府派船接回。而被囚于此的美国公民已于1945年9月由美国政府接走。难民们在获知欧元怀是前来接收被日军侵占校产的校长后，即主动交谈，并引领欧校长参观集中营。据统计，仅大夏大学一所学校，被日军损毁的资产，共计7 987万元（按1946年币值计算）。

华东师范大学一村的东西大楼局部（陈斌2016年摄）

这里说的群贤堂，后来是华东师范大学文史楼，笔者1978～1985年在华东师范大学求学时，就在该楼读书，我们78级历史学本科就在107室，所以至今老同学的微信群还叫“107”。

调查发现，东西大楼现在仍是教工宿舍，住着20多户中青年教师。周边的老教师有的尚知道战争的历史，说这里除了日军卫生兵，还有马厩。上文说到的教工新村，应该是华东师大一村吧，这里至今没有太大的变化。但“当时还零星地散落着几处慰安所”，至今已无法了解详情了。笔者曾专程到华东师大档案馆查核，也没找到更详细的史料。

（苏智良　2015—2016年）

170

妙凤楼慰安所

妙凤楼慰安所的直接证据是日军留下的照片。

笔者2015年在东京购得当年出版的《陆军与性病》，该书由えにし书房出版，作者是藤田昌雄，他是日本军事法规研究会的顾问，著有《照片所见日本陆军军营的生活》《照片所见日本陆军军营的食事》等。

上海妙凤楼慰安所接待室。右边男性为慰安所管理人员，可以看见日军将校非常愉悦（转引自藤田昌雄：《陆军与性病》，第96页）

书中有23张有关日军慰安所，尤其是中国“慰安妇”的照片，有的甚至是“慰安妇”的裸

在妙凤楼，两名日本军官与中国“慰安妇”合影（转引自藤田昌雄：《陆军与性病》，第96页）

两名日本军官与穿着白色旗袍的“慰安妇”合影（转引自藤田昌雄：《陆军与性病》，第96页）

体照片。在战争状态下，只有日本军人才可能拍摄此类照片。其中有7张写明在上海妙凤楼慰安所，这里我们来分析其中的4张照片。

我们先来看第一张照片，拍摄地点是该慰安所的接待室，正面墙上挂着3幅画，茶几上放着香烟和茶水；照片说明记载，右边的男性是这个慰安所的职员，但似乎看不出他是日本人还是中国人。两位军官正准备挑选“慰安妇”，因此脸上十分愉悦与兴奋。正中的一位军官军阶最高，左右有两位“慰安妇”簇拥。

第二张照片也是在接待室，上面有明亮的吊灯。1位中国“慰安妇”的两边分别是1名日军大尉和1名日军少佐。另有1名中国“慰安妇”从他们身后走过。

第三张照片，是前面匆匆走过的穿着白色旗袍的中国“慰安妇”与两名日本军官的合影。

第四张照片拍摄地点是“慰安妇”的房间，依稀可见睡袍、西式衣架等。照片上面有3个人，正中是日本军官，前后各有1名“慰安妇”，这种姿态日本兵叫作“三轮车”。3人的神情，军官洋洋得意，前面的女子并无喜色，后面的女子还有些畏惧。

而从各张照片所呈现出的房屋结构、中式家具摆设、西式衣架、沙发等来看，这里原本可能是一幢民居。

所有照片的拍摄时间是昭和十四年，即1939年。也就是说，在1939年，上海市区有一家以中国“慰安妇”为主的日军慰安所，其中至少有4位中国“慰安妇”。妙凤楼慰安所有可能是只接待日本军官的军官慰安所。其他信息还需要进一步考证。

（苏智良　2017年）

一名日本军官与两位中国“慰安妇”合影（转引自藤田昌雄：《陆军与性病》，第97页）

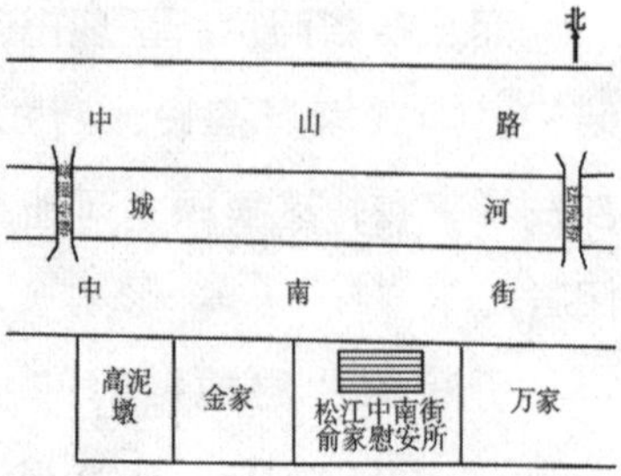

171

松江中南街慰安所

钱模样先生是位老松江人，战时住在松江城内，他讲述了1942年所亲眼看见的松江中山路中南街上的日军慰安所往事。

那是1942年的春天。我家住在松江城内中南街68号，是租借一户金姓人家的石库门房子。中南街沿城河东西走向，北岸就是贯通松江城区的中山路，因此起名中南街。中南街不太长，其中有一段是从普照寺桥到法院桥，由西向东依次是金姓（石库门，平房）、俞姓（铁墙门、有楼）、万姓（铁墙门、有楼）二个大户人家，大门都朝北面街。万家对面有三间朝南面街的平房，当时由一户从丹阳迁来的丁姓人家居住。俞家对面也有三四间朝南面街的简易房，据说以前曾开过绳厂，当时却空关着。简易房西侧有一个厕所，里边埋了两口粪缸，原本是给工人使用的。金家门口和俞家门口都有水桥，它们之间是一片宽阔的石驳岸。岸上栽了三棵大榆树，长得枝粗叶茂，树荫底下恰是街上孩子们游戏玩耍的好地方。更为特别的是，在金家西侧有座10多米高的泥墩，好像一座小山。听老长辈说，这是清代以来历次疏浚城河时的淤泥堆积而成。住在普照寺桥附近的一些人家，便在墩上种了些毛豆、麦子之类庄稼，所以它一年四季常披绿色，又成了孩子们游戏玩耍的理想地方。

当时，我还是一个8岁的孩子，常跟小伙伴们在榆树底下玩耍。只见东边的万家和丁家总有人进进出出，唯独隔壁俞家却是一年到头大门紧闭，我心里不免产生了疑问。当我询问父母时，他们说这俞家是户大财主，在日本兵打进松江城之前，就举家逃难到外地去了。留下了一个看门老头，近几年也不见踪影了。

谁料，就在这年春天的一个上午，当我正和几个小伙伴在高泥墩上玩耍时，却意外地发现了俞家的秘密。只见在俞家楼后的大花园里，有十多个打扮得漂漂亮亮的年轻姑娘在消闲。她们有的穿着中式旗袍，有的披着西式大衣，有的却是日本和服，三三两两，或在池塘边观望，或在小径上漫步，或在假山旁晒太阳，神情呆板，默默无语，就像是一群被关在笼子里的鸟儿。回家后，我向父母讲述了这番情景，他们也觉得蹊跷。父亲猜测道："恐怕是俞家的房子被人用来开堂子了，否则，哪来这么些年轻女子呢？"

后来证明我父亲的猜测是正确的。先是有几个邻居盘问了那个在里边干杂活的老婆子，她说这确实是一座堂子，老板是个日本女人，大家都叫她"楼喀莎"。姑娘大多是中国人，只有几个年龄稍大一点的，是日本人和朝鲜人。于是人们就开始注意那个常常上街的日本女老板。看上去她三十出头，涂脂抹粉画眉毛，梳仕女发型，瘦小的身材配浅色和服，脚上穿一双日式拖鞋。她出来时，总有一个小厮跟随其后，两人走过普照寺桥向东拐，到中山路上一家专卖日本糕点的店铺去采购。回来时她依然走在前面，后面那小厮手里已拎着一只装满食品的罩篮。听老婆子说，那是专门招待客人的点心。不久，人们又发现俞家大院里晚上灯火通明，遇到吹南风的夜晚，沿街还能隐约听见留声机播放的日语歌曲，其中有一首是在沦陷区十分流行的《满洲姑娘》。那么，客人又是些什么人呢？老婆子起先不肯说，经再三盘问，才说是扎营在松江东门和南门的日本兵。他们专来这里饮酒作乐，白相姑娘，如果稍不称心，就要打人骂人。闻听此事，周围百姓都很气愤。接着，又在水桥边的厕所里发现了龌龊的避孕套，它们被胡乱地倒在粪缸边。

这座专供日本军人作乐的堂子，一直开到1945年夏天。在接连几个雨天之后的一个早晨，街上的人们忽然发现，那个油头粉面的日本女老板，受她雇佣的中国老婆子和小厮，还有那十几个被奴役的年轻姑娘，都一起神秘地消失了。很快，从东门和南门传来消息说，驻扎在那里的日本军队也已偷偷地撤走了。

抗战胜利后，一支番号叫作“备战”的国民党部队开进了松江城。有批伤兵被安置在俞家大院里。他们嫌东边的铁墙门太小，进出不方便，于是就在沿街房屋的中部凿了一个大门洞。时间一长，我也认得了其中几个伤兵，便有机会进去看看玩玩。楼下的两个客厅都空空荡荡，里边只摆着一些桌子和长凳，是给伤兵们开饭用的。厅外走廊里，还吊着几盏残破的宫灯，算是见证当年奢华场面的仅有遗物。上了楼，见四周是配窗的围廊，中间为统一格式的小房间，朝南朝北各一排，共10多间。拉开日本式木格子门看看，每间面积约在10平方米左右，墙上贴着花纸，地板依旧光亮，不过当时都已被用作伤兵们的病房了。

1949年松江解放后，随着社会经济日益发展，城区又开了一条南北流向的大河（通浦河），宽阔的河床从老北门、袜子弄一线向南延伸过来，金、俞两家的房子恰在河道上，于是这两家的房子就都被拆掉了。那座高泥墩，原先还残留着被削剩的小半个，如今也已荡然无存了。因此，我不得不在本文开头较详细地介绍了当年中南街的自然环境，并附上一份“日军慰安所所址示意图”，以便读者阅读。[1]

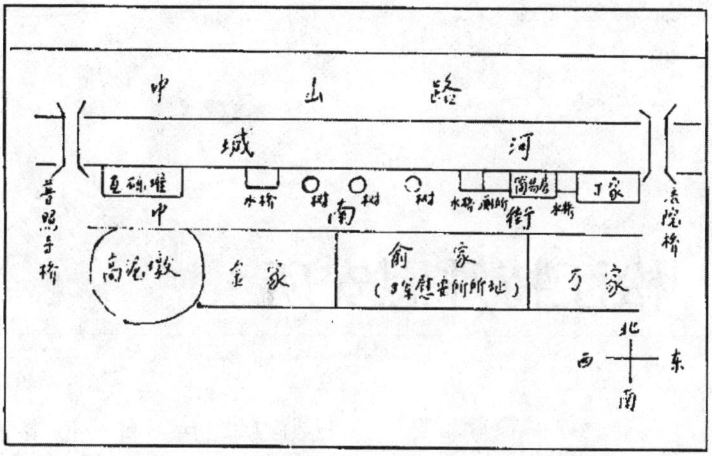

松江中南街慰安所的示意图（钱模样先生提供）

这个中南街的日军慰安所存在的时间，至少从1942年一直开到1945年夏天，是侵占原中国人的住房开设的，老板是一个日本女性，里面有十几名中、朝、日“慰安妇”。这个慰安所主要是为松江东门和南门的日本兵“服务”，她们受尽欺凌，“神情呆板，默默无语，就像是一群被关在笼子里的鸟儿。”

（苏智良　2017年10月）

1　钱模样：《松江也有慰安所》，《上海滩》2001年第3期。

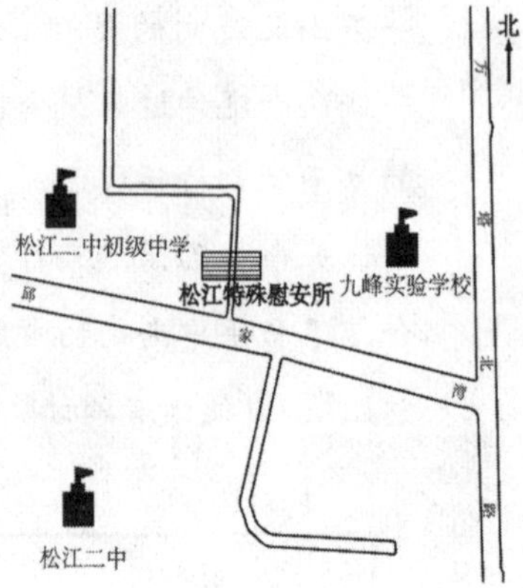

172

松江特殊慰安所

松江日军特殊慰安所照片（于吉星提供）

2017年3月，有一位旅居日本的退休教师于吉星先生来电找我，介绍他自己的收藏爱好。他在日本购买了不少历史照片，接着他发来了一组日本老兵拍摄的照片，其中一张照片引起了我的兴趣。

这张泛黄的照片上有7个日本军人，他们正准备进入一幢建筑。门口右侧竖排写着依稀可辨的一行字：松江特殊慰安所。门首上方的字有些模糊，是“松江县什么桥小学”，当然是繁体字。后经过本学院摄影教师戴菲、上海外经贸大学教师张帅博士等辨认，认为应该是观音桥小学，查战前的《上海教育概览》，松江确有观音桥小学。

日本兵今井守之在松江拍摄的照片，他取名“慰安所外”。仔细分析对比该照片与上图松江日军特殊慰安所照片是一个地方（《今井写真贴》）

“特殊慰安所”，通常是在战争初期由日军部队直接设立的。再辨认照片上日本兵的军服，似是后备役的服装，估计应是补充兵吧，也就是“八·一三”淞沪会战中或会战后来到松江的。虽然这个慰安所的细节还需要调查研究：它是何时建立，规模多大，存在时间多长，里面是中国、朝鲜还是日本“慰安妇”，这些还需要进一步细致考辨，但历史上存在过这个“松江特殊慰安所”，是毫无疑问的。

观音桥小学慰安所的照片使我联想到另一张历史照片（如上图）。那是日本兵今井守之当年在松江拍摄的。今村守之是日本甲府市人，1937年11月，他作为华中派遣军田中芳部队的一名士兵，带着相机从日本神户港登陆上海。1964年今村过世后，他的儿子捐出了写真集。其中有一张在松江拍摄的照片，一队日军士兵正兴奋地等候在一幢中国式建筑前，今井在照片旁题字“慰安所外”。照片的拍摄时间，应在1937年11月到1938年初。仔细比对，该慰安所的建筑就是观音桥小学，只不过两张照片拍摄的角度正好相反。

观音桥小学的位置，在松江邱家湾18号周围，该地现为九峰实验学校（张帅2017年摄）

观音桥小学的位置，在松江邱家湾20号周围，该地现为松江二中初级中学（张帅2017年摄）

我即请在外经贸大学执教的张帅博士进行实地调查，因为他工作的大学就在松江城区。经过半年的调查，张帅博士终于确认了地点。

根据文献记载，观音桥小学始建于1913年7月，时称华亭县立第一女子高等小学校，此后曾改名为松江县立第一女子小学、松江县立第十小学、松江县立实验小学等，直到1932年8月，改名松江县观音桥小学。可惜该小学的建筑早已拆除。其址在松江二中北门对面的东侧一带，今为松江邱家湾18—20号之间。现在那里是两家教育机构，18号是九峰实验学校，20号是松江二中初级中学。

（苏智良 2017年10月）

附录1

上海日军慰安所统计表

（中国“慰安妇”问题研究中心2016年11月）

序号	名称	存在时间	“慰安妇”国别			地址	备注
			中国	日本	朝鲜		
1	大一沙龙	1932.1—1945.8	○	○	○	东宝兴路125弄	建筑尚存
2	三好馆	1932.1—1938		○	○	吴淞路松柏里36号	已拆
3	小松亭	1932.1—1943		○	○	海能路（今海南路）81弄30号	已拆
4	永乐馆	1932.1—不详		○	○	狄思威路（今溧阳路）	不详
5	陆军“慰安妇团”	1932春夏		○		吴淞、大场、江湾、纪家桥、庙行一带的农民房舍	不详
6	伦敦酒吧	1936—不详			○	虬江支路95号	已拆
7	心酒吧	1936—不详			○	虬江支路宝德里8号	已拆

（续表）

序号	名　称	存在时间	“慰安妇”国别			地　　址	备注
			中国	日本	朝鲜		
8	伊甸园酒吧	1934—不详			○	虬江路362弄5号，1937年迁至宝德里8号	已拆
9	阿里郎酒吧	1937.8—不详			○	北四川路丰盛里25号	已拆
10	少女酒吧	1936—不详			○	海宁路322号	建筑尚存
11	亚细亚酒吧	1936—不详			○	汉壁礼路（今汉阳路）35弄31号	已拆
12	光酒吧	1942年已存在			○	汉壁礼路（今汉阳路）35弄37号	已拆
13	乐酒吧	1937—不详			○	汉壁礼路（今汉阳路）35弄一带	已拆
14	贝贝酒吧	1936年已存在			○	南浔路121号	建筑尚存
15	伯格斯酒吧	1936年已存在			○	南浔路135号	建筑尚存
16	一心亭	1933—1936				北四川路横浜桥美楣里7号	已拆
17	梅月	1933—1935				北四川路横浜桥美楣里31号	建筑尚存
18	千登势	1933				北四川路美楣里6号	已拆
19	大星亭	1933—1936				北四川路横浜桥美楣里	不详
20	海乐	1933				北四川路横浜桥美楣里16号	已拆
21	筑紫	1933—1945				北四川路横浜桥美楣36号	建筑尚存
22	浮舟	1933—1936				北四川路横浜桥美楣里27号	建筑尚存

（续表）

序号	名 称	存在时间	“慰安妇”国别			地 址	备注
			中国	日本	朝鲜		
23	曙	1933—1944				北四川路横浜桥美楣里26号	建筑尚存
24	都亭	1933—1938				北四川路横浜桥美楣里29号	建筑尚存
25	上海倶乐部	1933—1943		○	○	北四川路横浜桥美楣里10号	已拆
26	胜利亭	1933—1938				北四川路横浜桥美楣里20号	已拆
27	红梦	1938—1940				北四川路美楣里	不详
28	松竹	1938—1944				北四川路横浜桥美楣里21号	已拆
29	山游	1938—1941				北四川路美楣里	不详
30	东优园	1933—1940				北四川路克明里4号	已拆
31	大胜馆	1933—1941		○	○	北四川路克明里8号	已拆
32	春园	1940—不详		○		北四川路克明里13号	已拆
33	虹口行乐所	不详	○	○	○	四川北路1717号	已拆
34	上海军人倶乐部	1942—1944				四川北路海伦西路口	不详
35	沪上园慰安所	1945				四川北路2023弄7号	建筑尚存
36	旭倶乐部	1942—不详				四川北路2023弄8号	建筑尚存
37	风月庄	1938—1944				施高塔路（今山阴路）花园里17号	建筑尚存
38	沪月	1940—1943				东宝兴路183号	已拆

（续表）

序号	名称	存在时间	“慰安妇”国别			地址	备注
			中国	日本	朝鲜		
39	末广海军慰安所	1940—1943		○		东宝兴路138弄3号	已拆
40	东宝兴路135号慰安所	20世纪30年代初				东宝兴路135号	已拆
41	东宝兴路8号慰安所	1940.6.1—不详				东宝兴路8号	已拆
42	东宝兴路260号慰安所	1940.5.1—不详				东宝兴路260号	已拆
43	六一亭	1932—不详		○		四川北路1604弄63号	建筑尚存
44	四川里52号慰安所	不详		○		四川北路1604弄52号	建筑尚存
45	曙庄	1936—不详		○		四川北路1604弄41号	建筑尚存
46	南昌上海馆	1942				北四川路三新里3号	已拆
47	三新里2号慰安所	不详				北四川路三新里2号	已拆
48	松柏里慰安所	1940.6.1—不详				虬江路松柏里38号	已拆
49	松柏里慰安所	1940.6.1—不详				虬江路松柏里8号	已拆
50	松柏里慰安所	1939.11.1—不详				虬江路松柏里16号	已拆
51	松柏里慰安所	1939.12.1—不详				虬江路松柏里32号	已拆
52	松柏里慰安所	1939.11.1—不详				虬江路松柏里33号	已拆

（续表）

序号	名称	存在时间	“慰安妇”国别			地址	备注
			中国	日本	朝鲜		
53	松柏里慰安所	1940.2.1—不详				虬江路松柏里25号	已拆
54	松柏里慰安所	1940.4.1—不详				虬江路松柏里34号	已拆
55	沪星	1941—1942				虬江路松柏里36号	已拆
56	顺兴里慰安所	1940.5.1—不详				虬江路顺兴里9号	已拆
57	顺兴里慰安所	1940.5.1—不详				虬江路顺兴里14号	已拆
58	顺兴里慰安所	1940.6.1—不详				虬江路顺兴里19号	已拆
59	映生里3号慰安所	1939.12.1—不详				海山路映生里3号	已拆
60	余乐里19号慰安所	1940.1.1—不详				虬江路余乐里19号	已拆
61	フロクター酒吧	1939—1942				虬江支路119号	已拆
62	Idealism酒吧	1939—1942				虬江支路129号	已拆
63	虬江支路116号慰安所	不详			○	虬江支路116号	已拆
64	海能路慰安所	1940.1.1—不详				海能路（今海南路）26号	已拆
65	海能路慰安所	1940.4.1—不详				海能路（今海南路）31号	已拆
66	水乐庄	1933—不详				海能路（今海南路）14号，1943年迁至60号	已拆

（续表）

序号	名　称	存在时间	“慰安妇”国别			地　址	备注
			中国	日本	朝鲜		
67	远东舞厅	1939—不详				海能路（今海南路）81弄48号	已拆
68	新田食堂上海支店	不详				老靶子路（今武进路）234号	建筑尚存
69	广东街慰安所	1940.2.1—不详				广东街16号	已拆
70	广东街慰安所	1940.6.1—不详				广东街三多里4号	已拆
71	广东街慰安所	1939.11.1—不详				广东街三多里5号	已拆
72	广东街慰安所	1939.11.1—不详				广东街三多里6号	已拆
73	军之友社	不详	○		○	海宁路168号	已拆
74	三亚贸易公司	1942				海宁路顺天坊11号	建筑尚存
75	虹口旅社慰安所	1938年已存在	○			海宁路449号	建筑尚存
76	虹口路口的慰安所	1938年已存在	○			虹口	不详
77	虹口路口的慰安所	1938年已存在	○			虹口	不详
78	海军くがぬ俱乐部	1942—1943				海宁路粤秀坊9、11号	已拆
79	花月	1938—1943				文路（今塘沽路）278号	已拆
80	武昌路338号慰安所	1942		○		武昌路338号	已拆
81	日之出酒吧	1939—1942				吴淞路克俭里3号	建筑尚存

（续表）

序号	名　称	存在时间	“慰安妇”国别			地　址	备注
			中国	日本	朝鲜		
82	汤恩路260号慰安所	1942				汤恩路（今哈尔滨路）260号	已拆
83	海乃家	1939—1946.3	○	○	○	公平路425弄12号	建筑尚存
84	海乃家别馆	1943—1945.8.15	○	○	○	东长治路609弄3号	已拆
85	公共租界慰安所	不详	○			公共租界	不详
86	蒙特卡罗酒吧	不详				东百老汇路（今东大名路）471号	已拆
87	太仓路慈云别业慰安所	不详				太仓路116弄2号	已拆
88	梦花街慰安所	1938—1945	○			梦花街151—153号	建筑尚存
89	南市食堂	不详				南市中华路老西门1505号	已拆
90	靠近法租界的慰安所	不详			○	法租界	不详
91	大上海旅馆慰安所	不详				天津路423号	建筑尚存
92	北火车站路局大楼慰安所	不详	○			北火车站路局大楼	已拆
93	浦东庆宁寺慰安所	1940—1945	○			浦东上川路庆宁寺渡口	已拆
94	旗昌栈军官慰安所	1943—1945	○			钱仓路350号	建筑尚存
95	旗昌栈士兵慰安所	1943—1945	○			钱仓路350号	建筑尚存
96	杨家宅慰安所	1938.1—1945.8	○	○	○	杨浦区东沈家宅	已拆

（续表）

序号	名　称	存在时间	“慰安妇”国别			地　　址	备注
			中国	日本	朝鲜		
97	みよし陆军慰安所	1938—不详	○			万安路777号	建筑尚存
98	朝日楼慰安所	1938—不详	○			万安路761号	建筑尚存
99	平和庄陆军慰安所	1938—不详	○			万安路759号	建筑尚存
100	陆军慰安所	不详	○			万安路769号	建筑尚存
101	万安路745号慰安所	1938—不详	○	○	○	万安路745号	建筑尚存
102	万安路588号—594号慰安所	1936—1945	○	○	○	万安路588号—594号	已拆
103	天狗慰安所	不详				春生街73号	建筑尚存
104	立花楼	不详				花园路	不详
105	常盘	不详				江湾镇	不详
106	京屋	不详				江湾市中心昭和路	不详
107	敷岛楼	不详				江湾市中心区杨家宅（今杨浦区东沈家宅）	不详
108	第二加茂川	不详				江湾市中心樱花园内	不详
109	日东俱乐部	不详				江湾市中心区五角场九州岛旅馆	不详
110	闸北庄	不详				江湾市中心区二条路	不详
111	陆军军人俱乐部	不详				江湾市中心区政益路357号	不详
112	政府路慰安所	不详				政府路181弄富民花园近国光路	不详

（续表）

序号	名　称	存在时间	“慰安妇”国别			地　址	备注
			中国	日本	朝鲜		
113	三民路慰安所	不详				三民路附近	不详
114	大康纱厂附近的慰安所	不详				杨浦区大康纱厂（今上海第十二棉纺厂）对面	不详
115	千田、深谷部队慰安所	1936—不详				跃龙化工厂内汽车库	不详
116	羽田别庄	1942—不详				眉州路272号	不详
117	上海寮	1937—不详				杨树浦路、大连路码头附近野战邮局一带	不详
118	突击屋	1943				杨树浦路321号	不详
119	恭兴路军人俱乐部	不详				恭兴路	不详
120	花月	1940—不详		○		淞兴路232号	不详
121	玉乃家	1940—不详		○		畑路通	不详
122	新月	1940—不详		○		三益路71号	不详
123	日之丸	1941—不详		○		莒市路228号	不详
124	朝日屋	1942—不详		○		淞兴路同江路口	不详
125	新上海	1942—不详		○		三益路71号	不详
126	末广	1944—不详		○		淞兴路232号	不详
127	名古屋	1938、1939—1945		○		三益路77号	不详
128	慰安所	1938、1939—1945	○	○	○	锦泰路62号	不详
129	慰安所	1938、1939—1945		○		逸仙路长江路口	不详
130	吴淞食堂	1938、1939—1945		○		同江路	不详

（续表）

序号	名　称	存在时间	“慰安妇”国别			地　　址	备注
			中国	日本	朝鲜		
131	统一食堂	1938、1939—1945		○		同江路	不详
132	大陆食堂	1938、1939—1945		○		苔市路	不详
133	旭食堂	1938、1939—1945		○		淞兴路	不详
134	江华食堂	1938、1939—1945		○		同江路	不详
135	日之丸食堂	1938、1939—1945		○		不详	不详
136	上海食堂	1938、1939—1945		○		不详	不详
137	上海郊外的慰安所	不详			○	上海郊外	不详
138	嘉定南翔金家园慰安所	不详	○			嘉定南翔金家园	建筑尚存
139	嘉定南翔大德寺慰安所	不详	○			嘉定南翔大德寺西首	不详
140	嘉定人民街朱家洋房慰安所	不详	○			嘉定人民街	不详
141	嘉定中下塘街慰安所	不详	○			嘉定中下塘街	不详
142	嘉定金家洋房慰安所	不详	○			嘉定西下塘街49号	不详
143	青浦县城慰安所	不详				青浦县城县前街张桂联老宅	不详
144	青浦朱家角胜利街慰安所	不详				朱家角镇胜利街磨坊弄内杨瑞龙小洋房	不详

（续表）

序号	名 称	存在时间	“慰安妇”国别			地 址	备注
			中国	日本	朝鲜		
145	青浦朱家角祥凝浜慰安所	不详				朱家角镇祥凝浜纽家桥（后更名为凝和桥）垵汪超中宅	不详
146	崇明慰安所	1938—1945	○			崇明庙镇镇政府内	已拆
147	崇明城桥镇慰安所	1938.5—1945	○			崇明城桥镇人民路与新崇西路交叉口	已拆
148	浦东高桥慰安所	1940—不详	○			高桥草镇71号	已拆
149	浦东塘桥慰安所	1938—不详	○			塘桥路大年坊	已拆
150	浦上路6号慰安所	1939—	○			东沟东高路157号等	建筑尚存
151	松江第一慰安所	1943	○			松江城内中山路1528号	已拆
152	宝山城隍庙慰安所	1937.9—	○			宝山县城城隍庙	已拆
153	罗店慰安所	1937—	○			罗店	不详
154	罗店镇米家祠堂慰安所	1940—1944	○			罗店镇新村	不详
155	长谷川青海川慰安所	1939、1940—1941	○	○		杨行镇“三百亩”（宝山殡仪馆）	不详
156	马家宅慰安所	1941年底—1943	○			马家宅10号，今双峰路宛平南路间	已拆
157	徐家宅慰安所	不详	○			中山南二路一带	已拆
158	丰田纺织厂慰安所	1938.1.— 不详	○			日资丰田纺织厂	已拆
159	月乃屋	不详				乍浦路180号	已拆
160	乍浦路254弄内慰安所	不详				乍浦路254弄内	不详

（续表）

序号	名 称	存在时间	“慰安妇”国别			地 址	备注
			中国	日本	朝鲜		
161	顺安里慰安所	不详		○		武昌路326弄	已拆
162	六三亭	不详				塘沽路346号	建筑尚存
163	塘沽路慰安所	不详				塘沽路310号—330号	建筑尚存
164	昆山路慰安所	不详	○			不详	不详
165	龙华慰安所	1937.8.23存在	○	○		上海龙华镇	不详
166	峨眉路日本海军直营慰安所	1937.11.—				峨眉路400号	建筑尚存
167	张堰油车村的日军慰安所	1941年秋—1945年夏		○		张堰油车村姜德辉家第二排房最西面	不详
168	朱家宅慰安所	40年代初				长宁区中山公寓	已拆
169	大夏大学慰安所	1937—1945年间	○			今华东师大一村	建筑尚在
170	妙凤楼慰安所	1939	○			市区	不详
171	松江中南街慰安所	1942—1945年夏	○	○	○	松江中山路中南街	已拆
172	松江特殊慰安所	1937年底—				松江邱家湾	已拆

附录2

关于闸北、虹口慰安所组合

1937年“八·一三”事变后，日军变本加厉地在虹口、闸北、杨浦等地区兵营附近设置慰安所。这些慰安所，除军队自己开办的，还包括以军方作后盾，由日本浪人、朝鲜人或汉奸流氓出面办理的慰安所。为了强化对这些非日军直接经办的慰安所的管理，特别是性病防治等卫生情况的管理，一条虬江路上，于1940年至1941年分别出现了两个慰安所登记管理组织——虬江路95弄2号的“虹口闸北区慰安组合联合会”和虬江路679号的“上海虹口平康福利会”。最终，后者因日本海军上海复兴部的支持而取得唯一的控制地位。

以下是日伪政府档案中有关这两个组织的重要材料，从中可以看到日本政府在沪实施“慰安妇”制度的种种真相。同时，虽然没有太多个案说明闸北境内的日军慰安所情况，但从以下资料可以看出其数量绝不会少于虹口境内。

伪闸北警察署署长萧介勋于1940年2月19日给上级的呈文，其中明确，是日本官员秋山核准，要设立虹口区、闸北区的“慰安组合会”。这个秋山的身份是“战斗官”，显然与日军有关。

根据记载，这些文件包括慰安所临时规约、慰安所营业登记申请书、妓女（即“慰安妇”）登记申请书以及组合会职员的名单。我们先来分析《上海市虹口闸北区慰安组合会管理慰安所临时规约》，其中规定“凡在虹口闸北区内营业慰安所者，均须先行填具慰安所申请书三份，本人二寸半身照片四张，呈送本会审核后，转请闸北区警察署发给许可执照，方可开业。”这表明，设立慰安所要经过日伪当局批准，由区警察署发给许可执照，“方可开业”。

伪上海闸北警察署呈文（1940年2月19日）

上海特别市警察局闸北警察署呈为呈报事。窃职署前为振兴市面，由前嘉野指导员报告钧局秋山战斗官核准设立虹口闸北区慰女登记申请书，办理发给慰安所妓女及招待执照，保护营业，现继续存在。除随时监督外，理合检同规约申请书及该会职员名单具文呈报，仰祈钧长鉴核备查，谨呈

局长卢

附呈　管理慰安所临时规约壹份、慰安所营业登记申请书壹份、妓女登记申请书壹份、组合会职员名单壹纸。（略）

闸北警察署署长　萧介勋（印）

中华民国二十九年二月十九日

附件一：上海市虹口闸北区慰安组合会管理慰安所临时规约

本组合成立之目的：为鉴于区内市面繁盛，人口众多，对于慰安营业确有限制之必要时，设本会公理慰安所一切事宜，以其扑灭花柳，保持健康为本旨。兹定临时规约数条于后：

（一）本规约于虹口闸北区内适用之。

（二）组合长应受闸北警察署监督指挥办理一切事宜。

（三）本会设组长一人，组合员五人。医师一人，看护一人或二人，其他员役数人。

（四）凡在虹口闸北区内营业慰安所者，均须先行填具慰安所申请书三份，本人二寸半身照片四张，呈送本会审核后，转请

闸北区警察署发给许可执照，方可开业。

（五）妓女每月须经本组指定医师检验三次，确无花柳病者始准营业。

（六）慰安所内设备必须清洁卫生，置备消毒用品。

（七）妓女不准在门外或路旁强行拉客。

（八）未满十六岁女不得为妓女。

（九）改业必须将所领之许可执照层缴本会转呈闸北警察署核销。

（十）违背本规约各条之一者，得酌量情形停止营业（十日以下），或令歇业，吊销执照。

（十一）本会每月至少开会二次，讨论一切进行事项，遇有紧急事项召开临时会议，议决施行。

（十二）本规约如有未尽事宜得随时更正之。

（十三）本规约自奉闸北警察署核准之日施行。

上海市虹口闸北区慰安组合会

中华民国　　年　　月　　日

1941年11月26日，伪上海特别市卫生局局长袁距范、警察局局长卢英联合给伪市长陈公博提出了呈文。呈文指出，9月15日，一家名为上海虹口平康福利会成立，该会宣称是日本海军特许成立的，奉命管理苏州河以北地区包括华界和公共租界地区的“各级妓院”，办事处设在虬江路679号，会长名吴一新，实际是日本人小谷冠樱的化名。这个小谷是上海思想文化研究所所长，得到日本海军部队的许可。这个福利会将接管原来“慰安所组合会”的事务，所以这里的“妓院”实际就是慰安所。呈文明确，小谷的行动，得到日本海军武官府上海复兴部同意并专门下文。卫生局和警察局的呈文中只能说，“海军既已许可平康福利会，并行文市府，以应尊重海军之意见。”而且伪政权还需要给予“补助金”。

难得的是，这一呈文还有多个附件，其中第一附件，就是海军武官府上海复兴部第48号文件，这是该部于1941年9月29日给警察局、卫生局的照会。内容就是准许平康福利会负责日本海军管辖区的慰安所事务，时间是1941年10月1日起，并废除“慰安所组合”。第二个附件是上海虹口平康福利会的呈文，提出了预算。最后一个附件是伪市长陈公博的批文，在强势的日军面前，他也只能“兹为尊重海军意见起见，准由该平康福利会先行试办”。

平康福利会由日本海军武官府上海复兴部运作，这些再次表明，慰安所就是在日本军部的指导下设立的。

当然历史是复杂的，从这些文件的内容来看，平康福利会所管辖的，似乎除了慰安所，还包括一般妓院。具体情况还需要更多资料来进行深入研究。

以下为呈文原文。

伪上海特别市卫生局、警察局呈文（1941年11月26日）

案据职警察局闸北分局呈称：窃有上海虹口平康福利会者，遍发通告谓经已奉日本海军许可特准，于9月15日成立，嗣后凡属苏州河以北包括华界及公共租界、虹口、杨树浦，所有各级妓院之管理，以及妓女身体之检验等事项，概由该会负责办理。办事所设在虬江路六七九号，特别会长吴一新（即小谷冠樱之化名），顾问张长生，阻止原有慰安所组合会工作。当报告大桥联络专员后，调查得该平康福利会主持人，为上海思想文化研究所所长小谷冠樱，住欧阳路四达路角，确经日本海军租界部队许可，又由大桥联络员前往海军租界部队折中结果，原有慰安所组合会准于本年九月底结束，合并与平康福利会工作，报请鉴核等情，附平康福利会通告妓女登记表等件。据此。正核办间，复准海军武官府上海复兴部函谓已许可小谷冠樱氏，在上海虹口闸北一带，创设平康福利会，为统制华人及第三国人娼妓之统制机关（原函抄附）。职卫生局接准复兴部函同前由，并据平康福利会所具希望事项（译文抄附）暨同仁会华中支部长世井中将对此事之意见：

一、慰安所名称与军之慰安所名称混同，恐士兵误会不可用。

二、在同一警备区内不得有两个同样组合，宜即归并划一管理。

三、海军既已许可平康福利会，并行文市府，以应尊重海军之意见。

四、娼妓大多为华人，原属市府本身职务，现因环境关系，先行利用福利会试办，得有头绪后，再由市府接办。云云。复经职卫生局派员征询特务机关长，承答意见如下：

一、慰安所组合，按照条件合流于平康福利会，但应暗中监视其行动。

二、交涉对象应以海军复兴部为原则，不以平康福利会或小谷氏为对象。

三、关于补助金一节，当酌量市库赢绌决定可否或予数额之多寡。云云。

查地方娼妓，系属行政警察主管范围，爰经规定为特种营业，

公共娱乐场所之一种，因未奉政府明令准许开娼，职局等尚未厘订专职办理。该平康福利会，虽经海军当局许可，究属攸关行政主权。至应如何办理之处，未敢擅专。理合抄附译文并连同简章书表等件会衔呈报，仰祈鉴核示遵。再者，本案系职警察局主稿，合并陈明。谨呈

市长陈

计抄呈海军复兴部原函译文、平康福利会希望译文各一件，妓女登记表，妓女检身通告各一份，医师检身记录，平康福利会简章、通告、谨告、申请书各一份

上海特别市卫生局局长　　袁距范（印）

上海特别市警察局局长　　卢　英（印）

中华民国三十年十一月二十六日

附件一：海军复兴部公函

译文

海军复兴部第四八号

昭和十六年（民国三十年）九月二十九日

海军武官府上海复兴部

上海特别市政府警察局、上海特别市卫生局台照：

上海虹口平康福利会设立许可所关件通知。现由本部因对于花柳病预防并防止治安事故起见，在上海海军警备区域内许可设立右记之团体，藉以统制华人及第三国私娼之统制机关，以期治安、防疫两无遗漏。然鉴贵管下之慰安所组合亦属同一目的，在此时似应取消而流于福利会为至当。是以敢请查照，并令知各管下诸机关为荷。

附注　本件已得防疫委员会之公认，并于贵卫生局事务担当者联络完毕。记

一、名称　上海虹口平康福利会。

二、责任者　小谷冠樱、张长生。

三、事务开始日期　昭和十六年十月一日。

四、监督机关　暂时由本部直接监督。

五、关于本会运用具体的办法，当以书面另行通知。

附件二：上海虹口平康福利会呈文

译文

以上海虹口平康福利会希望条项

一、以本会为私娼统制之公认团体受指示。

二、慰安所组合会对保健并无施设，且许可制属于不合法，请取消。租界宪兵队许可之响导社亦然。

三、本会经常费收入虽预算一万五千元，然而实约计一万元而已。预定私娼一千名中三成为治疗者，则每月需日金四千五百

元（每名每次以五角日金）之药品费，而医疗人事费约日金二千元，事务费约一千元，合计日金七千五百元，以法币计需约二万元。本会运用上之人件费、事务费约法币七千元，与实收之差不足为一万七千元，不足额若得补助金则幸矣，若不可能时，由本会之运用间接得利之重大社（公司）求其寄附金（捐款）请准许其事。

四、本会创立费预算七千五百元，而实际上设备费、人事费等开支已生出不足额一万二千元，对于创立准备，敢请补助额数，医疗器械、药品费约日金四千元之程度以上。

上海虹口平康福利会

代表吴一新

附件三：领取会照申请书

登字第　号

兹拟领收钧会会照壹枚，谨备具铺保及照费华币五十元整，一并呈请鉴核。谨呈

上海虹口平康福利会

申请妓院院主

地址

铺保商号

中华民国　　年　　月　　日

上海虹口平康福利会批示　　登字第　　号

申请妓院院主

事由

中华民国　　年　　月　　日

上海虹口平康福利会妓女检身通告

妓女检身通告"文字第五号"

为通告事。关于妓女身体检验事项，本会业已办理就竣，

凡所有妓院之妓女等均着来会候验，兹着该妓院内所有妓女于月　日下　　时来会听候检验，毋得玩忽。如达违者，当处相当惩罚。切切。右布告。

路　　里　　号妓院

上海虹口平康福利会

中华民国　　　　年　　月　　日

附件四：上海虹口平康福利会简章

一、本会经大日本海军复兴部许可，所有闸北、虹口、杨树浦地区内之中国籍及国籍不明之娼妓及歌女均由本会负责统制及管理之。

二、凡妓院及歌女业者入本会须一次缴纳华币五十元，由本部发给会照壹枚，准许公开营业。

三、本会对妓女及歌女每名每月征收华币十五元，其缴捐办法即业主与妓女、歌女各员其半，换言之业主方面七元五角，妓女、歌女方面七元五角。

四、妓女及歌女每月须经本会三次以上之健康诊断。

五、凡花柳病传染过深之妓女及歌女本会得勒令终止操业。

六、凡一月以内能治愈之花柳病，其医药费用完全由本会负担；如逾一月者，本会按照药品实价征收费用。

七、凡妊娠之妓女及歌女逾五月者，本会即停止收捐。

八、凡妊娠之妓女及歌女在产前一个月及产后一个期间内，由本会津贴每月华币三十元，其愿就本会医院者，准免费收容看护之。

九、凡妓院及歌女拟转他业者，本会可免费授以音乐、舞蹈或者其他职业教育。

十、未经本会许可之妓院及歌女业私自营业者，一经检举定当从严惩罚。

本会附设之社会业务

一、平康福利医院。

二、妇人家务教育。

三、妇人职业学校。

附件五：上海虹口平康福利会通告

文字第　号

为通告事。照得本会为根除梅毒，保障日支军民健康起见，经呈大日本海军许可特准设立，业于九月十五日起开始实施，嗣后凡属苏州河以北（包括华界及公共租界）所有各级妓院之管理以及妓女之检验等事项，概由本会负责办理。兹附发领取会照申请书一纸及妓女登记表。自通告起，凡所属妓院限九月底前均须来会申请领照，如有观望不前者，逾限即从严处罚，绝不宽恕。恐未周知，特此公告。

本会办事所虬江路六七九号

电话（〇二）四九九一号

特别会长　　吴一新

顾　　问　　张长生

中华民国三十年十五日

附件六：上海虹口平康福利会公告

谨告

查本会为预防虹口、杨树浦、闸北区域华人妓女之花柳病传染起见，兹定本年十月一日所有各该区域内妓女均须经本会严密检查身体，并由本会签发健康证明随身携带，狎客可随时予以索阅。再者本会极希狎客协助，如有发现卖淫无本会健康证明书者，亦请随时检举为盼。

昭和十六年十月

海军许可　上海虹口平康福利会

电话（〇二）三一四六番

伪上海特别市政府参事室签呈（1942年12月13日）

签呈

关于卫生、警察两局呈报，据闸北分局呈报，并准海军复兴部函，以虹口闸北一带娼妓，由小谷冠樱组织平康福利会，统筹办理一案，抄附译文及简章等件，会衔呈请核示一案，奉发交核议等因。遵查检验娼妓，本属卫生、警察二局主管职务，应有二局直接办理，惟因事实及环境关系，又因与海军复兴部长面商结果，亦以根据事实需要，希望由该会负责进行，科签主张，尊重海军一件，准由该会先行试办，将来俟机再行接收，尚无不合。不过在试办期间，该会除由海军复兴部监督外，仍须受卫生、警察二局之指挥监督，以维主权，而符政令。当否仍乞钧裁。

附缴原件

参事室（印）

十二·十三

伪上海特别市市长指令（1941年12月）

指令　　沪市字第16448号

令警察局卫生局

会呈一件。为报虹口闸北一带娼妓由小谷冠樱组织平康福利会，抄译文件会请核示由。会呈及附件均悉。查检验娼妓，原属该两局主管职务，据称因事实及环境关系已与海军复兴部长面商结果，也以根据事实需要，希望由该会负责进行等语。兹为尊重海军意见起见，准由该平康福利会先行试办，惟该会在试办其间，除由海军复兴部监督外，仍须受该两局之指挥监督，以维主权而符政令。仰即知照。此令。附件存。

中华民国三十年十二月　　日

市长陈

（苏智良　2002年）

后记

中国的“慰安妇”调查至今已历经24年，其间翻山越岭，披星戴月，饮风冒雨，甘苦自知。

我特别要感谢上海师范大学的历任领导，如王邦佐校长、杨德广校长、陆建非书记、张民选校长以及现在的滕建勇书记和朱自强校长，是他们的鼓励与支持，使得我们坚持到今日。

参与调查和研究的，除了陈丽菲教授、姚霏副教授以外，有像退休警督傅升、退休工程师周新民这样的热心志愿者，还有首先发现崇明幸存者的程绍蟾（时为上海金融专科学校教师，现生活在美国），更有不少志愿加入调查队伍的大学生、博硕士研究生和博士后。依次参与的有张姚俊（现在上海市档案馆工作）、胡海英（现在上海师大人事处工作）、侯桂芳（现在杨浦区方志办工作）、李雯（现在华东师大出版社工作）、张虹（现在上海师大人文学院工作）、姚潇鸫（现在上海师大人文学院工作）、张敏霞、苏律健、赵胜土、孙建国（现在河南大学工作）、沈小枫（现在东方网工作）、邹淑慧、沈晓青（现在外资企业工作）、乐园、高凡夫（现在嘉兴学院工作）、孟伟、江文君（现在上海社科院历史研究所工作）、陈克涛（现在隧道股份公司工作）、叶兰莲（现在民办教育机构工作）、杨琳琳（现在上海金融学院工作）、卢荣艳（现在上海孙中山故居工作）、陈晔（现在上海海洋大学工作）、赵盼盼（现在滁州学院工作）、金新林（现在安徽某高中工作）、付小军（现为江西九江公务员）、蔡亮（现在上海国际问题研究院工作）、吴俊范（现在上海师大人文学院工作）、刘丹（现在上海网络管理部门工作）、大岛金龙（现在日本工作）、陈鑫（现在闵行区公安部门工作）、张帅（现在上海对外经济贸易大学工作）、刘蕊（现在上海工程技术大学工作）、李云波（现在嘉兴学院工作）、吴虓俊（现在上海公安部门工作）、赵青青（现在山东担任高中教师）、许瑶（现在北京创业）、李君益（现在上海）、赵蓓红（现为华东师大博士生）、赵文杰（现在非洲支教）、黄咪咪（现在南京工作）、彭代琨（现在巩义市第一高级中学工作）、林惠彬（韩国博士后，现在上海师大人文学院工作）、张志超（现在上海市公安局工作）、薛理禹（现在上海师大人文学院工作）、王亚琴（现在吉林的高校工作）、赵文文（现在上海师大人文学院工作）、吕园园（现在上海马桥复旦万科实验中学工作）、王海鸥（现为河南公务员）、王亮（现在上海商务印书馆工作）、游思静（现在上海《联合时报》工作）、陈雅赛（现在上海师大人文学院工作）、孙红未（现在零点调查公司工作）、郑达（现在中航集团工作）、张亚运（现在松江电视台工作），以及在读的陈斌、贾铭宇、尤亚男、郭利军、方奇、王小雅、吕建华、胡雪菲、詹芳芳、尤亚男、李青凌、刘晓彤、陈媛媛、张魁、余智华、袁方翠、袁茵等（一定会有遗漏）。对于他们的加入和努力，我和陈丽菲教授表示衷心感谢。

我还要感谢上海交通大学出版社的支持，感谢钱方针主任和吴雪梅责任编辑。

苏智良

2017年10月8日